벌써 마흔이 된 딸에게

어떻게 살아야 하느냐고 묻는다면

벌써 마흔이 된 딸에게

| 한성희 지음 |

메이븐

10년 만에 다시 너에게 편지를 쓰며

작년에 나는 너를 만나기 위해 미국행 비행기에 올랐다. 나와 남편 그리고 사위, 우리 세 사람은 너의 마흔 번째 생일을 축하하기 위해 깜짝 파티를 준비했다. 사위가 너를 놀라게 해 주고 싶다며 먼저 제안했지. 엄마 아빠가 오는 줄 까맣게 몰랐던 너는 식당에서 우리를 발견하곤 소스라치게 놀라더구나. 그러고는 눈물을 글썽였다. 엄마 아빠가 온 게 꿈만 같다면서. 그런 너를 안고 나도 그만 울컥했다. 1년 만에 보는 우리 딸이 너무 반갑고, 어른 노릇 하며 사는 네 모습이 대견하고 안쓰러워서.

그러고 보니 우리가 떨어져 산 지 벌써 15년이 되어 가는구나. 네가 유학을 떠난 미국에서 직장을 구하고 결혼해 자리를 잡은 후부터 우리는 1년에 1번 얼굴을 보는 사이가 됐다. 처음에는 그 사실을 받아들이기가 힘들었다. 내가 낳아 키운 내 새끼를 저 먼 타국으로 떠나보내야 하는 심정은 꼭 생살을 떼어 내는 것처럼 고통스러웠다. 보고 싶어도 쉽게 볼 수 없다는 것이 안타까웠고, 네가 타국에서 무탈하게 살 수 있을까 하는 걱정부터 앞섰다.

하지만 이 모든 것은 어미로서의 기우였을 뿐, 너는 너의 인생을 뚜벅뚜벅 걸어갔다. 용감하고 씩씩하게 너만의 삶을 개척해 나간 것이다. 그 덕분에 나는 조금씩 엄마 역할을 내려놓을 수 있었고, 홀가분한 마음으로 나의 삶을 살아갈 수 있었다. 언젠가 부터는 네가 걸어오는 전화와 문자도 뜸해졌다. 시시콜콜 나누던 대화도, 진지하게 나누던 고민 상담도 줄어들었지. 가끔 그게 섭섭하기는 해도, 네가 열심히 일상을 꾸려 나가는 증거라고 여기게 됐다. 그런데 이번에 너와 헤어지고 돌아오는 비행기 안에서 자꾸만 네 모습이 떠올랐다. 너도 혹시나 내가 그랬듯, 중년의 위기를 겪고 있는 건 아닐까 더럭 걱정이 되었던 것이다.

너에게 한 번도 얘기한 적은 없었지만 서른일곱 살에 떠난 미국 연수 당시 나는 진로 문제로 고민이 많았다. 그런데 어느 날 지도 교수였던 70대 노교수가 나에게 "중년의 위기(midlife crisis)를 겪는 것 같다"고 하더구나. 당시 나는 적잖은 충격을 받았다. '아니 내가 벌써 중년이라니!' 30대 후반인 내게 '중년'이라는 단어는 나와 아무 관계가 없는, 그저 다른 사람의 이야기로만 느껴지던 시절이었다. 그러나 지나고 보니 그의 지적처럼 나의 몸과 마음은 이미 중년의 변화를 감지하고 있었던 것 같다. 그것은 앞으로 남은 시간이 많지 않을 거라는 자각에서 시작됐다. 지금이 새로운 도전을 할 수 있는 마지막 기회일지도 모른다는 초조함이 나를 짓눌렀고, 어영부영하다가는 인생이 허무하게 지나가 버릴 것만 같아 불안하기도 했다.

그래서였을 것이다. 만약 네가 마흔 살의 성장통을 겪고 있다

면 그에 대해 엄마로서, 정신분석가로서 해 주고 싶은 이야기들
이 떠올랐고, 너무 늦기 전에 너에게 그 이야기들을 전하고 싶
었다. 그래서 환자들을 진료하는 틈틈이 너에게 편지를 쓰기 시
작했다. 2013년에 《딸에게 보내는 심리학 편지》를 펴냈으니까
꼭 10년 만의 일이다.

　인생에서 가장 바쁜 시기인 3, 40대를 지나고 있는 너. 회사에
서도 가정에서도, 무수히 많은 일이 홍수처럼 쏟아지고 있을 것
이다. 모두 너만 찾고 네가 아니면 아무 일도 굴러가지 않는 기
분일 거야. 나도 그 시기를 지나왔기에 충분히 그려 볼 수 있다.
몸이 두 개라도 모자라고, 어떨 때는 전부 버려두고 아무도 없
는 곳으로 도망가고 싶은 그 심정을 말이다.
　어른이 되는 과정은 사회에서 자기 자리 하나를 마련해 가는
과정이다. 직업인으로서 기능을 익히고, 사회 구성원으로서 올
바른 인격을 갖추기 위해 노력한다. 그 과정에서 재능을 발견하
고 일에 몰두하고 인정받으며 신나게 앞으로 달려 나가지. 하지
만 30대가 끝나 갈 즈음에 이르면 체력적인 한계에 부딪히면서
열정 또한 조금씩 사그라들기 시작한다. 문제는 매일매일 해야
할 일이 너무 많다는 것이다. 경력이 쌓이는 만큼 회사에서 기
대하는 성과가 높다 보니, 모든 에너지를 일에 쏟아부어도 부족
하다. 더군다나 조직의 허리가 되어 위에서 치이고 아래에서 들
볶이며 인간관계에서 오는 스트레스도 감내해야 한다. 집에서

는 또 어떻고. 아직 어린아이들은 노상 엄마만 찾고, 쌓인 집안
일과 각종 집안 대소사를 처리하다 보면 쉴 시간은 단 10분도
내기 힘들다. 그렇게 살다 보면 박탈감이 들게 마련이다. 내 인
생인데 도대체 나는 어디에 있나 싶은 것이다.

게다가 오늘 열심히 한 그 일을 내일도 똑같이 열심히 해야
하고, 오늘 했던 전쟁 같은 육아를 내일 똑같이 반복해야 한다.
그렇다고 지금까지 애써서 이뤄 온 직업과 가정을 한 번에 내팽
개칠 수도 없다. 그때가 되면 삶 전체가 벗어날 수 없는 덫처럼
느껴지게 마련이다. 쳇바퀴 같은 하루하루의 삶에 지친 사람들
은 묻는다. "인생, 정말 이게 다인가? 나는 무엇을 위해 지금까
지 달려온 걸까?"

오늘날 마흔 살은 그 어느 세대보다 최선을 다해 버티고 있다.
그러나 그들의 노고를 알아주는 이는 별로 없다. 소셜 미디어가
지배하는 세상에는 젊은 나이에 부와 명예를 이룬 사람들투성
이다. 그러다 보니 평범한 보통의 삶은 부족한 것이 되고 말았
다. 세상은 자꾸 묻는다. 지금껏 그 나이 먹도록 해 놓은 게 뭐냐
고. 대기업에 근무하고 서울에 집 한 채를 가지고 있는 것이 '뉴
노멀'이 되어 버린 요즘, 하루하루 열심히 살아가는 대다수 마
흔 살은 스스로를 자랑스럽게 여기기는커녕 자괴감에 깊이 빠
져든다.

그러고 보면 요즘 마흔 살은 평생을 통틀어 단 한 번도 마
음 편할 날이 없었다. 입시 경쟁, 입사 경쟁, 승진 경쟁, 육아 경

쟁… 삶을 경쟁하듯 살아온 너희들. 세상은 너희에게 말했다. 입시만 끝나면, 입사만 하면 고생 끝 행복 시작일 거라고. 하지만 행복한 시절은 한 번도 오지 않았다. 양질의 일자리는 줄어들고, 물가는 치솟고, 여생은 늘어나는 등 환경은 더욱 각박해지고 있다. 조금 따라붙었다 싶으면 조롱하듯 저 멀리 달아나 버리는 성공과 행복. 더욱 안타까운 점은 그 모든 것을 자기가 부족한 탓으로 돌린다는 점이다.

경쟁은 비교다. 평생을 이기느냐 지느냐 하는 싸움을 해 온 마흔 살은 스스로를 대할 때조차 비교의 잣대를 들이민다. 자기 자신에게도 주어진 과제를 잘 해냈을 때만 성과급처럼 사랑을 주는 것이다. 하지만 점점 더 각박해지는 세상에서 탁월한 성취를 이룬 사람은 극소수에 불과하다. 그래서 마흔 살은 자기 자신을 사랑해 주지 못한다. 누구보다 열심히 살아가는데도 스스로에게 제일 야박하다. 이것이 부모 세대로서 내가 가장 가슴 아팠던 부분이다. 지금 그만큼 살기도 쉽지 않은데, 너희만큼 열심히 살아가는 세대도 없는데, 그런 자신을 끊임없이 못마땅하게 느끼는 것 같아 마음이 아팠다.

얼마 전 아이 키우는 문제로 한 엄마가 병원을 찾았다. 네 또래였지. 그녀는 친정 엄마로부터 과도한 통제와 비난을 받아 왔다. 친정 엄마는 딸이 어려서부터 공부를 곧잘 하자, 학원부터 친구 관계에 이르기까지 모든 것을 간섭했다. 만약 말을 듣지 않으면 그간의 고생을 들먹이며 못된 딸이라고 비난했다. 그녀의 목표는 절대 자기 엄마 같은 엄마가 되지 않는 것이었다. 자신은 있는 그대로의 아이를 사랑해 주는 엄마가 되겠다고 다짐했다.

그런데 정작 아이가 초등학교에 입학하자 지나치게 걱정하고 통제하는 자신을 발견하게 되었다. 자꾸 아이를 학원에 들이밀고, 아이의 산만한 태도를 꾸짖게 되더란다. 치를 떨 만큼 싫어했던 엄마의 행동을 자신이 그대로 하고 있었던 것이다. 나는 그녀에게 물었다. 아이에게 정말로 해 주고 싶은 이야기가 무엇이냐고. 한참을 고민하던 그녀가 말했다.

"음… 이렇게 말해 주고 싶어요. 꼭 뭐가 될 필요 없어. 아무것도 안 돼도 돼. 너는 그냥 그 자체로 사랑스러워."

그러고는 오랜 시간을 울었다. 그녀는 알았다. 그게 아이에게 해 주고 싶은 말이자, 자기가 살아가는 내내 듣고 싶었던 말이라는 것을.

딸아, 나는 네게 이런 말을 충분히 해 주었을까? 그녀의 말을 들으며 참 많은 후회를 했다. 너를 더 지지해 줬어야 했는데, 남들이 뭐라든 그냥 네가 하고 싶은 걸 하며 살아가라고 말해 줬어야 했는데…. 나 역시 너를 세상의 잣대로 바라보며 알게 모르게 마음에 짐을 지우진 않았을까 해서 가슴이 아팠단다.

눈에 넣어도 아프지 않을 내 딸, 누가 뭐래도 너는 내게 가장 소중한 사람이다. 돌이켜 보면 네가 무엇을 잘해서 뿌듯하기는 했어도, 그게 너를 사랑하는 이유는 아니었다. 너는 그저 존재만으로도 내게 빛이었다. 너를 낳고서야 나는 사랑을 주는 기쁨을 알았다. 이 세상에 사랑이라는 힘이 얼마나 뚜렷하고 거대하게 존재하는지를 깨달았다. 너는 나에게 있어 새로운 세상을 열어 준 은인이다. 네가 그것을 충분히 느끼지 못했다면, 그것은 나의 불찰이지 너의 부족이 아니다. 꼭 그걸 기억했으면 좋겠구나.

그리고 네가 지금 마흔의 성장통을 겪고 있다면 너무 두려워하지 않기를 바란다. 돌이켜 보면 나는 서른일곱 살에 '중년의 위기'를 겪으며 힘들었지만 그 덕분에 인생에서 정말로 중요한 것이 무엇인지를 깊이 생각해 볼 수 있었다. 그리고 중요치 않은 일들은 과감하게 정리해 나갈 수 있었다. 마흔을 앞두고 인생을 한 번 가지치기할 수 있었고, 그것은 이후의 삶에 큰 도움이 되었던 것이다.

마흔에 접어들며 경험하는 혼란은 전환의 시기가 왔음을 알리는 신호이자 새로운 삶의 단계로 나아가라는 내면의 소리다. 이때의 혼란은 삶을 재정비하고 다시 성장하기 위해 누구나 거치는 당연하고도 필수적인 과정이다.

그러니 딸아, 마흔의 흔들림 앞에서 너무 겁먹지 않았으면 좋겠다. 이제야말로 세상의 기준에 맞춰 오느라, 세상이 부여한 역할과 책임을 다하느라 억눌러 온 너의 욕구들을 돌아볼 때다. 남들이 뭐라든 네가 하고 싶고, 되고 싶었던 너의 모습들을 찾아보렴. 그러면 네게 가장 소중한 것들은 무엇인지, 네가 원하는 삶은 과연 어떤 것인지를 깨닫게 될 것이다. 그처럼 생의 의미와 목적을 찾게 되면 앞으로 어떤 시련이 닥쳐오든 너는 무너지지 않을 것이다. 너의 인생이 더 단단해짐은 물론이다.

앞으로도 세상은 너에게 더 열심히 노력하라고, 왜 이것밖에 못하느냐고 다그칠 것이다. 하지만 세상이 네 인생을 대신 살아 주지는 않는 법이다. 네 인생의 주인은 너다. 네 느낌을 믿고 네 생각을 신뢰하고, 원하는 일을 하면서 소중한 사람들과 함께 가면 성공한 인생이다. 그러니 모든 걸 잘하려고 너무 애쓰지 마라. 또 세상의 말에 주눅 들지 말고, 그냥 네가 하고 싶은 걸 하며 살아가렴. 딸아, 너는 충분히 그럴 능력과 자격이 있다. 그리고 나는 그런 너를 죽을 때까지 응원할 것이다.

늘 너를 아끼고 지지하는 엄마가

contents

chapter 3.
마흔, 놓치기 쉬운 그러나
지금 돌보지 않으면 안 되는 문제들

chapter 4.
어떻게 살아야 하느냐고 묻는다면

chapter 5.
남들이 뭐라든 그냥 네가 하고 싶은 걸 하며 살아가기를

chapter 1.

43년간 환자들을
돌보며 깨달은 것들

딸아, 사람들이 예순이 되어 가장 후회하는 것이 뭔지 아니?

좀 더 도전적으로 살지 못한 것이다.

마흔에 스스로 너무 나이 들었다고 단정 짓고,

누가 시킨 것처럼 책임과 의무만 가득한 삶을 산 것이다.

그러다 예순이 되어 보니, 마흔 살이

얼마나 젊은 나이인지를 비로소 깨달은 것이다.

"왜 나만 희생해야 돼?" 하는  억울함이 든다면

"제가 하는 일이요? 자아실현과는 거리가 있죠. 하지만 먹고 살려면 어쩔 수 없이 일을 해야 해요. 계속해야죠."

"단 하루, 아니 몇 시간만이라도 혼자 있고 싶어요. 시도 때도 없이 불러 대는 부모님, 한시도 쉬지 않고 사고 치는 아이들 때문에 정말 미쳐 버릴 것 같아요."

딸아, 내 진료실을 찾아오는 마흔 즈음의 환자들은 한결같이 말한다. 쏟아지는 책임과 역할에 파묻혀 제대로 숨도 못 쉴 지경이라고 말이야. 20대에는 다양한 일을 경험해 보고 많은 사람을 만나며 자기가 누구인지를 탐구한다. 30대에는 이를 기반으로 관심 분야를 좁히고 전문성을 쌓는다. 그런데 40대가 되면 삶의 스케일이 달라진다. 다른 사람들이 자꾸 끼어들기 시작한다. 팀장으로서 부하 직원을 이끌어야 하고, 회사의 요구 사항을 조율해야 한다. 나이 든 부모님은 작은 일도 함께 결정해 주길 원하고, 병원에도 같이 가 주었으면 하고 바란다. 아이는 자주 아프고 부모의 손이 필요한 숙제가 늘어난다. 나 하나만 잘 건사하면 큰 문제가 없었던 삶이 타인들에 의해 마구 흔들리게 되는 것이다. 당황한 그들은 절규하듯 묻곤 한다. 내 삶인데 도대체 나는 어디에 있나요?

그들의 이야기를 듣다 보면 저절로 내 30대 시절이 떠오른다. 그때는 지금보다 더 어린 나이에 취직하고 결혼을 했으니까 내 30대 중반 시절이 지금의 마흔과 비슷할 것이다. 그때 나는 병원에서 일하며 아침에는 레지던트들과 세미나를 하고, 근무 시간에는 환자들을 진료하고, 틈틈이 짬을 내 회의에 참석하고 논문도 써야 했다. 그런 와중에 엄마를 찾는 너를 돌보고, 양가 집안의 대소사와 잡무도 해결해야 했지. 하루하루가 아슬아슬하게 맞춰진 퍼즐 같았다. 퍼즐 조각이 하나라도 비면 퍼즐 전체가 와르르 무너질 판이었지. 정말 '오늘 하루만 무사히'를 되뇌이며 살던 시절이었다.

그런데 당시 나를 정말로 괴롭히던 건 몸이 두 개라도 모자란 바쁜 일상이 아니었다. '내 삶을 도둑맞았다'는 생각에서 오는 분노감이었어. 젊은 의사로서 내게도 목표와 계획이 있었다. 그러나 현실에서는 단 하루, 아니 단 한 시간도 내 미래를 위해 온전히 투자하기가 힘들었다. 일터와 가정에서, 시댁이나 친정에서 터지는 응급 상황에 대응하느라, 공부는커녕 잠시 앉아 마음 놓고 쉴 수도 없었다. 그렇게 좋아하는 음악조차 들을 여유가 없었으니, 내 마음이 오죽 억울했을까.

내 소중한 시간과 에너지 대부분이 어쩔 수 없이 해야만 하는 일들에 쓰인다고 생각하니 견딜 수가 없었다. 내 인생은 내가 없는 허깨비 같았고, '나'라는 배에 올라탄 사공이 너무 많아 배가 산으로 갈 것만 같았지. 삶이 내 통제를 벗어나 있다는 생각. 주변 사람들이 나를 쥐고 뒤흔드는 느낌. 당시 나를 정말로 힘들게 하던 건 바로 이것이었다.

'내 삶을 도둑맞았다'는 생각에 화가 날 때

'왜 나만 혼자 다 짊어져야 하지?' 하는 부당함에 대한 분노 때문에 밤잠을 설치기도 했던 그 시절, 문득 나는 깨달았다. 인생의 과제가 달라졌다는 사실을. 나 하나만 잘 돌봐도 괜찮았던 젊은 시절을 지나, 이제는 다른 사람을 돌보고 그들에게 베풀어야 하는 단계에 이르렀음을 인정하게 된 거야. 생각해 보면 도움을 바라는 후배들, 엄마와 같이 있고 싶어 떼를 부리는 아이, 세상일이 점차 힘에 부쳐 자녀에게 도움을 구하는 노부모가 잘못을 저지르는 건 아니었다. 이제 내가 가진 힘과 능력으로 기꺼이 그들을 돕는 게 맞았다. 한마디로 내 인생이라는 배 위에 나만이 아니라 그들도 적극적으로 태워 함께 항해해야 하는 시점에 이른 거지. 그러므로 내 배 위에 함부로 타지 말라고 그들을 다그칠 게 아니라, 배를 더 크게 만들어야 할 때였다.

그렇게 생각을 바꾸니, 시도 때도 없이 떨어지는 자질구레한 일들과 원치 않았지만 내게 주어진 책임과 의무를 이전보다 기꺼이 받아들일 수 있게 되었다. 그런데 참 이상하지. 마음을 고쳐먹으니 온갖 숙제 같은 일을 하면서 느꼈던 억울함도 누그러지더구나.

미국의 정신분석가 에릭 에릭슨은 인간의 심리사회적 발달을 8단계로 나누어 설명한다. 그에 따르면 인간은 태어나서 죽을 때까지 8단계의 발달 과정을 거치며, 각 단계마다 발달 과업을 수행하면서 성장해 나간다. 그중 7단계인 중년에 맞이하게 되는 발달 과업은 바로 '생산성'이다. 가족을 부양하고, 일터에서 직업적인 성취를 이루어 사회에 기여하고, 사회 개선을 위해 노력하는 것 모두 생산성에 속하는 활동이다. 생산성의 핵심은 다음 세대의 번영과 사회 발전에 기여하고자 하는 욕구다. '나'라는 사람의 물리적인 한계를 넘어서 다음 세대와 연결됨으로써 영속성을 획득하고자 하는 것이다.

그래서 사람들은 대가를 바라지 않는 호의를 바탕으로 자기에게 몰두되어 있던 관심을 기꺼이 타인에게로 옮긴다. 만약 이 시기의 발달 과제를 제대로 이행하지 못하면 침체에 빠져 자신의 인생과 일을 쓸모없거나 무가치하다고 생각하고, 스스로를 하찮게 여기게 된다. 사는 게 공허하고 허무하다고 느끼기도 하지.

30대 후반부터 폭발적으로 늘어나는 책임과 의무로부터 도망가고 싶지 않은 사람이 어디 있겠니. 어깨에 짊어진 숙제들이 너무 무겁고 나에게만 강요되는 희생 같아서, 두렵고 화가 나는 게 당연하다.

그러나 인생은 누구에게나 때가 되면 변화를 요구한다. 너도 학생에서 직장인으로, 미혼에서 기혼으로 역할이 바뀌면서 불안과 혼란을 경험해 봤기에 잘 알 거야. 변화를 수용하고 새로운 나로 탈바꿈하는 과정은 힘들지만 지극히 정상적인 과정이며, 이를 피하려다간 더 큰 부작용에 시달리게 된다는 사실을 말이야.

가장 힘들지만 가장 행복하기도 한 마흔 살의 강을 건너는 법

나도 이 나이가 되고 보니, 웬만한 일에는 놀라지 않는 사람이 되었다. 예상치 못한 일들도 인생의 상수로 여기게 되더구나. 그래서인지 오히려 별일 없이 흘러가는 하루가 참으로 감사하다. 고요하고 평온한 일상이 얼마나 소중한지 모른다. 이런 담력은 온갖 책임과 의무에 휩쓸려 살았던 3, 40대 시절이 있었기에 길러진 것이 아닐까. 하루가 멀다 하고 사건 사고가 터졌던 그 시절, 그래서 인생의 최고점과 최저점이 동시에 존재했고,

너무 힘들었지만 또한 너무도 행복했던 그 시절, 그때야말로 삶의 스펙트럼이 폭발적으로 확대되어 인생이 가장 풍성했던 시절임을 이제야 알겠다.

그러니 딸아, 힘들어도 네가 지금 그런 시절을 지나고 있음을 꼭 기억해 주길 바란다. 부모 노릇, 자식 노릇, 밥벌이가 어떻게 즐겁기만 할까. 선택권이 있다면 피하고 싶은 자질구레한 일들이 그 안에 가득하다. 하지만 신기한 것은 사람들이 바라는 즐거움과 행복도 그런 지난한 과정 속에 존재한다는 점이다. 그래서 어느 날은 '날 춥다, 따뜻하게 입고 다녀'라는 친정 엄마의 카톡 메시지에 괜히 코끝이 찡해지고, 어느 날은 회사 동료가 사고를 치는 바람에 늦게까지 야근을 하고 집에 들어갔는데 졸린 눈을 비비며 나를 안아 주는 아이 덕분에 힘을 내고, 어느 날은 벼르고 벼르던 여행을 드디어 떠난다는 생각으로 버텨 낸다. 삶은 복잡다단하고 우리의 삶도 쓰고 달고 시고 맵다. 마흔 살이 되면 그처럼 삶이 주는 모든 맛을 좀 더 적극적으로 끌어안아야 한다. 온갖 책임과 의무 속에도 행복이 있다는 점을 염두에 두어야 한다.

또 하나, 그 시절도 언젠가 지나간다. 네 인생의 배에 올라타 이것저것 요구하던 그들도 조금만 있으면 배에서 내려 각자 자기 길을 걸어간다는 뜻이다. 그러니 모든 역할을 잘해 내고 싶은 마음에 너무 애쓰지 말고 '나니까 이 정도라도 하는 거다'라는 마음으로 당당하게 버텨 주기를. 그리고 내가 장담하건대,

책임과 의무는 결코 너를 무너뜨리지 못한다. 오히려 너를 더 크고 강하게 만들어 주지. 너는 현재 너를 잃어버린 것 같겠지만 더 크고 강한 사람이 되어 가는 중이다. 그러니 너무 두려워하지 말고 네 배의 당당한 선장이 되렴. 넓은 가슴으로 기꺼이 다른 사람도 품을 줄 아는 어른이 되렴. 그 시절이 지나면 더 멋지게 성장한 '너'를 만나게 될 테니까 말이야.

마흔, 왜 우리의 삶은 여전히 흔들리는 걸까?

"엄마, 난 왜 여전히 똑같은 고민을 하는 거야? 마흔이 되면 달라질 줄 알았는데."

얼마 전 통화에서 너는 여러 고민을 풀어 놓았다. 프로젝트 총괄 디렉터가 되면서 느끼게 된 고충부터 이직에 대한 고민, 집 값이 너무 올라 대출을 왕창 받아서라도 내 집 장만을 해야 하는지 말아야 하는지까지. 그런 고민을 늘어놓은 끝에 너는 얘기했지. 마흔이 되면 인생이 단순해지고 안정될 줄 알았는데 전혀 아니라고 말이야.

그 이야기를 들으며 내 마흔 살을 돌이켜 보았다. 나 역시 우왕좌왕하긴 마찬가지였다. 누구보다 바쁘게 살았지만, 머릿속으론 이 길이 맞나 싶어 고민하고는 했지. 조직에 머무를 것인 가 아니면 새롭게 시작할 것인가 하는 문제가 나의 발목을 붙잡 았고, 워킹맘으로서 느끼는 미안함과 의사로서 이루고 싶은 성 취 사이에서 매일 갈등했다. 그래서 마흔 살의 나는 늘 정처 없 이 흔들렸던 것 같구나.

그런데 우스운 건 뭔지 아니? 내 머릿속은 온갖 고민으로 흔 들렸지만 일상은 흔들릴 틈조차 내주지 않은 채로 흘러갔다는 거야. 마흔 살은 나에게 매일매일 한가득 숙제를 내 주었다. 회 의, 진료, 공부, 육아, 가사… 산더미처럼 쌓여 있는 일들을 얼추 처리하고 나면 시간은 늘 자정을 넘겼다. 그러니 고민거리는 머 릿속에서 웅성거릴밖에.

하지만 돌이켜 보니 그런 일상의 분주함이야말로 마흔의 나 를 흔들림으로부터 지켜 준 울타리가 아니었나 싶다. 어디로 가 는지 정확히 모른 채 하루하루 바쁘게 걸어갈 뿐이었지만 그렇 게 바쁜 덕분에 앞으로 나아갈 수 있었던 것도 사실이다. 지도 만 바라보며 이 길이 맞나 의심하면서 한 걸음도 나아가지 못하 는 삶보다는 훨씬 나으니까 말이다.

살면서 한 번도 안정을 누려 본 적 없는 이 시대 마흔 살에게

'마흔' 하면 떠오르는 이미지가 있다. 안정된 직장과 단란한 가정, 경제적 여유와 직업적 자신감, 굳은 심지와 흔들림 없는 태도 등등…. 많은 소설과 영화에서도 마흔은 안정된 나이로 그려진다. 그러나 너도 말했고 나도 경험했듯, 안정된 마흔이란 일면 환상일지도 모른다. 괴테가 말한 것처럼 사람은 노력하는 한 방황하는 존재다. 그러므로 나이가 몇이든 후회 없이 살고자 하는 사람은 끊임없이 고민하고 방황한다. 어쩌면 방황은 인간의 숙명이 아닐까.

그럼에도 불구하고 요즘 40대가 느끼는 혼란과 방황은 단순한 존재론적 차원을 벗어나 있다. 그들은 진심으로 안정을 꿈꾼다. 경제적으로 궁핍해지지 않기를, 한순간 나락으로 떨어지지 않기를, 자신과 가족의 삶이 최소한도로나마 유지되기를 간절히 바란다. 그것은 그들이 살면서 한 번도 안정을 경험해 보지 못한 세대, 즉 상시적 위기 속에서 자란 세대이기 때문이다.

작년 3월 〈뉴욕 타임즈〉는 40대에 접어든 밀레니얼 세대의 현실을 다룬 기사를 실었다. 그 기사에는 마흔 살에 접어든 산부인과 의사 케이틀린 던햄의 인터뷰가 실려 있었는데, 그녀의 인생이 요즘 40대의 현실을 대변해 주는 듯했다. 그녀가 태어난 1980년대 초중반은 미국이 이례적으로 높은 수준의 번영을 누렸던 때라고 한다. 당연히 그녀는 경제적 풍요가 지속될 거라는 낙관적인 기대 속에서 자랐다.

하지만 그녀가 고등학교를 졸업할 즈음, 어머니가 불경기로 인해 20년간 근무한 직장을 잃고 각종 대출 상환에 시달리는 상황을 목격하게 되었다. 예상치 못한 위기 상황에서 그녀는 경제적으로 안정된 직업을 얻기 위해서 의대에 진학했지만, 그나마 등록금이 적은 공립 대학이었음에도 불구하고 졸업할 때는 이미 3억 원이 넘는 학자금 대출을 갚아야 하는 처지가 되고 말았다. 그런데 위기는 여기서 끝이 아니었다. 2006년에 산 집은 2008년 금융 위기로 가격이 반토막 났고, 코로나 팬데믹이 닥쳤을 때는 응급실에서 교대 근무를 하느라 아이들을 전혀 돌보지 못했다.

그뿐만 아니라 그녀 역시 코로나19에 감염된 후 증상이 개선되지 않자 결국 직장을 잃고 말았다. 그녀는 자신의 삶을 이렇게 정리했다.

"제 삶은 전체가 하나의 긴 위기였어요. 교육 부채, 경력 위기, 육아 비용, 임금 압박 등 모든 면에서 불안정합니다. 제 남편도 전문가이고 저도 전문가이지만, 우리의 직업은 순식간에 물거품이 될 수 있습니다. 우리는 우리 자신 외에 의지할 곳이 아무 데도 없어요. 만약 몸이라도 아프면 어떻게 해야 하나 걱정스러울 따름입니다."

던헴만이 안정을 갈구하는 게 아니었다. 이 기사에 따르면 1,300명이 넘는 밀레니얼 세대를 대상으로 설문 조사를 벌였는데, 그들은 자신들의 40대를 '나이는 40대이지만 경제적으론 20대', '생존 모드' 같은 단어로 묘사했다. 그들은 하나같이 모험과 해방보다는 그들이 결코 알지 못하는 안정과 평온함을 갈망하고 있었다.

불안한 삶을 대하는 3가지 방법

내게는 미국 밀레니얼 세대의 삶과 대한민국 마흔의 삶이 마치 쌍둥이처럼 겹쳐 보였다. 1980년대 경제 호황 속에서 나고 자랐지만, 초등학교 때인 1997년 IMF 외환 위기로 부모님이 하루아침에 실직을 하거나 집안 형편이 갑자기 어려워지는 모습을 봐야만 했고, 그 이후 상시적 불안 속에서 살아온 그들. 어렵게 취직했지만 회사 내 경쟁에서 이기고 살아남는 것이 점점 더 힘들어지고, 정년 퇴직은 꿈도 못 꾸는데 집값은 천정부지로 솟구치고 돌봄 비용도 만만치 않다. 어렵사리 '영끌'로 집을 마련한 뒤 힘겹게 버티는 그들에게 세상은 100세 시대를 앞두고 빨리 노후도 대비해 놓으라며 으름장을 놓는다. 결국 과거에도 현재에도 미래에도 그들의 삶은 불안하기만 하다.

그런데 더욱 안타까운 점은, 불안을 해소할 만한 마땅한 해결책이 없는 현실이다. 마흔 살들은 과거 어느 세대도 살아 보지 못한 삶을 사는 첫 세대가 될 것이다. 여생은 길어졌지만 모든 게 유동적이어서 그 무엇도 버팀목이 되지 못한다. 결혼이나 직업도 그다지 안정적이지 못하고, 기업들은 격변의 한복판에 있으며, 자연환경의 미래도 심히 걱정스럽다. 앞날을 예측하기란 불가능에 가깝기에 롤모델을 찾기도 어렵다. 즉 마흔 살은 온전히 스스로 삶을 개척해 나가야 하는 상황에 놓여 있다.

그렇다면 어떻게 살아야 할까. 외부 상황의 변화가 심할수록 내면에 집중하는 것은 꽤 도움이 된다. 불안한 삶을 어떤 태도로 살아갈 것인가 생각해 보는 것은 불안정하게 요동치는 세상에서 자신의 삶을 지키기 위한 태도를 정립하는 일이며, 그에 대해서는 정신분석가로서 해 주고 싶은 이야기가 있다.

불안한 삶을 대하는 첫 번째 방식은 '안전'을 중심으로 사고하고 행동하는 것이다. 최대한 안정적인 직장을 얻고, 미래를 대비해 돈을 차곡차곡 모으고, 도전과 모험에는 보수적인 태도를 취한다. 전후 세대인 할머니 할아버지가 바로 그렇게 살았다. 자녀들을 먹이고 입히고 가르치기 위해 평생 아끼고 참았으며, 그 보답으로 안정적인 삶을 살 수 있었다. 하지만 시시각각 변하는 현대 사회에서는 '안전' 위주의 선택을 한다고 해서 안전해진다는 보장이 없다. 기자와 법률가, 회계사, 은행원 등 안정적으로 여겨지던 직업이 AI 기술로 인해 빠르게 대체될 거란 전망이 나오는 요즘이다.

더군다나 생존을 위해 참고 견디는 삶에는 즐거움이 없다. 일상이 해야 할 일들로만 가득하면 삶의 에너지는 채워지기는커녕 계속 소진될 뿐이다. 결국 안전 중심의 삶은 이제 안전도 행복도 보장해 주지 못한다.

두 번째 방식은 '꿈'을 중심으로 사고하고 행동하는 것이다. '보이스, 비 앰비셔스(Boys, be ambitious)', '꿈이 있는 사람은 흔들리지 않는다.' 요즘 40대들은 어려서부터 이런 말을 많이 듣고 자랐다. 누구나 열심히 노력하면 원하는 만큼 성공할 수 있다고 믿었고, 그래서 꿈이 클수록 대단한 사람인 양 취급받았다. 실제로 '개천에서 용 난다'는 성공 신화가 보란 듯이 존재하기도 했다. 이처럼 꿈을 중심에 두는 삶에는 도전과 열정, 성취, 자부심이 있다. 그러나 모든 일에 양면성이 있듯 꿈을 이루지 못했을 때는 어마어마한 자괴감이 몰려온다. 또 꿈을 이뤘을 때조차 잠깐 승리감에 젖을 뿐, 곧이어 허탈함이 찾아온다. 1등을 목표로 하고 진짜 1등이 되면 엄청난 성취감을 느끼지만 1등을 계속 유지하는 것은 또 다른 문제이기 때문이다. 게다가 죽을힘을 다해도 실패자가 되기 쉬운 승자 독식 사회에서 이루기 힘든 꿈에 목을 매는 것은 실패할 확률이 다분한 도박에 올인하는 일처럼 위험하기 짝이 없다.

불안한 삶을 대하는 세 번째 방식은 그냥 '존재'하는 삶이다. 세상에는 단순히 태어났다는 이유로 누릴 수 있는 즐거움이 있다. 더운 여름에 불어오는 한 줄기 시원한 바람, 아이가 까르르 웃는 소리, 맛있는 피자 한 조각과 소중한 사람들과의 담소…. 이런 것들은 굳이 애쓰지 않아도 마음만 먹으면 언제든지 누릴 수 있는 작은 행복이다. 물론 순간에 불과한 소소한 즐거움에 너무 매몰되면 변화도 발전도 없겠지만, 이러한 행복감이 우리 삶을 지탱해 주는 것 또한 사실이다.

그렇다고 안전과 꿈을 포기하라는 말은 아니다. 목표를 세우고 노력해서 그것을 달성하게 되면 커다란 성취감을 느낀다. 그러나 목표 달성에 실패했을 때 겪는 절망을 견디게 하는 것은 바로 이런 작은 즐거움들이다.

이유 없이 그냥 존재하는 삶도 필요하다

영화로도 만들어진 소설 《스틸 앨리스》는 하버드 대학교 심리학과 교수이자 명망 높은 언어학자 앨리스 하울랜드가 조발성 알츠하이머병을 앓으며 건강과 기억과 지성을 서서히 잃어가는 과정을 담담하게 그린 작품이다. 같은 대학 교수로 재직하는 남편, 변호사인 큰딸, 의사인 아들, 배우를 꿈꾸는 막내딸까지, 앨리스의 삶은 무엇 하나 부족한 게 없었다. 하지만 병으로 인해 학자로서의 명성과 행복했던 추억과 사랑하는 사람들까지도 모두 잊어버릴 위기에 처하자, 그녀는 마지막으로 하고 싶은 일들을 정리하며 이렇게 말한다.

시험관 아기 시술이 성공한다면 안나의 아기를 안아 보고 싶었다. 그리고 리디아가 자랑스러워하는 연극 무대에 선 모습도 보고 싶었다. 톰이 사랑에 빠진 모습도 보고 싶었다. 존과 안식년을 한 번 더 보내고 싶었다. 읽는 능력을 잃기 전에 원 없이 책을 읽고 싶었다. 앨리스는 방금 든 생각들에 놀라며 실소했다. 하고 싶은 일들의 목록에 언어학이나 강의, 하버드와 관련된 건 하나도 없었다. 앨리스는 마지막 한 입 남은 아이스크림콘을 입에 넣었다. 그녀는 앞으로도 이런 따스하고 화창한 봄날과 아이스크림을 더 즐기고 싶었다.

안정적인 삶도, 꿈을 이루는 삶도 중요하다. 하지만 애쓰지 않아도 누릴 수 있는 아이스크림콘 같은 행복이 존재한다는 사실은 평온함을 준다. 비록 불안하고 가진 게 없고 대단한 일을 하고 있지 않아도, 누구나 살아 있기 때문에 지금 여기서 당당히 누릴 수 있는 즐거움이 있다는 사실. 그것이야말로 불안과 혼돈 속에서 우리의 삶을 지켜 주는 마지노선이 아닐는지.

생각해 보면 나 역시 마흔 살의 하루하루를 정신없이 바쁘게 살면서도 지치지 않고 나아갈 수 있었던 이유는 그냥 세상에 존재하는 작은 즐거움들을 놓치지 않은 덕분인 것 같다. 퇴근하고 나면 네가 재잘대며 들려주는 이야기들, 동료들과 점심 먹고 난 후 나누는 수다, 짬을 내 산책할 때 나를 향해 내리쬐던 태양… 바쁜 일상 속에 숨어 있는 자잘한 순간들. 만약 내가 다시 그 시절로 돌아간다면 그처럼 숨어 있는 행복을 속속들이 찾아내 남김없이 누리고 싶구나.

우리 사회는 지금까지 안정과 꿈과 성취만을 중시해 왔다. 하지만 딸아, 네가 살아갈 세상은 변화의 파도가 끊임없이 몰아칠 테고, 예기치 않은 위기 앞에서 온갖 계획과 노력이 수포로 돌아갈 수도 있다. 그럴수록 우리의 삶 가까이에 살아 숨 쉬고 있는 작은 즐거움을, 우리가 인간으로 태어났다는 이유만으로 누릴 수 있는 작은 행복을 놓치지 말기를. 머리 위로 불어오는 변화의 바람에 정신없이 흔들리며 괴로울 때 어쩌면 발밑에 핀 꽃 한 송이가 너의 마음을 다독여 줄지 모르기 때문이다.

'너무 늦었다'는 말을 많이 하는 사람들의 공통점

나는 학창 시절 나이보다 항상 어린 축에 끼었다. 생일이 빠른 덕에 남들보다 이르게 초등학교에 입학했고 어쩌다 운이 좋아 재수를 하지 않고 단번에 대학에 합격했다. 또 낙제 없이 순탄하게 의과대학을 졸업하고 그 당시 다른 친구들이 그러했던 것처럼 20대 후반에 결혼해서 이듬해 아이를 낳았다. 아무것도 늦은 것이 없었고 그저 평범했다. 평범했다는 말은 나의 '숫자 나이'와 '사회적 나이' 사이에 불일치가 없었다는 것이고 그래서 편안했다. 그런데 언제부터인가 내가 선택한 결정이 나이에 걸맞지 않은 부적절한 것이 되었고, "아니 그 나이에?"라는 불편한 시선들을 마주하게 되었다.

전문의가 되어 첫 직장인 국립정신병원(현 국립정신건강센터)에 들어갔을 때, 내 나이는 고작 스물일곱이었다. 대학병원에서 정신건강의학과는 여러 임상과의 하나이고 따라서 각 의국에는 과장님 한 분과 교수님 서너 분, 그리고 10명 내외의 레지던트로 구성되는 것이 일반적이다. 내가 인턴과 레지던트를 밟았던 대학병원 역시 마찬가지였다. 하지만 당시 국립정신병원은 병상만 1,000베드에 육박하고, 정신건강의학과 전문의 수십 명, 전공의 수십 명, 그리고 그에 상응하는 행정조직을 구비한 명실공히 정신건강 분야에 있어 대한민국의 중추적 기관이었다. 나는 그곳에서 만난 선후배 의사들로부터 많은 것을 보고 배울 수 있었고, 전국 방방곡곡에서 찾아오는 다양한 환자들을 돌보면서 풍부한 임상 경험을 쌓을 수 있었다. 의사, 간호사 외에 여러 부처의 조직과 협업하는 법도 배울 수 있었고, 매해 들어오는 전공의들과의 공부도 늘 새로운 자극이었다. 나는 그렇게 20여 년을 병원 생활에 푹 빠져 지냈다.

그런데 이후 다른 꿈이 고개를 들기 시작했다. 환자를 좀 더 심도 있게 치료하고 싶다는 열망이었다. 국립정신병원에는 입원 환자뿐 아니라 외래 환자 등 무수한 환자들이 찾아오기 때문에 환자 한 명, 한 명을 정신분석적으로 깊이 있게 치료하는 것이 사실상 불가능했다. 진료 경험이 쌓일수록 환자를 일대일로 깊이 있게 보는 것이 나에게 맞는 치료법이라는 확신이 들었다. 새로운 방향성을 펼쳐 나가기에 더 이상 그 병원은 적합지 않았다. 고민 끝에 나는 뒤늦게 개원을 준비했다. 그때 나이가 50이었다.

사람들은 나를 말렸다. 개업을 하기엔 너무 늦은 나이라고, 나이 들어 개원하면 고생한다고, 지금까지 조직에서 버틴 게 아깝지 않느냐고도 했다. 하지만 그때 국립정신병원은 더 이상 나에게 맞는 옷이 아니었다. 꽉 끼는 옷을 입고 더 살 수는 없는 노릇이었다. 나는 미련 없이 병원을 나왔고 사람들은 내게 걱정 어린 시선을 보냈다.

개원의 생활은 그들의 말처럼 녹록지 않았다. 아주 작은 병원을 운영하는 일이라 큰 걱정을 안 했는데, 예상외로 손이 가는 자잘한 일들이 무척이나 많았다. 그래도 새로운 환경에 적응해 가며 병원의 기반을 다졌고 10년간 열심히 환자를 돌보고 학술 활동도 이어 나갔다. 그 기간에 너를 결혼시키고 첫 책도 출간했다. 의사로서의 꿈만 실현한 게 아니라 작가라는 새로운 일에도 도전하게 됐으니 개원한 병원이 나에게 준 선물이 참 많았다.

그런데도 편히 앉아 있을 성미가 못 되는지, 나는 또 새로운 일을 벌이고야 말았다. 나이 60에 미국 유학길에 오른 것이다. 지금까지 해 온 정신분석 공부를 더 깊게 해 보고 싶다는 열망 때문이었다. 뉴욕정신분석연구소에 합격해 부랴부랴 짐을 쌌다. 학비도 만만치 않은 데다가 보통 10년은 걸리는 과정이라고 했다. 이번에도 어김없이 주변의 시선은 호의적이지 않았다. 이제 은퇴할 나이인데 무슨 시작이냐고, 환갑의 나이에 다시 학생이 되는 게 맞느냐며 고개를 저었다.

그런 우려들을 뒤로한 채 나는 병원을 접고 비행기에 몸을 실었다. 무사히 공부를 마칠 수 있을지 걱정스러웠지만 해 보기도 전에 포기하고 싶지는 않았다. 안 되면 어쩔 수 없겠지만 어떻게 될지는 해 봐야 아는 법이니까. 그렇게 2년간의 유학 생활을 마치고, 한국에 돌아와 또 수년간 이어진 긴 수련 기간을 완주한 끝에 미국정신분석가, 그리고 국제 정신분석협회 정회원 자격을 취득했다. 그동안 매진한 정신분석이라는 일이자 공부에 제대로 마침표를 찍은 듯했다. 하지만 여기가 끝이라고 장담하지는 않았다. 또 어느 순간 가슴에서 새로운 욕구가 솟아올라 주변 사람들이 말릴 만한 일을 시작할지도 모르니까 말이다.

성공과 행복에 대한 나만의 기준이 필요한 이유

내가 의사로 걸어온 길은 사람들이 흔히 말하는 성공 공식과는 거리가 멀다. 개업을 택한 시기도 그랬고, 유학을 떠난 시기도 그랬다. 돈 버는 때에 대한 고려 없이 병원을 열었고, 이제 은퇴하고 쉴 때라고 입을 모을 때 안정된 병원을 접고 고된 유학생활을 시작했다. 그래도 후회는 없다. 다시 돌아간다고 해도 똑같은 선택을 했을 것 같다. 나는 내 소망에 따라 걸어갔을 뿐이다.

그런데 나만 이렇게 사는 것은 아니다. 모두가 돈과 명성을 향해 달려가는 것 같지만 자세히 들여다보면 사람들은 대체로 자기만의 독자적인 선택을 내리면서 살아간다. 돈을 중심으로 살아가더라도 그가 처한 상황과 가치관에 따라 쉴 때와 멈출 때를 구분한다. 회사에서 승승장구하다가도 아이를 돌보는 일에 보람을 느껴 삶의 틀을 돌봄 중심으로 바꾸는 사람도 있다. 반대로 조직에서 끝까지 올라가 보기로 마음먹은 뒤 집안일과 육아의 많은 부분을 외주화하고 남은 에너지를 회사에 투자하는 이들도 있다. 여기에 옳고 그름은 없다. 각자가 느끼는 성공과 행복이 다를 뿐이다.

오히려 문제는 자기에게 무엇이 성공이고 행복인지 정의하지 못할 때 생긴다. 그러면 이 사람의 행복, 저 사람의 성공에 휘둘리게 된다. 돈을 쫓으며 살다가도 가족을 챙기지 못하는 것 같아 후회스럽고, 가족과 단란한 생활을 누리다가도 어느 순간 사회에서 도태되지 않을까 불안해한다. 그렇게 갈피를 잡지 못하고 흔들리기 시작하면 한없이 다른 사람이 부러워진다. 자꾸만 내 삶이 불만족스럽고 부족해 보여 섣부른 선택을 한 뒤 후회하거나, 전혀 나에게 어울리지 않은 일을 크게 벌여 망하기 십상이다. 그처럼 자신이 바라는 성공과 행복이 무엇인지 정의 내리지 못한 사람들은 정작 기회가 와도 그 기회를 잡지 못한다. 그들은 뭔가 새로 시작하기엔 자신의 나이가 너무 많다고 말한다. 이미 늦었다는 것이다. 그러면서 그들은 더 일찍 창업을 했어야 했다, 그때 빚을 내서라도 집을 빨리 샀어야 했다, 결혼을 하지 말았어야 했다, 아이를 낳지 말았어야 했다며 후회한다.

하지만 한 번에 두 가지 인생을 사는 사람은 없다. 하나를 택하면 다른 하나에는 소홀할 수밖에 없다. 나 역시 그랬다. 병원에서 열심히 일하는 동안 네가 자라는 순간순간을 모두 목격하고 그에 감동할 기회는 잃어버렸다. 네가 처음으로 몸을 뒤집고, 두 발로 서고, 첫 단어를 내뱉었던 순간을 나는 네 할머니에게서 전해 들을 수밖에 없었으니까. 그래서 내 손으로 온전히 너를 키우지 못했다는 아쉬움이 가슴 한편에 남아 있다. 하지만 워킹맘으로 살아온 세월을 후회하지는 않는다. 내가 전적으로 너를 키웠더라면 엄마로서의 만족감만큼 직업적 성취를 잃은 데서 오는 실망감도 컸을 것 같다. 일과 육아를 병행하면서 어느 것 하나 제대로 못 하는 것 같아 전전긍긍했던 시절도 있었다. 하지만 언젠가부터 그것이 나라는 사람임을 받아들였고, 그렇게 살아온 인생을 후회하지 않는다.

우리가 타인의 성공과 행복을 부러워하는 것은 그가 모든 걸 이뤘기 때문이 아니다. 그에게 알맞은 성공과 행복을 찾았기 때문이다. 삶의 기로에서 자기만의 가치관을 기준으로 선택하고 그에 집중했기 때문이다. 그런 사람에게는 대체 불가능한 자기만의 스토리가 있다. 그들은 과거에 대한 후회가 적고 지금 여기의 삶에 충실하다. 우리는 정말 부러워하는 것은 아마도 그들이 보이는 삶의 태도일 것이다.

딸아, 모든 사람에게 통용되는 성공과 행복은 이 세상에 존재하지 않는다. 겉으로 멋져 보이는 타인의 성공이 꼭 너에게 적합한 성공은 아니다. 마흔에 이르면 각자 살아온 삶의 결이 다른 만큼 성공과 행복에 대한 기준도 각양각색이다. 그러니 네가 느끼는 행복이 맞는지 틀리는지 더 이상 의심하지 마라. 남들이 너를 뜯어말려도 강하게 마음이 끌리고 포기가 안 되면 한번 가봐도 괜찮다. 나이가 몇이든 그게 무슨 상관이랴. 처음엔 의아한 선택처럼 보여도, 그런 선택이 쌓이고 쌓여 너만의 스토리가 된다. 나는 세상에서 가장 매력 없는 사람은 자기만의 스토리가 없는 사람이라고 생각한다. 그러니 용기를 내서 너만의 선택을 쌓아 나갔으면 좋겠다. 자꾸만 주위 사람들이 너를 말리면 이렇게 생각하렴. 남들의 성공과 행복은 그들의 것일 뿐이라고, 나는 그냥 나의 성공과 행복을 향해 나아갈 거라고.

예순이 되어 가장 후회하는 것

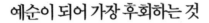

그녀는 20대 때부터 타로카드, 사주 풀이 보러 다니기를 좋아했다. 직장 문제, 연애 문제가 생길 때마다 단골 점집을 찾아가곤 했다. 세월이 흘러 그녀는 어느덧 마흔 살이 되었다. 이제 결혼도 하고, 아이도 두 명이나 낳았고, 직장에서는 차장 자리에 올랐다. 오랜만에 만난 그녀에게 나는 농담처럼 물었다.

"잘 지냈어요? 아직도 점 보러 자주 다녀요?"

"아유 선생님, 점 안 본 지 한참 됐어요. 이제는 가서 물어볼 것도 없어요. 결혼도 했고, 직장을 옮길 일도 없는데요, 뭐. 맨날 사는 게 똑같아서 궁금한 것도 없네요."

그 말에 나는 의아해졌다. 그녀는 이제 미래가 궁금하지 않단 말인가. 내가 알던 그녀는 누구보다 열정적으로 자기 삶을 탐구하던 사람이었다. 미개척지에 발을 디딘 탐험가처럼, 삶의 정도(正道)를 찾기 위해 실오라기 같은 단서 하나도 놓치고 싶지 않던 사람이었다. 그래서 나와 만날 때에도 짧은 틈을 타서 고민 상담을 해 오곤 했다. 그랬던 사람이 이제는 앞날이 별로 궁금하지 않다니.

마흔쯤 되면, 사람들은 삶을 가늠하는 중요한 결정들이 이미 내려졌다고 생각한다. '결혼을 할 것인가 말 것인가', '아이를 낳을 것인가 말 것인가' 같은 고민을 하다가 마음을 정하고 실행에 옮긴다. 그리고 오래 일한 직장을 떠나기는 쉽지 않고, 다른 직업으로의 전환은 너무 늦었다고 느낀다. 물론 소소한 고민거리는 계속 생기지만 20대처럼 삶의 향방을 좌우하는 큰 고민은 아니다. 인생은 대략 정해졌고 이제 그것을 지속할 일만 남았다. 그러니 앞날이 그다지 궁금하지 않을 수밖에 없는 것이다.

그래서인지 내가 마흔 살에게 가장 많이 듣는 이야기도 이런 것이다. "선생님, 사는 게 별로 재미없어요. 매일매일 똑같아요.", "해야 하는 일뿐인걸요. 지루해요.", "옛날처럼 놀고 싶어요. 그땐 하루하루가 재밌었거든요."

지루함은 나이 탓이 아니다, 삶의 태도 문제다

나도 마흔을 지나왔기에, 그 나이가 주는 중압감을 이해한다.

마흔은 시대를 막론하고 가장 바쁜 나이에 속한다. 일터에서나 가정에서나 최고의 생산성을 내야 하는 시기다. 40대가 움직여야만 해결되는 일들이 여기저기 산적해 있다. 그들이 멈추면 일터도 가정도 멈춘다. 아마 대한민국도 멈출 것이다. 막중한 임무를 떠안은 그들은 다른 것에 눈 돌릴 틈이 없다. 새로운 것에 관심을 돌리거나 재미를 추구하는 것은 일종의 사치다. 지루하다고 느끼는 그 일상도 최선을 다해 굴려야만 돌아가는 것이 마흔의 현실이다.

반복되는 바쁜 일상에 지치면 이런 생각이 들게 마련이다. '아, 인생이 이런 거구나. 앞으로도 이렇게 살겠구나.' 뭐든 새로운 것이 없다. 이미 다 해 봤거나, 했던 것의 변주 정도일 뿐이다. 무엇을 먹어도 비슷한 맛이고, 누구를 만나도 비슷한 얘기다. 그러다 보면 매사 심드렁해진다. 기계적으로 움직인다. 지루하다는 말만 입안에서 맴돌고, 옛날에 재미있었던 때만 기억난다. 그렇게 과거의 기억과 습관, 삶의 굴레에 갇히게 된다.

그런데 지루함은 결코 나이 탓이 아니다. 다 해 봐서 뭘 해도 재미없는 게 아니다. 새로울 게 없다는 고정 관념 때문에 아무것도 새롭지 않은 것이고, 현재의 삶을 과거의 방식대로 살려고 하기에 지루한 것이다. 그리고 이것은 삶을 대하는 태도 문제일 뿐이다.

34세의 나이에 여성 최초로 미국 하버드 대학교 심리학과 종신 교수가 된 엘렌 랭어는 '시계 거꾸로 돌리기' 실험으로 유명하다. 그녀는 1979년에 70대 후반에서 80대 초반의 남성 8명을 한 수도원에 모아 놓고 일주일간 함께 생활하도록 했다. 연구팀은 실험을 위해 시계를 거꾸로 돌려 수도원 내부를 20년 전인 1959년과 똑같이 꾸며 놓았다. 텔레비전과 라디오에서는 당시의 드라마, 영화, 뉴스가 흘러나왔고, 신문도 1959년의 것이었다. 연구팀은 실험 참가자들에게 다음 두 가지만 지킬 것을 요구했다. 첫째는 1959년으로 돌아가 당시의 자신처럼 지낼 것, 둘째는 청소나 설거지 같은 기본적인 집안일을 스스로 해결할 것. 사실 선발된 노인들은 대부분 자녀들과 한집에 살고 있었고, 그들은 생활의 많은 부분을 자녀에게 의지하고 있었다. 그러다 보니 자기 방을 꾸미거나 가구를 재배치할 결정권도 없었다. 그런 그들에게 1959년으로 돌아가 타인의 도움 없이 일주일간 생활하라고 요청한 것이다.

노인들은 실험에 참여하기 전까지만 해도 이제는 늙어서 모든 일이 힘에 부친다고 호소했다. 기력이 없어 아무런 신체 활동을 못 한다고 했고, 눈이 잘 안 보여 독서도 포기했다고 말했다. 어떤 노인은 자녀의 부축을 받아야만 외출할 수 있었다. 그런데 일주일간 스무 살 젊게 생활하자 그들의 신체에서 놀라운 변화가 일어났다. 청력과 기억력이 좋아진 것은 물론 관절 유연성, 손놀림, 악력도 향상됐다. 서 있는 자세가 꼿꼿해졌고 전보다 빨리 걸었으며, 대화가 늘었고 협동하는 모습도 보였다. 누가 봐도 건강이 좋아지고 활력이 넘쳤으며 훨씬 젊어 보였다.

이 실험을 통해 엘렌 랭어 교수는 우리를 늙게 만드는 결정적인 요인은 신체적 노화가 아님을 밝혀냈다. 스스로 늙었다고 믿고, 그 심리적인 나이에 맞게 사고하고 행동하기 때문에 진짜 늙는다는 것이다. 미국의 심리학자 버니스 뉴가튼은 이를 '사회적인 시계' 개념으로 설명했다. 특정한 행동이나 태도에 어울리는 올바른 나이가 있다는 암묵적인 믿음으로 자신의 삶을 평가한다는 뜻이다. 즉 스무 살에는 대학에 가야 하고, 서른 살에는 직장에 들어가야 하고, 마흔 살에는 집 한 채 정도는 있어야 한다는 식으로, 나이에 따른 사고와 행동의 기준을 정해 놓고 이를 따른다는 것이다.

그리고 보면 마흔 살에 뭐든 심드렁해지는 것도 사회적 시계 혹은 심리적 시계에 따른 결과가 아닐까. 마흔쯤 되면 인생의 중요한 결정들은 이미 내려졌다는 통념이 내면에 공고하기 때문에 그런 프레임대로 세상을 보고 느낀다. 이제 큰 변화는 일어나지 않을 거라는 고정 관념에 따라 생각하고, 인생이 거의 정점에 다다랐으며 슬슬 내려올 일만 남았다는 사회적 시계에 따라 행동한다. 결국 삶을 지루하게 만드는 것은 세월이 아니다. 세상이 우리에게 주입한 나이에 대한 시나리오를 아무 생각 없이 수용하고 따르는 우리의 무심한 태도가 삶을 지루하게 만드는 것이다. 여든에 가까운 노인들도 마음만 먹으면 나이에 대한 편견을 벗어던지고 창의적으로 살 수 있다. 반면 마흔에 불과한 젊은이라도 무심한 태도로 살면 하루하루를 반복적이고 기계적으로 보낼 수밖에 없다. 그들은 이제 웬만한 것은 안다고 생각하며 새로운 상황을 그냥 지나쳐 버린다. 얼마 안 가 그들이 후회를 하게 되는 것은 당연지사다.

나이가 몇이든, 사람은 매일매일 진취적으로 살아야 한다

74세의 나이에 미국 아카데미 시상식에서 여우 조연상을 받으며 한동안 대한민국을 들썩이게 만든 배우 윤여정. 그녀는 텔레비전 프로그램 〈꽃보다 누나〉에서 이런 말을 했다. "60세가 되어도 인생은 몰라요. 나도 처음 살아 보는 거니까. 나도 67세는 처음이야. 알았으면 내가 이렇게 안 하지." 예순을 훌쩍 넘기고도 매일매일 새롭게 보고 느끼는 태도, 나는 이것이야말로 그녀가 지금까지 왕성하게 작품 활동을 하는 원동력이 아닐까 싶다. 그리고 다가오는 하루를 새롭게 살 수 있는 능력은 어느 하루도 게으르지 않게 자기 일에 정진한 사람만이 얻을 수 있다.

나이에 따른 고루한 각본에 휘둘리지 말고, 하루하루 새롭게 창의적으로 살라고 이야기하면 사람들은 보통 아예 안 해 본 일에 도전하는 모습을 떠올린다. 스카이다이빙에 도전한다든가, 회사를 때려치우고 세계 여행을 한다든가, 스페인어 공부를 시작한다든가 말이다. 이런 도전도 일상을 리프레시한다는 의미에서 새로움일 수 있다. 그러나 우리가 추구해야 하는 새로움은 반복되는 일상에서 몸과 마음을 정돈하고 다스리고 가꾸는 것,

자기 일에 매진하며 갈고 닦을 때 얻어지는 가치다. 같은 일을 해도 기계적으로 처리하는 사람에게 일은 무심한 반복일 뿐이다. 나아질 것도 나빠질 것도 없다. 그러나 더 나은 방식을 고민하는 사람에겐 매번 새로운 시도다. 그렇게 하루를 열심히 살면 내일 해 보고 싶은 일이 떠오른다. 또 한 해를 열심히 살면 내년에 이루고 싶은 목표가 생긴다. 하루하루를 새롭게 산다는 것은 바로 이런 점진적인 변화를 뜻한다.

예순이 훌쩍 넘은 나도 다행히 매일매일 하고 싶은 일이 많다. 환자들을 좀 더 깊이 있게 상담하고 싶고, 정신분석가로서 공부의 마침표를 잘 찍고 싶다. 오랫동안 취미로 해 온 첼로를 조금 더 연습하고 싶고, 약속한 원고도 잘 완성하고 싶다. 내 하루를 새롭게 만들어 주는 소망들은 어제를 열심히 살았기에, 작년에 그 씨앗을 뿌려 두었기에, 10년 전에 막연하게나마 꿈을 꾸었기에 생길 수 있었다. 어느 날 갑자기 일어나는 도약이란 없다. 매일 조금씩 나아가고자 하는 노력이 모여 도약이 이루어진다. 그래서 나는 오늘도 후회 없이 내게 주어진 일을 잘 해내고 싶다. 그리고 내게 올 내일이, 내년이, 10년 후가 궁금하다. 일흔이 된 내 모습, 여든이 된 내 모습이 어떨지 여전히 궁금하다.

딸아, 사람들이 예순이 되어 가장 후회하는 것이 뭔지 아니? 좀 더 도전적으로 살지 못한 것이다. 마흔에 스스로 너무 나이 들었다고 단정하고, 누가 시킨 것처럼 책임과 의무만 가득한 삶을 산 것이다. 자유로운 시기는 끝났다고 여기고 수동적이고 방어적인 태도로 산 것이다. 그러다 예순이 되어 보니, 마흔 살이 얼마나 젊은 나이인지를 비로소 깨달은 것이다.

마흔의 어깨 위에 올려져 있는 짐이 얼마나 많니. 힘들고 지치면 진취적이고 창의적으로 살기가 어렵게 느껴진다. 기계적인 일상을 당연하게 여기고, 마흔 살은 다 그렇게 사는 거 아니겠냐고 푸념하게 되지. 하지만 그건 네가 지치고 피곤해서일 뿐, 나이 탓은 아니다. 잠시 쉬어 가면 될 일이지, 마흔에 관한 고정관념에 너를 끼워 맞출 일이 아니다. 사람은 생명이 붙어 있는 한 나이가 몇이든 진취적으로 살아야 한다. 그래야 오늘 후회가 없고, 내일이 기대된다. 그래야 예순이 되어도 매일 새롭고, 미래가 궁금해진다. 나는 네가 부디 그렇게 나이 들어 가기를 진심으로 바란다.

마흔에 자신을 돌보지 않으면 벌어지는 일

그녀는 유능한 회계사였다. 일 처리가 늘 꼼꼼하고 깔끔한 덕분에 모두가 그녀와 함께 일하고 싶어 했다. 그녀는 늦게까지, 쉬지 않고 일했다. 누가 시켰다기보다는 스스로 그렇게 해야 성과를 낼 수 있다고 생각했다. 잘난 체하거나 거드름을 피우는 법도 없었다. 늘 세련되고 겸손한 태도로 사람들을 대했다. 주위 사람들은 그녀를 근성 있고 성실하고 책임감이 강하다며 칭찬했다.

그런데 일 앞에선 똑 부러지는 그녀가 속수무책으로 무너져버리는 영역이 있었다. 바로 아이 앞이었다. 그녀는 아이를 낳고 나서 매우 혼란스러웠다고 고백했다. 그 이유는 아이가 예상

밖으로(?) 너무 사랑스러워서였다. 단지 얼굴이 예쁘다는 뜻이 아니었다. 아기라는 존재가 그토록 사랑스러울 줄은 미처 생각지 못한 것이다. 그래서 아이를 두고 출근해야만 했을 때 그녀는 마치 신체의 일부를 도려내는 것처럼 고통스러워했다. 그리고 혹여 아이가 상처받지 않을까, 작은 일에도 전전긍긍했다.

그렇지만 아이를 금이야 옥이야 하면서 오냐오냐 키우는 것은 아니었다. 아이가 말문이 트이고 자기주장이 강해질 무렵부터 그녀는 아이에게 불같이 화를 내곤 했다. 아이는 똑똑한 편이어서 일찍 말을 배웠고 이것저것 참견하길 좋아했다. 때론 엄마의 말과 행동을 트집 잡기도 했다. 다른 사람들은 애가 참 영특하다며 칭찬했지만 막상 엄마인 그녀는 아이의 지나친 조숙함과 똑부러짐이 거슬렸다. 그래서 자기도 모르는 새 아이에게 지나치게 화를 내곤 돌아서서 후회했다. 그녀는 엄마로서 모순적으로 행동하는 자신을 이해하지 못하겠다며 힘들어했다. 왜 사랑스러운 아이에게 뭐든 해 주고 싶다가도, 한편으론 똑똑한 아이를 벌주고 굴복시키고 싶어지는 걸까. 회사에서는 결코 당황하거나 흐트러지는 법이 없는 그녀였기에, 아이에게 지나치게 감정적으로 행동하는 자신에 대해 크나큰 자괴감을 느꼈다.

그녀가 자신의 아이를 미워한 진짜 이유

상담을 거듭하면서 그녀가 아이를 미워하는 이유를 조금씩 알 수 있었다. 그녀에게는 언니가 하나 있었다. 언니는 어릴 때부터 '영재' 소리를 들었고, 엄마는 그런 언니에게 '특별훈련'을 시켰다. 엄마 말을 잘 듣고 훈련도 열심히 받던 언니가 달라진 건 고등학교에 들어가면서부터였다. 언니는 엄마 말이라면 깡그리 무시했고 한 글자도 공부하지 않았다. 그러다 고3 때 결국 수능을 보지 않고 곧장 아무 데나 골라 유학을 가 버렸다. 엄마는 동생인 그녀를 잡고 하소연했다. 언니의 행동거지를 비난하는 하소연은 언제나 "너는 질대로 언니처럼 되지 마라"라는 말로 끝나곤 했다.

똑똑했지만 언니에 비하면 평범했던 그녀는 엄마의 사랑을 독차지하는 언니를 미워했다. 그녀도 엄마에게 온전히 사랑받고 싶어 했다. 그래서 엄마 말이라면 일단 순종하며 엄마가 그토록 바라는 대로 공부도 열심히 했다. 하지만 한편으로는 엄마를 미워했다. 사랑을 무기로 자신을 꼭두각시처럼 조종하려 드는 엄마에게서 벗어나고 싶어 했고, 엄마의 그림자에서 훌훌 벗어난 언니를 부러워했다.

그 후 상당한 시간이 흘렀고, 그사이 그녀는 대학을 졸업해 회사에 취직한 뒤 유능함을 인정받으면서 상처를 극복하는 듯했다. 그런데 아이를 낳고 난 뒤 그녀는 또다시 크게 흔들리고 말았다. 그녀는 사랑스럽고 연약한 아기에게서 엄마의 사랑을 갈구하던 어린 자기 자신을 보았다. 그래서 아이가 과거의 자신처럼 상처 입지는 않을까 노심초사했다. 동시에 똑똑한 체하는 아이에게서 잘난 언니를 보았고, 언니에 대한 분노를 아이에게 표출했다. 마지막으로 불같이 화를 내는 자신에게서 그토록 무서워하던 엄마의 모습을 보았다.

그녀는 상담 내내 눈물을 흘렸다. 아이를 있는 그대로 바라보고 사랑해 주지 못해서 울었고, 결국 자신도 자기 엄마처럼 악독하게 구는 엄마가 되었다며 울었다. 하지만 그녀가 가장 많이 운 이유는 가슴 속에 여전히 살아 있는 어린 날의 자기 자신 때문이었다. 연약한 아이가 사랑을 못 받고 혼자서 울고 있었다는 사실이 너무 불쌍해서였다.

어릴 때 사랑받지 못하고 자란 여자들의 공통점

상담을 하다 보면 번듯한 직장에, 화목한 가정에, 세련된 태도까지 갖추었지만 한편에 우울과 공허가 느껴지는 여성들을 만날 때가 있다. 그들과 이야기를 나누다 보면 가슴 깊은 곳에 공통의 의문을 가지고 있음을 알게 된다. 그것은 바로 '나는 과연 있는 그대로 사랑받을 가치가 있을까?' 혹은 '내가 뭔가를 해내지 않아도 나를 사랑해 줄 사람이 있을까?' 하는 슬픈 의문이다.

그들은 누구나 그렇듯 온전히 사랑받고 싶어 한다. 그러나 그들이 경험한 사랑은 들쭉날쭉하고 믿을 수 없는 것, 무언가를 해내거나 쓸모를 증명했을 때만 보상처럼 잠시 주어지는 것이었다.

그래서 그들은 자신의 내면에 관심을 기울일 마음의 여유가 없다. 언제나 자신의 욕구보다 타인이 원하는 것을 우선하고, 그에 맞게 생각하고 행동하려고 노력한다. 타인이 원하는 기준에 자신을 맞추는 것이다.

이러한 마음의 습관은 학교를 다니고 사회에 나와 성과를 내는 데는 도움이 된다. 학교와 회사에는 성과를 인정하는 일정한 기준이 존재한다. 학교에서는 공부를 잘하면 예쁨받고, 회사에서는 이익을 창출하는 만큼 인정받는다. 그것은 사람이 주는 들쭉날쭉한 사랑보다 훨씬 객관적이고 공정해 보인다. 노력하는 만큼 인정과 보상이 따르는 세상에서 '사랑받고자 하는 마음'은 연료가 되어 준다. 공정해 보이는 트랙 위에서 그들은 경주마처럼 앞을 향해 달린다. 사랑은 배신하지만 일은 배신하지 않기 때문이다.

그 결과 그들은 대부분 좋은 평가를 받는다. 성실하고 책임감이 강해 뭐든 웬만큼 잘 해낸다. 그들 스스로 느끼는 삶에 대한 만족도도 높다. 성취가 쌓일수록 상실했던 삶에 대한 통제력을 회복하게 되고, 쓸모 있는 사람이라고 느낄수록 자존감도 올라간다. 어느새 가슴 속에 품었던 질긴 욕구, 사랑받고자 하는 마음은 잠잠해진 듯하다. 때론 그런 마음이 거추장스럽게 느껴진다. 그들은 더 이상 사랑은 필요 없다고 여긴다. 타인에 의지하는 삶이란 연약하고 불안한 것이다. 일한 만큼 인정과 성과, 그리고 보상을 얻을 수 있는데, 왜 그런 일시적이고 변덕스러운 것에 마음을 준단 말인가. 그렇게 그들은 능력 있고 독립적인 사람이 되어 간다.

하지만 이런 삶에도 균열이 생기기 마련이다. 일만 하다가 번 아웃이 오든, 기대했던 승진에서 미끄러지든, 야심 차게 추진한 프로젝트가 큰 실패로 끝나든, 알 수 없는 공허함으로 자꾸 술 같은 것에 의존하게 되든 말이다. 그때가 오면 능력 위주의 삶을 살던 그들은 매우 당황해한다. 삶에 아무런 문제가 없는데 왜 이렇게 흔들린단 말인가. 그러다가 앞서 얘기한 회계사처럼 오랫동안 묵혀 놓았던 욕구, 즉 있는 그대로 사랑받고 싶은 어린 날의 욕구가 여전히 생생하게 살아 있음을 깨닫고는 놀란다. 그리고 그 아이가 불쌍해서 운다. 지금껏 자신의 쓸모를 증명하기 위해 너무 고단하게 살아왔음을, 단 한 번도 자기 자신을 있는 그대로 사랑해 준 적이 없음을 깨닫게 되는 것이다.

쓸모 있는 사람이 되어야 사랑받을 수 있다는 착각

그들이라고 지칭했지만, 이것은 우리 모두의 이야기이다. 우리 가운데 어려서부터 있는 그대로 사랑받으며 자라 온 사람이 과연 몇이나 될까. 더군다나 조금만 다르게 생각하고 행동해도 모난 돌이 정 맞는다며 경고하는 집단주의 문화, 1등부터 꼴등까지 줄 세우는 경쟁 위주의 교육, '억울하면 성공하든가'라는 식의 우월감을 자극하는 문화 속에서 '있는 그대로의 나'를 긍정하기란 너무 어려운 일이다. 그렇게 우리는 사는 내내 존재 가치를 증명해야 한다는 압박감 속에서 살아왔다. 그러니 꼭 뭔가를 해내지 않아도, 그냥 이 세상에 인간으로 태어났다는 사실만으로 존중받고 사랑받을 만하다고 느낀다면, 그게 더 신기한 일이 아닐까.

그래도 우리는 '있는 그대로의 나'를 사랑해야 한다. 정신분석에서는 이를 '참자기'라고 부르는데, 우리 안에 있는 창조성의 샘이다. 비난받지 않은 참자기는 나무가 해를 향해 가지를 뻗듯이 자연스럽게 자아실현을 하고자 노력한다. 참자기로부터 시작된 욕구는 번아웃되지 않는다. 그래서 아이를 키울 때 자존감을 그렇게도 중요하게 여기는 것이다. 있는 그대로의 자신을 사랑할 줄 알아야 참자기의 고유성에 관심을 가지게 된다. 그리고 현대 사회에 필요한 창조적 힘은 바로 참자기로부터 나온다.

참자기를 돌보는 것은 비단 어린아이들에게만 효과적인 것이 아니다. 마흔이 되면 세상이 인정하는 기준을 트랙 삼아 달려온 삶이 흔들리기 시작한다. 열심히 공부하고 일해서 거둔 성취가 자랑스럽지만, 마음 한편으로 공허함이 밀려온다. 40년 가까이 죽을힘을 다해 달려 왔는데 그 결과로 얻은 것이 그리 대단한 게 아니라는 사실에 허탈감이 몰려오는 것이다. 게다가 가까운 사람들에게 우환이 생기거나 부모와 남편, 자식과의 관계가 삐거덕대기 시작하면 내 인생에 무엇이 남아 있는지 정산해 보게 된다. 그리고 어느 순간 묻게 된다. '지금까지 나는 누구의 삶

을 살아온 걸까?'

이때부터는 자기 자신을 돌보지 않고서는 행복해지기가 불가능하다. 과거에는 사람들의 인정과 환호성으로 충분히 만족감을 느꼈다면 이제는 '내가 내 인생에 얼마나 만족하는가'가 삶의 새로운 기준이 된다. 네 또래의 한 회사원은 상담 치료가 꽤 진행된 어느 날 자신의 변화에 대해 이렇게 이야기했다. "언제부터인가 제가 원하는 게 뭔지 조금이나마 눈에 잡히는 것 같아요. 그동안은 남들이 저를 어떻게 볼까 신경 쓰느라 힘들고 불행했는데 이제는 제가 보는 저에게 더 집중하게 됩니다." 이밖에도 가족과 더 많은 시간을 보내고, 느리게 살고, 지금 바로 행복해지기를 삶의 최우선으로 놓는 것. 이 모든 것이 세상이 아닌 자기만족을 중심에 두는 삶이다.

그런데 정신분석가로서 말하자면 만족스러운 삶이란 자신을 진심으로 사랑해야만 가능하다고 생각한다. 그러려면 마음속 상처받은 어린아이와 대면하고 그 아이를 꼬옥 안아 주어야 한다. 뭘 잘해서가 아니라 그냥 있는 그대로의 나를 어여삐 여기고 긍정할 수 있어야 한다. 그럴 때만 자기 자신이 비로소 마음에 들고, 나다운 삶을 살아가며 만족할 수 있다.

딸아, 가끔 이런 생각을 해 본다. 이 세상에 얼마나 많은 사람이 '나는 정말 쓸모 있는 사람일까?' 하는 의문을 동력으로 삼아 앞으로 나아가고 있을까. 문제는 타인의 환호성과 인정은 내가 조금이라도 못하면 그 즉시 사라져 버린다는 데 있다. 그렇게 생각하면 정말로 슬픈 마음이 든다. 존재 가치 증명에는 끝이 없으니까, 계속 승리해야 하니까, 마음 편할 날이 단 하루도 없을 테니까, 그러다 결국 삶은 고단한 것이라고 결론 내리게 될 테니까.

하지만 그들에게 꼭 이야기해 주고 싶다. 꼭 뭔가를 이뤄야만 괜찮은 인생은 아니라고, 아무것도 이루지 못해도 상관없다고, 우리는 존재를 증명하기 위해 태어나지 않았다고, 그냥 태어났다는 사실 자체로 사랑받고 존중받을 만하다고. 그러니 이제부터는 타인의 환호성과 인정이 아닌, 그냥 있는 그대로의 자신을 사랑하고 믿는 데서 나오는 고유의 힘으로 나아가라고. 우리는 모두 충분히 그럴 자격이 있다고.

"인생에 너무 많은 것을 기대하지 마, 그럼 불행해져."

선영 씨는 SNS를 훑어보다가 기분이 상하고 말았다. 대학 동기가 올린 해외여행 사진을 봐 버렸기 때문이다. 고급스러운 리조트를 배경으로 남편, 아이와 함께 활짝 웃고 있는 친구의 모습. 세월은 자신에게만 찾아온 것인지, 친구는 10여 년 전과 똑같이 날씬하고 예뻤다.

'부모 잘 만난 덕분이지, 뭐.'

같은 대학에 같은 과를 나왔지만 친구는 이제 격이 다른 인생을 사는 것만 같았다. 서울 시내의 자가 아파트에 살면서 외제 SUV를 몰고 아이를 영어 유치원에 데려다주는 일상. 한때는 그런 친구를 속물이라며 비아냥대고, 속으로는 뜨겁게 질투하기

도 했다. 하지만 이제는 한숨만 푹 내쉴 뿐이었다. 아무리 노력
해도 친구의 윤택한 삶을 쫓아갈 수 없는 현실을 인정할 수밖에
없기 때문이다.

내 인생은 조금 다를 줄 알았는데

선영 씨에게도 기대와 희망이 가득했던 때가 있었다. 어렸을
땐 세상이 언제나 아름다웠고, 그녀는 자신이 특별하다고 생각
했다. 부모는 그녀를 든든히 지켜 주었고, 사랑으로 돌봐 주었
다. 세상에는 즐겁고 신나는 일이 가득했고, 만나는 사람마다
전부 그녀를 귀여워해 주었다. 모든 것이 자신을 위해 존재하는
것만 같던 시절, 그녀는 세상의 '왕'이었다. 그녀는 자신이 장차
큰일을 하게 될 것이라 믿어 의심치 않았다.

하지만 학교에 들어가 보니 뭐든 잘하는 아이가 너무 많았다.
그림을 잘 그리는 아이, 수학을 잘하는 아이, 피아노를 잘 치는
아이… 그들이 가진 재능에 비하면 그녀는 그저 평범한 아이일
뿐이었다. 어른들은 잘하는 게 뭔지 모를수록 공부를 열심히 해
야 한다고 다그쳤다. 주위를 둘러봐도 아이들은 대부분 문제집
에 코를 박고 지냈다. 좋든 싫든 그녀도 입시라는 기차에 올라
타야 했다. 대한민국 청소년들을 실어 나르는 그 거대한 기차에
서, 그녀는 자신이 얼마나 모래알만 한 존재인지 실감했다. 공
부도 못하면 어쩌지, 그녀는 낙오될까 두려웠다. 그래서 열심히

공부했고, 괜찮은 대학에 들어갔고, 탄탄한 기업에 취직했다.

회사에 들어가 보니 사람들은 두 부류로 나뉘었다. 대체 가능한 직원과 대체 불가능한 직원. 그녀는 자신이 후자에 속한다고 자신 있게 말할 수가 없었다. 게다가 회사는 사내 정치와 암투, 뒷말이 무성한 곳이었다. 그녀는 그런 알력과 다툼이 두려웠지만 거기에 발을 담그지 않을 재간도 없었다. 괜히 적으로 찍혔다간 회사 생활이 힘들어질 게 뻔했다. 뒷말에 적당히 맞장구치고, 남의 억울함에 적당히 눈을 감았다. 그리고 그 대가로 월급을 받았다. 치사해서 집어치우고 싶다가도 대출 갚고 하루하루 먹고살기 위해 포기할 수 없는 소중한 월급을.

한때 그녀는 뭔가 대단한 사람이 될 거란 꿈을 꾸었다. 정의를 위해 헌신하거나, 남들이 부러워할 만한 성공을 거두거나, 역사에 족적을 남기는 예술가가 되거나…. 하지만 그녀가 마주한 현실은 적당히 먹고살 만하고, 적당히 속물적인, 딱 보통의 삶이었다. 마흔이 된 그녀는 부모님을 떠올리며 스스로 물었다. '나는 부모님보다 나은 삶을 살고 있나?' 그러자 어느 순간 가슴이 답답해졌다. 어릴 때는 무시했던 부모님의 삶, 그 보통의 무게가 이토록 무거울지 몰랐기 때문이다.

30대 후반에 비로소 깨닫게 되는 인생의 진실

어려서는 어른이 되기만을 손꼽아 기다린다. 어른이 되면 누구의 간섭 없이 하고 싶은 일을 마음껏 할 수 있으니까. 하지만 막상 어른이 돼도 마음대로 살기란 쉽지 않다. 오히려 어른이 되는 과정은 슬프다. 뭐든 이룰 수 있을 거란 부푼 기대와 '나는 훌륭하고 대단한 사람'이라는 거대한 자아 이상을 떠나보내고, 현실의 '나'를 인정하고 받아들이는 과정이기 때문이다.

'세상은 아름답고 공정하며 나는 특별하다.' '세상은 나를 중심으로 돌아가며, 나는 이 세계의 슈퍼히어로다.' 어린아이들은 모두 이와 같은 환상 속에서 살아간다. 그들은 자기 욕망대로 세상을 휘두르고 주변을 통제하는 전지전능한 존재감을 느낀다. 어린아이의 미숙한 자아는 현실 검증력을 가지고 있지 않기 때문에 세상의 중심에는 오직 그 자신만 있을 뿐이다.

하지만 이는 어릴 때 얘기다. 퇴근하고 집에 돌아오면 아침에 차려입은 옷을 벗어야 하듯, 어른이 되면 이런 환상에서도 벗어나야 한다. 이것을 '탈환상'이라고 부른다. 아이는 자라면서 세상과 부딪쳐 가며 자신의 한계를 조금씩 알아 나간다. '나'는 생각만큼 특별한 사람이 아님을 깨닫게 되는 것이다. 세상이 아름답지만은 않고, 모든 일이 정의롭게 해결되지도 않는다. 인생은 기대와 다르게 부조리한 것투성이다. 특히 30대 후반에 들어서면 사람들은 자신이 세상에 태어나 지금껏 이룬 결과물과 처음으로 대면하게 된다. 이제 꿈에서 내려와 현실을 직시할 수밖에 없고, 꿈과 현실의 차이를 수용할 수밖에 없는 때를 맞이하게 되는 것이다.

탈환상은 환상을 떠나보낸다는 점에서 상실이다. 그리고 모든 상실은 슬픔을 동반한다. 선영 씨가 현재의 삶을 슬퍼한 이유도 여기에 있다. 그녀는 간절히 원했지만 가질 수 없었던 꿈과 기대, 자아 이상과 작별하는 중이었다. 이런 애도의 과정이 결코 쉽지만은 않다. 세상에 대한 기대, 자기에 대한 이상이 너무 큰 사람들은, 환상과 현실 사이의 크나큰 괴리감 때문에 고통받기도 한다. 그러나 우리는 환상을 잘 떠나보내야 한다. 그래야 좀 더 현실감 있는 자기상, 응집력 있는 자기 구조가 만들어지기 때문이다.

애도의 과정을 잘 거친 사람들은 공중에 붕 떠 있던 두 발을 땅에 딛고 단단히 뿌리를 박는다. 마음대로 되지 않는 현실이라는 땅에서 한계를 인정하고 꿈을 현실에 맞춰 수정해 나간다. 그리고 비록 대단한 사람은 못 됐어도, 하루하루 열심히 살아가는 자신을 대견하게 여긴다. 당연히 현실적으로 성공하고, 삶에 만족할 가능성도 높아진다.

인생에 너무 많은 기대를 하면 안 되는 이유

딸아, 네 큰이모부가 작년에 팔순이었던 걸 기억하니? 그날 나는 형부에게 여든 번째 생신을 맞이한 기분이 어떠시냐고 여쭤봤다. 그때 형부가 그러시더구나. "나한테는 생일이 따로 없어. 그냥 매일 아침이 내 생일이야."

형부의 대답은 그 어떤 위대한 작가의 말보다 나에게 더 큰 울림을 주었다. 매일 아침 무탈하게 눈을 떠서, 먹고 싶은 음식 맛있게 먹고, 보고 싶은 사람 만날 수 있고, 큰 걱정 없이 잠들 수 있다면 그보다 좋은 일이 어디 있겠냐는 뜻이었다. 형부의 눈으로 보자면 매일매일이 행복하고 감사할 일투성이였다.

아직 젊은 너는 노인이 인생 마지막 구간에 이르러 당연히 할 법한 소리가 아니냐고 손사래 칠지도 모르겠다. 하지만 형부가 어떻게 살아왔는지 잘 아는 내겐 다르게 들렸다. 형부는 1970년 대 중동 건설 붐이 일었을 때, 엔지니어로 이란에 파견을 나갔다. 그런데 그곳에서 차가 전복되는 사고를 당해 인후두가 파열되는 큰 부상을 입고 말았다. 형부는 응급 처치 후 비행기로 공수되어 한국에 돌아와 몇 차례 대수술을 받은 끝에 겨우 목숨을 건졌다. 그 뒤로 형부는 목에 튜브를 꽂은 채 지금까지 살아오고 계시다.

형부는 사고 후에 많은 생각을 하게 되었다고 한다. 왜 나에게 이런 불행이 찾아왔을까, 아직 애들도 어린데 어떻게 살아야 한단 말인가. 그런데 어느 순간 그런 생각이야말로 자신을 불행에 빠뜨리고 있음을 깨달았다. 건강하고 부유하고 행복하게 사는 게 당연하다는 기대. 그 기대 때문에 현실이 남루하고 부족한 것이 되고 만 것이다. 형부는 마지막에 한마디를 덧붙이셨다.

"인생에 너무 많은 걸 기대하지 마. 그럼 지금이 불행해져."

어쩌면 우리는 인생에 너무 많은 것을 기대하는지도 모른다.

그런데 살면 살수록 알게 되는 게 있다. 세상은 그렇게 거창하지 않고, 삶도 그리 특별하지 않다는 것이다. 인생이 멋지고 화려해야 할 이유는 그 어디에도 없다. 오히려 허접하고 아무것도 없는 것이 인생이다. 잘났든 못났든 다 같이 죽음으로 가는 도중에 서 있기에 그 과정에서 한때 인기도 맛보고 전성기도 누렸다면, 그것으로 족하다. 이것을 수용하는 데서 진정한 의미의 성장이 이루어진다.

"넘치게 기대하지 마세요."

진료실을 찾는 분들에게 내가 조언하는 말이기도 하다. 인생은 생각만큼 거창하지 않다. 그러므로 대단한 존재가 돼야 하고, 그게 아니면 형편없다고 생각하는 건 애초부터 잘못된 문제를 푸는 것과 같다. 그리고 현실이 아무리 초라해도 인생이 공허하고 무의미하기만 한 것은 아니다. 한계를 인정하고, 꿈을 재조정하고, 아름다움과 비루함이 공존하는 세상을 있는 그대로 바라볼 때, 우리는 비로소 현실에 좌절하지 않고 뜻대로 살아갈 수 있다. 꿈을 이룬다는 것은 바로 이런 뜻이다.

과거를 탓하는 사람들이 빠지기 쉬운 함정

딸아, 지붕을 고치고 창문을 바꿔도 비를 못 막고 바람이 드는 집이 있다면 어떻게 해야 할까? 그럴 때는 처음에 한 기초 공사가 제대로 됐는지를 점검해 봐야겠지. 기초가 엉망인데 군데군데 수리를 해 봐야 또다시 문제가 생길 게 뻔하기 때문이다. 마찬가지로 우리도 마음이 움직이는 역동에 관심을 가질 때, 비로소 현실에서 겪는 많은 문제를 제대로 이해할 수 있다.

이제는 정신분석 지식이 대중에게도 널리 알려진 까닭에 많은 사람들이 자신이 가진 오래된 문제의 근본 원인을 알기 위해 진료실의 문을 두드린다. 그중에는 탄탄한 지식으로 무장해서 나를 놀라게 하는 이들도 있다. 그들은 마치 전문가처럼 자기가 겪고 있는 문제와 원인을 줄줄 읊기도 한다. 그런데 나는 그런 사람들을 만나면 '치료가 참 쉽지 않겠구나' 하는 생각부터 하게 된다. 그들에게 정신분석 지식은 문제를 대면하기 위한 도구이기보다 문제를 회피하기 위한 수단에 불과한 경우가 태반이기 때문이다.

사소한 일에도 '트라우마'를 들먹이는 사람들의 심리

한번은 젊은 여성이 진료 시간보다 한참 늦게 도착했다. 늦은 이유를 물어보니 그녀는 이렇게 대답했다. "선생님, 지하철에서 올라오는데 갑자기 어렸을 때 사람 많은 지하철에 탔다가 꽉 끼어서 숨을 못 쉬었던 기억이 떠오르는 거예요. 트라우마를 진정시키느라 좀 늦었어요."

내가 보기에 그녀는 치료를 회피한 것이고 이에 대한 핑계로 트라우마라는 단어 뒤에 숨었을 뿐이다. 만약 진짜 트라우마가 남기는 상흔과 이를 극복하기 위한 노력을 안다면, 그녀가 쉽게 트라우마를 이야기하진 못했으리라.

정신건강의학과 진료를 오랫동안 하다 보면 저절로 고개가 숙여질 만큼 숭고한 인간 드라마를 만날 때가 있다. 트라우마를 견디는 것만으로도 버거울 텐데, 이를 대면하고, 충분히 애도하고, 그에 더 이상 휘둘리지 않기 위해 끝없이 노력하는 이들과 마주할 때다. 그들은 한때 주어진 환경에 따라 이리저리 흔들리며 살았다. 하지만 더 이상 끌려다니지 않겠다고 마음먹었고, 오늘 어떻게 사느냐에 따라 내일은 달라질 수 있음을 깨달았고, 끝내 인생을 손에 움켜쥐었다. 마음대로 되지 않는 세상이지만 하루하루 최선을 다하는 이들을 볼 때마다 나 역시 인생 앞에 겸손해진다. 무엇이든 핑계 대지 않고 오늘 하루를 열심히 살아가고 있는가 하고 묻게 된다.

하지만 이와 반대로 살아가는 이들도 있다. 그들은 현재 겪고 있는 모든 문제의 원인을 과거로 돌리고 말끝마다 과거 탓을 한다. 이를테면 바람둥이인 남성은 진지한 관계 맺기를 회피하는 이유로 어릴 때 동생에게 엄마의 사랑을 빼앗긴 경험을 얘기한다. 엄마가 동생만 챙기는 바람에 버림받을지 모른다는 공포에 떨어야 했고, 그것이 결국 지금의 인간관계까지 망치고 있다는 항변이다. 일만 하다가 가족과 관계가 소원해진 남성은 아버지에게 비판만 받아 온 과거의 경험을 그 이유로 든다. 아버지에게 인정받고 싶었지만 끝내 받지 못했고 그로 인해 지금 자신이 일중독자가 되었다는 것이다. 충분히 사랑을 표현하지 못한 어머니, 아들에게 높은 기준을 강요한 아버지가 삶에 지대한 영향을 끼친 것은 분명하다.

그러나 현재 겪고 있는 문제가 오로지 부모 탓일까? 원인이 무엇이든 문제를 해결하려면 해법을 찾아 시도해야 한다. 하지만 그들은 아무것도 시도하지 않는다. 바뀌지 않는 과거를 비난하며 지금 자신들이 그렇게 살아갈 수밖에 없는 이유를 계속 찾아닐 뿐이다.

사실 그들이 과거에 집착하는 이유는 따로 있다. 과거를 탓하면 스스로 문제를 해결할 필요가 없어지고, 현 상태를 유지할 수 있게 된다. 물론 그들도 겉으로는 힘들고 외롭다고 말한다. 하지만 속마음은 다르다. 누군가와 진지한 관계를 맺기가 껄끄럽고 버거워서 이 과제로부터 도망가고 싶어 한다. 그래서 적당한 구실을 마련한다. 가장 좋은 핑곗거리는 바로 과거다. 과거는 이미 지나갔고 절대 바꿀 수 없으니까 말이다.

도망치고 싶은 순간이 오면

일이나 인간관계 등 인생의 중요한 과제 앞에서는 누구나 마음이 무겁고 부담스러워지기 마련이다. 그래서 스트레스를 받으면 도망갈 궁리부터 하게 된다. 나도 마찬가지다. 책이나 논문을 써야 할 때면 잘 쓰고 싶은 욕심이 생기고 그것은 부담감으로 이어진다. 그러다 어느새 글쓰기를 자꾸만 미루고 있는 나를 발견하게 된다. '진작 자료 조사를 잘해 놓을걸, 나도 어릴 때부터 글쓰기 교육을 받았더라면 훨씬 훌륭한 글을 쓸 텐데….' 생각은 꼬리에 꼬리를 물고 과거로 돌아가 적당한 핑곗거리를 찾아내려고 한다. 하지만 그것도 잠시일 뿐, 나는 다시 마음을 다잡고 타이핑을 시작한다. 아무것도 안 쓰는 것보다는 한 줄이라도 쓰는 편이 덜 후회스럽다는 것을 경험으로 알기 때문이다.

한 자 한 자 쓰다 보면 언젠간 만족스러운 글을 쓸 수 있을 거라고 기대하기 때문이다.

타고난 재능, 훌륭한 부모, 넉넉한 가정 환경, 뛰어난 스승, 믿음직한 교우 관계, 따뜻한 배우자… 모든 걸 갖추면 좋겠지만 세상에 그걸 다 가진 사람은 없다. 완벽한 환경과 조건에서 태어나는 이가 없기 때문에 누구에게나 결핍이 있고, 또 그것을 크게 느낀다. 한번은 40대 환자가 자신의 오랜 친구와 싸운 이야기를 들려주었다. 그는 가난한 집안에서 태어나 힘들게 공부했지만 지금은 넉넉하게 살고 있다. 반면 친구는 태어날 때부터 부잣집 아들이었다. 둘은 대학 동기로 20년 가까이 절친한 사이로 지내는데도, 술만 마시면 똑같은 입씨름을 한다. 어렸을 적 늘 돈에 쪼들렸던 환자는 '네가 가난에 대해 뭘 아느냐'며 싸움을 붙이고, 그의 친구는 '네가 돈만 아는 부모 밑에서 자라 봤냐' 하며 울분을 토한다. 그들은 그 싸움을 20년 넘게 반복하고 있다. 그만큼 인간은 자신에게 없는 부분을 크게 느낀다.

하지만 조금만 생각해 봐도 알 수 있다. 그 결핍이 정말로 상처이기만 했을까. 돈이 없어서 서러웠던 환자는 가난에서 벗어나기 위해 누구보다 열심히 살았다. 돈만 밝히는 부모 밑에서 외로웠던 그의 친구는 자식에게 다정한 아버지가 되고 싶다는 목표를 세웠다. 상처는 아프지만 한편 우리를 앞으로 나아가게도 한다. 부족한 부분을 채우려고 노력하다 보면 어느새 앞으로 나아가게 되는 것이다. 이처럼 상처에는 양면성이 있다. 이것을 이해할 때 우리는 과거의 사건에 발목 잡히지 않고, 뜻한 바대로 나아갈 수 있다.

미국의 정치인 링컨은 '마흔이 넘으면 자기 얼굴에 책임을 져야 한다'라는 말을 남겼다. 인생의 중간쯤 오면 얼굴에 물려받은 것보다 살아온 경험이 더 드러난다는 뜻이다. 참 잔인하지만 피할 수 없는 사실이다. 아쉽고 후회스럽지 않은 인생이 어디 있으랴. 그러나 과거를 탓하며 제자리에 머무르는 것도 나의 선택이요, 과거를 떠나보내고 앞으로 나아가는 것도 나의 선택이다. 어제까지는 마음에 들지 않는 인생이었어도, 오늘을 어떻게 사느냐에 따라 내일은 달라진다. 그러니 딸아, 힘들어서 도망가고 싶고 그래서 그럴듯한 핑계를 찾게 될 때는 꼭 기억하렴. 과거의 사건에 어떤 의미를 부여할지는 바로 너 자신에게 달려 있으며, 핑계를 찾는 데에 골몰할수록 낭비하게 되는 건 결국 너의 소중한 인생이라는 사실을 말이야.

무라카미 하루키가 마흔을 앞두고 갑자기 떠난 이유

일본을 대표하는 작가 무라카미 하루키는 마흔을 앞둔 어느 날 훌쩍 일본을 떠났다. 당시 하루키는 일본 유수의 문학상을 휩쓴 유명 작가였고, 쏟아지는 강연과 원고 청탁으로 바쁜 하루하루를 보내고 있었다. 겉으로 보기에는 성공한 작가의 화려한 삶이었다. 사람들은 그의 말을 기다렸고, 그의 이야기를 궁금해 했다. 그러나 그는 정작 두려움을 느끼고 있었다. 거미줄처럼 짜인 틀에서 벗어날 수 없을 것 같은 두려움, 아무것도 달성하지 못한 채 마흔에 도달할지도 모른다는 막연한 강박 관념.

어느 날 아침, 그는 훌쩍 유럽행 비행기에 몸을 실었다. 그리고는 무려 3년이나 유럽에 머물렀다. 그는 어떻게 모든 걸 뒤로

하고 하루아침에 떠날 수 있었을까. 그는 당시의 유럽 생활을 담은 에세이《먼 북소리》에 이렇게 적었다.

마흔이 되려 한다는 것, 그것도 내가 긴 여행을 하게 된 이유 중 하나이다. (…) 그렇다. 나는 어느 날 문득 긴 여행을 떠나고 싶어졌던 것이다. (…) 어느 날 아침 눈을 뜨고 귀를 기울여 들어 보니 어디선가 멀리서 북소리가 들려왔다. 아득히 먼 곳에서, 아득히 먼 시간 속에서 그 북소리는 울려왔다. 아주 가냘프게. 그리고 그 소리를 듣고 있는 동안, 나는 왠지 긴 여행을 떠나야만 할 것 같은 생각이 들었다.

가슴에서 울리는 가냘프지만 분명한 북소리. 그 북소리는 우리에게 말한다. 떠나라고, 시작하라고, 정리하라고, 집중하라고…. 우리는 그 북소리를 못 들은 척한다. 지금 아무 문제가 없다고, 하고 싶은 걸 다 하면서 살 수는 없다고, 모두가 그렇게 산다고…. 그래도 북소리는 멈추지 않는다. 자꾸만 변화를 요구한다. 거슬려서 멈추게 하고 싶은데, 그럴 방법은 없다.
내게도 비슷한 경험이 있다. 마흔을 앞두고 내 일상은 겉으로는 아무런 문제가 없었다. 병원에서 일도 잘하고, 아이도 훌쩍 커서 손이 덜 가기 시작했고, 부부 사이도 좋았다. 여러 면에서 나의 생활은 안정됐고, 삶은 이대로 큰 굴곡 없이 흘러갈 것만 같았다. 그런데 이상하게 내 마음은 편안하지 않았다. 물이 웅

덩이에 고여 앞으로 나아가지 못하는 듯한 느낌이었고, 마치 내 마음이 나보고 흘러가라고, 앞으로 나아가라고 하는 것 같았다. 나는 나의 전문 분야를 좀 더 연마하고 싶어졌다. 그러려면 나에게는 전환점이 필요했고, 미국으로 가서 소아정신과 공부를 더 해 보고 싶었다. 마흔을 앞둔 이 시점을 놓치면 영영 그 갈증을 풀 수 없을 것만 같았다. 그러나 나의 현실은 엄마와 아내의 책무에 속박되어 한 치 앞으로 나아가기 어려웠다. 사람들은 내가 지금 있는 그 자리에 머물기를 바랐고, 나도 흔들리는 내 마음을 잠재우고 싶었다. 하지만 가슴의 소리는 멈추지 않았고 나는 떠날 수밖에 없었다.

당시 안정된 생활을 버리고 새로운 도전을 한다는 것은 불확실성의 위험 속에 나를 던지는 일이었다. 그러나 지나고 보니 나를 말리던 온갖 이유가 무색할 정도로 삶은 놀라운 복원력과 포용력으로 나와 내 주변을 감싸 주었다. 덕분에 1년간의 미국 연수를 마치고 돌아온 나는 새로운 균형을 찾았고 세상을 보는 시야도 조금은 넓어졌다. 어쩌면 우리가 선택을 앞두고 걱정하는 많은 일들이 대부분 과대평가되어 있는지도 모른다. 두려움은 실체가 아니라 사실은 나의 불안이 만들어 낸 허상이기 때문이다.

누구에게나 선택의 순간이 찾아온다
삶은 늘 변화한다. 자연에는 춘하추동이 있고, 사람은 태어나고 자라다 결국 죽음을 맞이하며, 사회의 모습도 끊임없이 바뀐다. 변화는 거스를 수 없는 흐름이며 진리다. 그래서 우리 인간은 늘 변화에 적응해야 한다. 시간이 흐르면서 달라지는 역할에 적응하지 못하는 사람이 있으면, 사회는 그에게 딱지를 붙인다. 철이 덜 들었다거나, 어른이 안 되었다면서 말이다.

그런데 변화를 요청하는 것이 외부 환경만은 아니다. 우리 스스로도 달라질 것을 요구한다. 반복되는 일상은 편안함과 안정감을 가져다준다. 그래서 우리는 아침에 일어나 오늘 하루도 무사히 별일 없이 지나가기를 바란다. 하지만 그처럼 현재의 삶에 안주하기를 바라면서도 가슴 한편에서는 변화에 내한 욕망이 꿈틀거린다. 그것은 어린아이부터 노인에 이르기까지 인간이라면 누구나 갖고 있는 내재적 속성이다. 그 욕망은 탐욕과는 차별화되는 욕구이자 더 나은 나로 성장하려는 삶의 에너지다.

하지만 아무리 긍정적인 방향일지라도, 변화는 언제나 스트레스를 동반한다. 환절기가 되면 면역력이 떨어져 감기를 앓듯이, 익숙한 것과 작별하면서 느끼는 불안과 두려움은 통과 의례와 같다. 허탈감, 우울감, 무기력감이 몰려오기도 한다. 그래서 사람들은 변화를 두려워하며 변화에 따른 불쾌한 감정을 피하려고 애쓴다. 꿈틀대는 성장 에너지를 억누르고 기존의 틀에 머물러 있기를 선택하는 것이다. 그런데 변화를 거부하는 순간 우리는 생의 활력을 잃어버리게 된다. 그러면 예전과 달리 일상을 유지하는 것이 어려워진다. 달라진 게 없는데도 덫에 걸린 느낌이 들고, 중요한 무언가가 손가락 사이로 빠져나가는 것 같고, 자신과 자신을 둘러싼 환경이 자꾸만 어긋나는 것 같은 기분에 사로잡힌다.

심리학자 프레데릭 M. 허드슨은 성장하지 못하고 정체기에 빠진 이 상태에 대해 "당신은 자신이 마치 누군가 다른 사람, 즉 과거에 당신이었던 사람의 가정을 돌보는 집사가 된 것처럼 느낀다"라고 표현했다.

정체기가 극에 달하면 드디어 선택의 시간이 찾아온다. '가슴에서 울리는 북소리를 따를 것인가, 지금 이 상태를 유지하는 데 온 에너지를 쏟을 것인가?' 이 질문은 내가 무엇을 하고 어떤 사람이 될 것인지를 결정하는 것과 같다. 만약 북소리를 따르기로 결심한다면 삶의 목록들을 면밀히 살펴본 후에 인생에 의미를 더해 주는 것은 지키고, 그렇지 않은 것은 과감히 정리해야 한다. 그 과정에는 예기치 않은 저항이 따를 수도 있다. 그러나 이에 굴복하면 안 된다. 사람들을 설득하고, 중요하지 않은 일들은 다른 이들에게 위임하고, 그럼에도 정리되지 않은 것들은 과감히 쳐내야 한다. 그렇게 인생의 구조를 새롭게 바꿔야 한다. 그래야만 우리는 앞으로 나아갈 수 있다.

과거의 방식을 고수하는 데도 비용과 고통이 따른다
살다 보면 우리는 삶의 방향이 전환되는 변곡점들을 맞이하게 된다. 예전의 옷은 이제 몸에 맞지 않으니 새로운 옷으로 갈아입을 때가 되었다고 누군가가 내 등을 떠미는 듯한 느낌을 받는 것이다. 파괴가 있어야 창조가 일어나고, 해체가 있어야 새롭게 통합될 수 있다. 우리는 이렇게 삶의 변곡점들을 하나하나 통과해 나가면서 더 나은 사람이 되어 간다.

그러나 안타깝게도 우리는 성장의 기술을 제대로 배우거나 익히지 못했다. 그래서 과거의 방식을 뒤로하고 새롭게 시작하는 것을 두려워한다. 특히 사회적으로 성공했거나 중년이 되어 책임과 의무를 우선하는 삶을 살고 있는 경우 웬만하면 현재의 틀을 유지하려고 안간힘을 쓰게 된다.

왜냐하면 아무리 고통스러워도 '현재의 삶'은 명확하고 예측 가능한 데 비해, 변화를 택하는 순간 삶이 불확실성으로 가득 찬 미지의 영역에 들어서게 되기 때문이다. 그러니 어떻게 쉽게 북소리를 따르겠는가. 변화는 과거의 성취를 걸고 하는 위험한 도박처럼 느껴진다.

그래서 지금껏 이룬 것이 아무리 미약하다 해도 그것을 잃기가 두려운 사람들은 현 상태를 유지하기로 마음먹고는 가슴에서 울리는 북소리와 현실 간의 괴리를 무시하기 위한 온갖 방도를 계발한다. 그리고 어느덧 그 생활에 적응해 버린다. 이런 상태에 대해 미국의 소설가 존 가드너는 이렇게 말한다.

"인간은 항상 자기 자신으로부터 달아날 온갖 교묘한 방도들을 생각해 낸다. 우리는 자신을 너무나 바쁘게 만들고, 자신의 삶을 여러 가지 오락거리로 채우고, 머릿속에 엄청난 양의 지식을 꽉꽉 담아 넣고, 수많은 사람들과 관계를 맺고, 여기저기 오지랖 넓게 기웃거릴 시간은 있지만 그러느라고 우리 내면의 두려우면서도 멋진 세계를 탐험할 시간은 결코 없다. 그래서 중년기쯤 되면 대부분의 사람들은 자기 자신으로부터 달아나는 데 능란한 선수가 되어 있다."

그러나 현 상태를 유지하는 데도 고통과 비용이 따른다는 점을 기억해야 한다. 겉으로는 아무 문제 없는 생활을 누리는 것처럼 보이지만 내면은 황폐해진다. 불만족스럽고 불안하고 답답하고 지루하다. 자주 화가 나고, 자주 슬퍼진다. 갑자기 겁이 나기도 한다. 그러다 어느새 무기력해지고 결국은 무감각해진다. 현재를 유지하는 대가로 삶의 생동감과 에너지를 내주는 격이다.

성장통은 아프다. 익숙했던 패러다임이 흔들리고 또다시 새로운 평형에 도달하는 과정은 힘겹다. 그러나 혼돈과 아픔의 시간이 끝나면 우리는 새롭게 태어난다. 추구하고자 하는 가치가 분명해지면서 고민이 줄고 삶이 심플해진다. 자기 자신에 대한 만족감과 에너지 수준이 높아진다. 웃음이 많아지고 행복감을 느낀다. 자연히 타인과의 관계가 좋아지고 세상을 대하는 태도는 너그러워진다. 쥐고 있던 걸 놓으면 빈손이 될 줄 알았는데 다시 새롭게 얻는 것들이 생긴다. 그것들이 우리를 앞으로 나아가게 만드는 것은 물론이다. 그러므로 가슴에 울리는 북소리를 신중하게 따르는 일은 결코 손해 보는 장사가 아니다.

북소리를 너무 두려워하지 말 것

가수 이적 엄마로 유명한 여성학자 박혜란 선생은 전업주부로 10년을 살다가 막내아들이 초등학교에 입학하자 다시 대학으로 돌아가 공부를 시작했다. 10년 동안 아이를 키웠으니 이제부터 자신을 키워 보겠노라 마음먹고 내린 결정이었다. 내 주변에도 늦은 나이에 공부를 시작한 친구가 있다. 그녀가 다시 공부를 시작한다고 했을 때 주변에서는 애들을 좀 더 키우고 해도되지 않겠냐고 만류했다. 그러나 그녀는 '나에게 나중은 없다, 이제 나를 위해 살아 보련다'라고 굳게 다짐하고는 뒤도 돌아보지 않았다는구나. 그런데 희한한 일은 그녀를 말리던 사람들도 그녀의 빈자리에 알아서 잘 적응했다는 거야. 어쩌면 여자들을 주저앉히는 많은 구실이 생각보다 별것 아닐 수 있다.

딸아, 너도 조만간 가슴에서 울리는 북소리를 듣게 되는 날이 올 것이다. 그때가 되면 주변에서는 널 뜯어말릴지도 모른다. 너 역시 '나 하나 참으면 되지' 하고 생각할지도 모르지. 그런데 참고 견디면 아무 문제가 없을 것 같아도, 절대 그렇지 않다. 아니 오히려 더 큰 문제가 생길 수도 있다.

그러니 북소리를 너무 두려워하지 말기를. 그래도 주변 사람들의 기대를 저버릴까 봐 두려운 날에는 일본의 철학자 미키 기요시가 한 말을 떠올리렴.

"우리를 사랑하는 사람에게 우리가 행복하다는 것보다 더 좋은 일이 있을까?"

chapter 2.

딸아, 네가 가장 먼저
챙겨야 할 것은 너 자신이다

딸아, 요즘 너는 너를 위해 뭘 해 주니?

혹시 너 자신은 뒷전으로 미뤄 둔 채 주위 사람들을 챙기느라

너무 많은 에너지를 쏟고 있지는 않니?

부디 그러지 말기를.

너를 사랑하는 사람들은 오직 너의 행복을 바란다.

그러니 그 어떤 경우라도

너 자신을 가장 먼저 챙겼으면 좋겠다.

수많은 좌절을 겪으며  내가 배운 한 가지

딸아, 가끔 생각해 본다. 내 인생은 운이 따라 준 편일까? 한때는 운이 참 없는 인생이라고 생각했다. 하고 싶은 일은 꼭 좌절됐으니까. 하고 싶다는 말만 해도 어디선가 도와주는 사람이 나타나는 누군가의 인생하고는 달랐다. 그들은 순풍에 돛 단 듯 앞으로 쭉쭉 나아가건만, 나는 뭐라도 할라치면 꼭 돌부리부터 나타났다. '내 인생은 왜 이 모양일까' 싶어 억울했던 적도 많았다.

그런데 시간이 지날수록 생각이 바뀌었다. 그때 그 좌절이 꼭 나쁘기만 했을까? 당시에는 나를 무너뜨리려고 나타난 것 같았던 좌절이 뜻하지 않게 새로운 길을 열어 주기도 했다. 시간이 흘러 비교해 보니 좌절로 인해 차선으로 선택한 길이 원래 꿈꿨던 길보다 결코 나쁘지 않았다. 그랬기에 함부로 운이 나쁜 인생이라고 말할 수가 없는 것이다.

나는 학창 시절 음악가가 되기를 꿈꿨지만 아버지의 반대로 그 꿈을 접어야 했다. 그때는 정말 세상이 끝난 것 같았다. 부모가 먼저 나서서 레슨을 받게 해 주는 친구들을 보며 아버지를 원망하기도 했다. 할 수 없이 다른 진로를 모색하던 중 심리학에 관심을 보이는 나에게 언니는 의과 대학을 추천했다. "네가 하고 싶은 공부는 정신건강의학과에서 더 깊이 할 수 있을 거야." 언니의 말만 듣고 들어간 의과 대학은 예상외로 적성에 잘 맞았다. 6년간 즐겁게 공부하고 대학 병원에서 인턴과 레지던트까지 잘 마쳤으니, 대안으로 모색한 진로치고는 참 운이 좋은 편이었다.

나중에 나이 먹고 만난 여고 동창생들은 "네가 음대 안 가고 의과 대학 가기를 잘했다"라고 칭찬까지 해 주었다. 음악가로 성공하는 것이 쉽지 않을뿐더러 의사가 되어 사람을 살리는 일을 하고 있으니 얼마나 좋으냐는 것이다. 어릴 때는 꿈이 좌절되어 힘들었는데 차선으로 택한 것이 더 나에게 맞는 것이었다.

그리고 첫 직장인 국립정신병원에서 계속 승승장구했다면 나는 그곳에서 정년을 맞이할 수도 있었을 것이다. 그러나 모든 직장이 그러하듯 보이지 않는 성차별과 장벽은 곳곳에 있었다. 그리고 오십에 늦은 개업을 선택하게 되었는데 지나고 보니 그 선택이 오히려 내게 많은 새로운 기회를 열어 주었다. 우선 정년 없이 지금도 일하고 있고, 이런저런 학술 활동도 이어 가고 있다. 또 대형 병원에서는 할 수 없는 환자와의 일대일 분석 치료를 활발히 하고 있다. 당시에는 차선책이었지만 지나고 보니 최선이었다. 다만 그때는 그 사실을 보지 못했을 뿐이다.

이외에도 나는 살면서 많은 좌절을 경험하며 한 가지는 분명히 배웠다. 모든 일에는 양면성이 있으므로 함부로 판단해선 안 된다는 것이다. 좌절을 느낄 당시에는 세상이 끝난 듯했지만 지나고 보면 절대로 끝이 아니었다. 거기에는 늘 새로운 길이 열려 있었다. 또 시간이 지나면, 보는 시선도 달라지므로 선택에 대한 평가도 변했다. 어쩔 수 없는 선택이 뜻하지 않게 좋은 결과로 이어지기도 했다. 새옹지마나 전화위복 같은 말이 괜히 있는 게 아니었다. 좌절에 굴하지 않고 주어진 상황에서 어떻게든 버티다 보면 새로운 길이 열리고 인생이 새롭게 평가된다. 그러므로 삶은 정말로 끝날 때까지 함부로 판단해선 안 된다.

같은 좌절도 젊은이들이 더 크게 느끼는 이유

인생은 좌절의 연속이다. 누구에게게나 원하는 게 있기 마련인데 그 욕구가 100퍼센트 충족될 수는 없기 때문이다. 자원은 한정돼 있지만 그걸 얻고자 하는 이는 많은 법이니까. 어려서 간식을 아무리 많이 먹고 싶어도 오빠, 동생과 나눠 먹어야 했다. 부모님에게 분명 칭찬받을 일을 했지만 더 잘한 형제나 친구들 때문에 칭찬 대신 잔소리를 들어야 했다. 내가 좋아하는 아이는 다른 사람을 좋아했다. 보란 듯이 번듯한 직장에 취직하고 싶었지만 치열한 경쟁의 문 앞에서 몇 번이고 고배를 마셨다. 이런 경험이 한둘이 아니다. 이 세상에 태어난 이상 우리는 타인과 더불어 살아가는 존재이기 때문에 좌절을 피할 수 없다.

물론 피할 수 없다고 그것을 쉽게 받아들일 수 있는 것은 아니다. 좌절은 언제나 우리를 화나게 하고 우울하게 만든다. 그러나 적절한 좌절은 동시에 사람을 성숙시킨다. 세상일이 뜻대로 되지 않는다는 걸 알게 되면서 사람은 자신의 한계를 인정하게 된다. 하지만 한편으론 작은 좌절로는 무너지지 않는다는 사실을 알게 되고, 웬만한 일에는 일희일비하지 않는 단단한 사람이 된다. 좌절을 통해 자아는 점차 강해지고, 스스로 느끼는 자부심도 커진다. 또, 좌절했을 때 누군가의 다정한 말과 위로, 도움으로 다시 일어섰듯, 타인이 돌부리에 걸려 넘어지면 그의 손을 잡아주게 된다. 한계가 있는 존재이기 때문에 기꺼이 타인과 더불어 살아가는 법을 배우게 되는 것이다.

더 나아가 좌절을 겪음으로써 욕망의 수준을 조절하게 된다. 너무 큰 욕심은 감당하기 힘든 좌절을 불러오기 마련이다. 젊은 이들이 같은 좌절도 더 크게 느끼는 이유다. 젊었을 때는 대개 이루고 싶은 꿈이 크다. 이 사람이 아니면 안 될 것 같고, 저 직업이 아니면 실패인 것 같아 그것에만 매달린다. 하지만 사랑하는 이와 이별을 하고, 취업난을 겪으며 꿈을 현실적으로 재조정하고 만족하는 법을 배운다. 이 사람과는 잘 안 됐지만 더 좋은 다른 사람이 있을 수 있고, 꼭 고액 연봉이 아니어도 먹고살 만한 다른 직업들이 있다는 사실을 알게 됨으로써 좌절이 꼭 나쁜 것만은 아니라는 것도 깨닫게 된다.

예순이 넘으면 마흔이 참 젊은 나이임을 알게 된다

좌절은 우리를 성숙하게 만든다. 하지만 깊은 좌절에 빠져 있는 사람에게 이런 이야기는 도움이 안 된다. 당신이 겪고 있는 시련이 훗날 즐거운 추억거리가 될 거라는 말은 섣불리 하지 않는 게 낫다.

언젠가 병원에 마흔 중반의 여성이 찾아왔다. 방금도 운 듯이 퉁퉁 부은 눈을 하고 있었다. 무슨 일로 왔냐는 말에 한참을 침묵하더니 울먹이는 목소리로 입을 열었다. 10년 넘게 남편과 같이 장사를 하며 생계를 이어 왔는데, 남편이 보증을 잘못 서는 바람에 가게며 집이며 모든 걸 다 잃게 됐다고 했다. 아이들이 중학생이라 돈 들어갈 데도 많은데 교육비는커녕 온 가족이 편히 몸 누일 곳마저 잃게 됐다고 울음을 터뜨렸다. 갚아야 할 빚은 너무 많고, 앞으로 어떻게 살아가야 할지 막막해서 확 죽어 버리고 싶다고도 했다.

정신건강의학과 의사는 환자의 말을 경청한 뒤 의견을 줄 수는 있지만 섣부른 의견을 주는 것은 바람직하지 않다. 환자가 자신의 언어로 자신의 상황을 성찰하는 것을 도와야 하기 때문이다. 하지만 그날은 그녀의 처지가 참으로 안타까웠고 경제적 어려움에 처한 그녀가 다시 병원을 찾을 가능성은 희박했다. 그래서 고민 끝에 그녀에게 말했다.

"아니에요. 40대는 아직 젊습니다. 복원력이 있어요. 체력적으로도, 심리적으로도, 시간적으로도 충분히 에너지가 남아 있습니다. 만약 같은 일이 50대에 일어났더라면 정말로 힘들 수 있어요. 하지만 아직은 아닙니다. 다시 시작할 수 있어요."

진심이었다. 예순을 넘겨 보니 그제야 비로소 마흔의 젊음이 보였다. 그래서 교과서 같은 이야기인 줄 알면서도 그녀에게 말했다. 그 말이 그저 귓등을 스쳐 지나가지 않기만을 바랐다.

40대의 실패가 커 보이는 이유는 그만큼 이룬 게 많아서다. 30대에는 상대적으로 이룬 게 적기 때문에 실패해도 크게 좌절하지 않는다. 훌훌 털고 일어나기도 쉽다. 하지만 40대부터는 다르다. 경제적으로나 관계 면에서나 가장 무거운 책임을 진 나이다. 그래서 한번 휘청이면 크게 흔들린다. 어린 아이들과 나이 든 부모가 그들만 바라보고 있는 상황에서, 그들의 실패는 온 가족의 실패나 다름없다. 그들이 무너지면 온 가족이 무너진다. 40대의 실패가 뼈아픈 이유는 바로 그것이다.

그러나 40대는 아직 젊다. 그리고 끝까지 살아 보지 않고는 모르는 것이 인생이다. 출구가 전혀 보이지 않는 절망적 상황이어도 찾아보면 숨 쉴 틈 정도는 있다. 어떻게든 될 것이라는 마음으로 끝내 버티면 안 보이던 길이 보이기도 한다. 삶이 우리에게 어떤 가능성을 열어 줄지는 마지막까지 살아 봐야 알 수 있다. 그러니 여기가 끝이라고 속단하지 말아야 한다.

묵묵히 내 말을 듣던 그녀는 몇 달간 소식이 없다가 불쑥 다시 병원을 찾아왔다. 그때보다는 한결 밝은 표정이어서 마음이 놓였다. 그녀는 산후도우미 자격증을 땄고 조만간 일을 새로 시작하게 될 것 같다며 인사차 들렀다고 했다. 그때는 누구라도 붙잡고 하소연하고 싶은 마음에 찾아왔는데 내 말을 듣고 뜻밖의 용기를 얻었다며 감사하다고 했다. 그렇게 짧은 인사를 건네고 돌아서는 그녀의 뒷모습을 보며 나는 가슴이 뭉클해졌다. 무거운 책임을 짊어졌기에 더 크게 좌절했지만, 그 책임감을 동력으로 삼아 다시 일어선 그녀의 모습에 크게 감동받았다.

딸아, 앞으로 네가 어떤 시련을 겪게 될까. 지금까지 겪었던 좌절과 달리 앞으로 찾아오는 좌절은 더 크고 무거울지도 모른다. 하지만 그럴 때는 꼭 기억하렴. 어떤 경우라도 너는 시련보다 강하다. 그런 마음으로 버티다 보면 끝이 없을 것 같던 어둠의 터널에도 조금씩 빛이 든다. 살아 보니 인생에는 늘 돌파구가 마련돼 있더구나. 그러니 너무 걱정하지 말고 나아가거라. 그것도 벅찰 땐 그저 살아만 있으면 된다. 정말이다.

40대에는 일하는 것보다  잘 쉬는 것이 먼저다

대한민국 40대가 바쁘다는 사실을 한 번 더 말해 무엇하랴. 그들은 그야말로 일의 대홍수 속에서 하루하루 살아간다. 성과에 대한 압박, 증가하는 불확실성, 적자생존의 경쟁 시스템이 오늘도 그들을 야근으로 몰아넣는다. 더 이상 쥐어짤 게 없을 정도로 열심히 일하고 있는데도, 사회는 더 빨리 더 큰 성과를 내라고 닦달한다. 이미 급류에 휘말려 정신이 없는데, 또 다른 급류가 여기저기서 몰려오는 형국이다.

현대인이 일하는 환경은 날이 갈수록 가혹해지고 있다. 한 달 사이에 트렌드가 휙휙 바뀔 만큼 변화의 속도가 빠르고 경쟁도 치열하다. 위기감과 압박감이 일상화되었다. 특히 구조 조정의

칼날 위에 선 4, 50대 직장인의 스트레스는 말로 표현하기 어려울 정도다. 그들은 경제적 위기뿐 아니라 매일 자신의 쓸모를 증명해야 하는 심리적 위기 상황에 놓여 있다.

그런데 일에서 받는 스트레스가 비단 외적 상황에서만 기인하는 것은 아니다. 스스로 닦달하고 괴롭히는 면도 크다. 누가 시키지 않았는데도 일만 생각하고, 제대로 쉬지 못하고, 놀면 괜히 죄짓는 기분이 드는가? 그렇다면 자기가 자신을 착취하는 '성과주체'가 되었다는 증거다.

철학자 한병철은 그의 책 《피로사회》에서 현대 사회를 '성과사회'로, 이 사회 속에 살고 있는 인간을 '성과주체'라고 명명했다. 그에 따르면 성과사회에서 성공은 남아 있는 유일한 규율이고, 성공을 위해 강조되는 것은 바로 긍정의 정신이다. 성과주체는 '나는 할 수 있다'라는 믿음을 바탕으로, 능력과 성과를 통해서 존재감을 확인하고자 끊임없이 자기 자신을 착취한다. 이런 상황에 대해 그는 '자기 자신의 노동수용소를 짊어지고 있다'라고 표현했다.

이만큼 워커홀릭의 본질을 꿰뚫는 표현도 없을 것 같다. 현대인이 휴식을 취하지 못하는 건 쉴 수 있는 시간이 없거나 방법을 몰라서가 아니다. 그냥 마음이 휴식을 허용할 수 없을 만큼 항진되어 있기 때문이다. '하루 24시간이 모자란다'는 불만은 한국 사회에만 있는 게 아니다. 현대인은 모두 시간 강박에 걸려 있다고 해도 과언이 아니다. 남녀노소 할 것 없이 시간에 쫓기고 바쁘다. 온종일 분주하고, 해도 해도 일은 끝이 없고, 제대로 놀지도 못한 채 한 주가 가고 또 한 해가 간다. 그러다 어느 날 문득 '왜 나는 여유가 없을까?' 하고 반문하게 되는 것이 우리다. 그러나 시간 관리 전문가들에 따르면 시간이 없어서 쉬지 못하는 것이 아니라, 충분한 여가 시간이 있음에도 그것을 알아채지 못하는 것이 문제라고 한다. 일에 대한 강박과 불안이 심신을 압도하고, 그 결과 자신은 한시도 쉴 수 없는 상황이라는 그릇된 판단이 만든 '가짜 바쁨'이라는 것이다.

아직 '번아웃'이 안 왔다면 이제 곧 올 것이다

일에 대한 강박과 불안은 '번아웃'으로 이어진다. 번아웃은 에너지를 전부 일에 쏟아부은 나머지 삶을 살아갈 기운이 조금도 남아 있지 않은 상태를 말한다. 번아웃에 빠진 사람들은 심한 피로감을 호소하며 냉소적으로 변해 가다 어느새 만사 심드렁해지고 무엇에도 관심이 없어지는 상황에 이른다. 낮은 에너지 상태에서 극도의 스트레스 상황을 버티기 위해 모든 감정을 차단해 버리는, 그야말로 생존 모드로 진입하는 것이다.

그런데 번아웃이 지나치면 무감각에 그치는 것이 아니라 몸이 아프기 시작한다. 노동 사회학자이자 심리 치료사인 사빈 바타유는《번아웃: 회사는 나를 다 태워 버리라고 한다》에서 남성과 여성의 번아웃 양상이 다르게 나타난다고 밝혔다. 여성은 슬품이나 눈물 등 감정 체계를 동원해 번아웃을 표현하기 때문에 비교적 상태를 빨리 알아차리고 개선을 위해 힘쓴다. 반면 남성은 심혈관계 질환이나 골절, 위궤양 등 신체적 질병이 발생하기 전까지 번아웃을 알아차리지 못한다. 그래서 번아웃은 과로사의 한 원인이 된다. 번아웃 증상을 알아차리지 못해 어느 날 갑자기 쓰러져 죽을 수도 있는 상황을 맞이하게 되는 것이다.

성별뿐만 아니라 성격도 번아웃의 주요 변수다. 번아웃에 쉽게 빠지는 사람의 유형 중 하나는 '완벽주의자'들이다. 그들은 대개 타인의 인정을 갈구하며, 자신에 대한 기대 수준도 높다. 그래서 아무도 뭐라고 하지 않는데도 스스로 쉬기를 마다한다. 하지만 지나친 완벽 추구는 오히려 일의 진행을 더디게 만든다. 그들은 더 나은 선택지가 있을지도 모른다는 의구심을 버리지 못하고 선택을 미룬 채 고민만 반복한다. 겉으로는 나태하고 꾸물거리는 것처럼 보이지만, 사실 그들의 속마음은 누구보다 불안하고 걱정이 많다.

그들에겐 신속하게 의사 결정을 하는 습관이 필요하다. 생각을 오래 한다고 해서 꼭 좋은 아이디어가 나오는 것은 아니다. 한 연구에 따르면 고민이 좋은 결과물로 이어질 가능성은 대체로 생각을 시작하고 나서 5분 안에 판가름 난다고 한다. 오래 일을 붙잡고 있어 봐야 좋은 결과로 이어지지 않는다는 말이다. 그러니 5분 안에 의사 결정을 내리고 본론으로 진입하자. 시작하는 시점이 빠르면 빠를수록 본론에 집중할 시간이 많아지고,

끝맺는 시간이 앞당겨지면서 일의 완성도를 높임과 동시에 쉴 시간도 확보할 수 있다.

전업주부와 프리랜서일수록 계획표가 절실한 이유

번아웃에 쉽게 빠지는 또 다른 유형은 '착한 사람 콤플렉스'를 동반한 이들이다. 그들은 회사, 집, 인간관계 등 자신보다는 주변에 기꺼이 헌신하는 모습을 보인다. 무엇이든 양보하고 힘든 일을 도맡아 처리한다. 그런 고통을 감내함으로써 타인의 인정과 사랑을 얻고자 한다.

물론 주변 사람들을 행복하게 해 주는 데서 만족을 찾는 인생도 가치와 의미가 있다. 그러나 착한 사람 콤플렉스를 가진 이들은 '나는 좋은 사람이다'라는 높은 자존감을 가지고 남을 돕는 게 아니라, '나는 부족하고 못난 사람이다'라는 자격지심을 만회하기 위해, 혹은 희생함으로써 타인의 인정과 사랑을 얻기 위해 헌신을 택한다. 이런 헌신에는 끝이 없다. 그들은 자신의 욕구를 무시하면서까지 타인의 요구를 우선한다. 결국 타인으로부터 착취당할 뿐만 아니라 자기 자신으로부터도 외면당한다.

지금 무엇보다 그들에게 필요한 것은 거절하는 연습이다. 거절하면 상대방이 실망할 것 같고, 나쁜 사람이 될 것 같아 걱정되는가? 결코 그렇지 않다. 거절을 너무 과대평가할 필요가 없다. 거절은 상대방에 대한 거절이 아니라, 그가 제안한 일에 대한 거절일 뿐이다. 또 나에게도 하고 싶은 일이 있고, 쉬고 싶을 수도 있다. 그런 자신의 욕구를 상대의 요청만큼이나 소중히 다루어야 한다. 자신을 소중히 여기고 상대를 존중하는 사람들이 주고받는 거절에는 뒤끝이 없다. 만약 거절했다는 이유로 관계가 불편해진다면 원래부터 그 관계는 그리 단단하지 않았을 확률이 높다. 그러므로 상대방이 무리한 부탁을 해 오면 눈치 보지 말고 '아니오'라고 말할 수 있어야 한다. 그래야 자신을 보호할 수 있고, 남들에게 끌려다니지 않을 수 있다.

번아웃에 쉽게 빠지는 유형 중 마지막은 휴식과 업무의 경계가 모호한 일에 종사하는 사람들이다. SNS나 유튜브 등을 매개로 한 1인 사업가, 전업주부, 프리랜서 등 출퇴근하지 않는 형태로 일을 하는 사람들은 온종일 일하면서도 일하고 있다는 인식이 없고, 대응해야 하는 일이 너무 많아 잘 쉬지 못한다. 어느 순간 몸은 무리하게 되고 적신호를 보낸다. 그들에게는 일과표가 필요하다. 초등학생 시절 방학이 되면 계획표를 세웠듯이, 점심 시간과 휴식 시간을 넣은 계획표를 짜고 되도록이면 그대로 실천해야 한다. 그렇게 해야만 자신도 모르게 무리하게 되는 생활 패턴에서 빠져나올 수 있다.

40대를 즐겁게 보내는 가장 좋은 방법

일 문제로 진료실을 찾은 이들에게 쉬어야 한다고 얘기하면,

열에 아홉은 그럴 여유가 어디에 있냐고 반문한다. 그들은 이렇게라도 일하는 게 어디냐고, 까딱하다간 잘릴지도 모르는 상황에서 쉬는 건 배부른 소리라고 잘라 말한다. 부잣집에서 태어난 것도 아니고, 모아 놓은 돈도 많지 않은데 어떻게 쉴 수 있겠냐고 푸념을 늘어놓기도 한다. 그러면 듣고 있는 나조차도 마음이 아플 때가 많다.

마흔을 넘긴 이들은 대부분 한 분야에서 10년 넘게, 길게는 20년 가까이 일한 사람들이다. 그렇게 일했으면 지치는 게 당연하다. 열정은 점점 사라져 가고, 머리도 굳어 가고, 체력도 하루가 다르게 떨어진다. 그동안 해 온 관성으로 버티는 것도 잠시뿐이다. 엑셀을 밟아도 소리만 요란하게 울리는 자동차처럼, 남은 에너지를 그러모아도 몇 미터밖에 못 나간다. 에너지가 없으면 에너지를 다시 채워야 한다. 그럴 때 에너지를 가장 빠르게 충전하는 방법은 잘 쉬고 잘 노는 것이다. 배부른 소리가 아니다. 에너지가 바닥났는데 계속해서 달리려고 하다간 정말로 큰일이 난다.

그래서 40대에는 일하는 것보다 잘 쉬고 잘 노는 것이 먼저다. 최선의 방법은 일의 포트폴리오를 다양화하는 것이다. 돈을 받는 대가로 출근해서 퇴근할 때까지 하는 일만 일이 아니다. 취미, 여행, 운동, 봉사 모두 중요한 일이다. 업무 시간도 부족한 입장에서는 판타지 같은 이야기처럼 들릴지도 모른다. 그러나 일의 포트폴리오를 확대하면 좋은 점이 많다.

첫째, 잘 놀고 잘 쉬는데도 일의 능률이 오른다. 신경 세포는 긴장과 이완이 적당히 교차되어야 그 강도가 건강하게 유지된다. 그래서 업무 시간에도 중간중간 반드시 쉬는 시간이 필요하다. 또 운동과 취미 활동을 하는 동안 평소 사용하지 않는 근육들을 사용하게 됨으로써 뇌의 여러 부분이 활성화되어 유연하고 창조적인 사고를 할 수 있게 된다. 게다가 일 외에도 좋아하는 활동이 생기면 사무실에서 미적거리며 시간을 낭비하지 않을 수 있다. 얼른 일을 끝내고 취미 생활을 즐기러 떠나야 하기 때문이다. 잘 놀고 쉬는데도 일의 효율이 높아지는 선순환 구조가 형성되는 것이다.

둘째, 삶의 만족도가 높아진다. 노동을 하고 그에 대한 대가로 돈을 받는 것만 일로 한정하면 '나'의 기능도 협소해진다. 돈 버는 일을 하지 못하는 순간, 가치 없는 사람으로 전락하기 때문이다. 반면, 하는 일이 다양해지면 펼칠 수 있는 능력도 다양해지고 전인적인 사람으로 성장한다. 달리기나 등산 등 몸을 움직이면서 느끼는 즐거움, 세상의 아름다움을 발견하고 누리는 예술적인 경험, 타인을 돕는 데서 오는 보람 등 다양한 경험이 쌓이면서 새로운 능력이 개발되고, 자신에 대한 정의가 다양해지면서 스스로에 대한 만족도도 올라간다.

셋째, 3, 40대부터 펼친 다양한 활동들이 은퇴 후에 의미 있는 삶의 대안이 될 수 있다. 누구나 언젠가는 다니던 직장을 그만두어야 하고, 직업으로서의 일을 놓아야 한다. 사업가가 되거나 프리랜서로 일을 이어 가는 방법도 있겠지만 만약 그게 여의치 않다면 어떤 것에서 삶의 의미를 찾을 것인가. 그럴 때 그동안 개발해 온 취미, 봉사, 여행, 공부가 좋은 대안이 된다. 많은 사람이 시간이 없다는 이유로 취미나 운동 같은 여가 활동을 훗날로 미루지만, 막상 은퇴 후 시작하려면 체력적으로 경제적으로 쉽지 않은 경우가 많다. 여가 활동도 미리 야금야금해 놓아야 은퇴 후에 본격적으로 즐길 수 있다.

잘 쉬고 잘 노는 사람들이 인생도 잘 버텨 낸다

딸아, 나는 주변에서 은퇴 후 무료하게 시간을 때우듯 살아가는 또래 남성들을 참 많이 보았다. 우리 세대의 남성들은 경제적 책임을 온전히 짊어지고 가족을 위해 참 열심히 일했다. 그 덕분에 나라 경제도 발전하고 자식들도 건강히 잘 자랐다. 그들의 노고는 누구라도 칭송할 만하다. 그러나 자기 자신을 일하고 돈 버는 역할로만 한정했기 때문에, 일터를 벗어나는 순간 아무런 할 일이 없는 사람이 되고 말았지. 사실 골프도 하루 이틀이고, 여행도 한두 달이다. 남은 인생을 바칠 만한 의미 있는 일이 있어야 사람은 버틸 수 있다. 그리고 그 의미는 한순간에 찾을 수 있는 게 아니다. 젊어서부터 그런 활동을 찾아서 만들어 가야만 한다. 그런 점에서 나는 그 남성들을 볼 때마다 참으로 안타까웠다.

나이 들수록 삶은 다채로워져야 한다. 체력, 경제력, 인간관계도 중요하다. 그러나 그것만으로는 부족하다. 살아 있는 한 재미와 의미와 보람이 있어야 한다. 그리고 그것은 누가 찾아 주지 않는다. 스스로 하나씩 도전해 보며 발견할 수밖에 없다. 은퇴하면 시간이 많이 남을 테니까 그때 생각해야지 하면 늦는다. 그러니 너무 일만 하지 말자. 일만 하며 버티기에 인생은 너무 길다.

네가 자꾸만 화가 나는 진짜 이유

딸아, 네가 고등학교를 졸업하던 날이 기억나는구나. 그날 너는 꽃다발을 한가득 안고 정든 친구들, 선생님과 사진을 찍으며 기뻐했지.

그런 너를 뒤에서 지켜보던 내 심정도 생생하다. 너는 서운할지 몰라도, 그날 내가 가장 크게 느낀 감정은 자유로움이었다. '이제 엄마 노릇은 일단락됐다, 엄마로서 해야 할 일은 대충 끝났다' 하는 데서 오는 해방감이었지.

지금 돌이켜보면 3, 40대 시절이 어떻게 지나갔는지 모르겠다. 결혼과 더불어 한순간에 몰아치듯 다가온 아내, 엄마, 며느리 역할에 허둥대던 때가 있었다.

이제 조금 그것들에 익숙해졌나 싶을 무렵 병원에서 더 많은 책임이 주어지더구나. 중간 관리자가 되어 보니 해야 할 일들이 쏟아졌고, 내 집 마련에 육아며 부모님 문제까지 신경 쓸 곳이 한두 군데가 아니었다. 그나마 네가 잘 크나 싶으면, 새로운 엄마 역할이 등장했다. 사춘기 전까지 재잘재잘 말도 잘하던 네가 갑자기 방문을 쾅 닫을 땐 가슴이 철렁했다. 네가 성장의 새로운 단계에 진입할 때마다 나 역시 새로운 엄마 노릇을 익혀야 했지.

어깨를 짓누르는 무거운 역할들이 끝도 없이 쏟아지던 그 시절, 어떨 땐 솔직히 도망가고 싶기도 했다. 그래도 어찌어찌 버티며 그 시간을 통과해 왔다. 특별한 비법이 있었던 건 아니다. 무엇이 펼쳐질지 모른 채 그저 하루하루 주어진 일들을 해내면서 여기까지 온 거야.

모르는 게 약이라고, 만약 결혼 후의 삶이 어떤 것인지를 알았더라면 나는 결혼을 선택하지 않았을지도 모르겠다. 하지만 몰랐기에 용감했고, 우매했지만 열심히 달려왔다. 그 삶에 후회는 없다. 그럼에도 불구하고 다시 그 시절로 돌아간다면 바꾸고 싶은 게 하나 있다. 무작정 참고 버티면서 내 입장을 똑똑하게 설명하지 못한 것이다. 내 마음 상태를 허심탄회하게 보이고, 주위 사람들에게 적극적으로 도움을 요청하지 못한 게 아쉬운 것이다.

나는 감내하며 그 시절을 잘 넘어왔다고 생각했지만, 사실 그렇지 않았다. 참고 견디는 동안 마음속 울분은 어떻게든 나갈 곳을 찾고 있었다. 퇴근 후 엉망인 집안을 보면 당연히 화가 났다. 그때 나는 화를 억누르며 겨우 집안일을 했는데 너는 귀신같이 내가 기분이 상한 걸 알아차렸지. 차라리 너에게 엄마가 병원에서 돌아오면 얼마나 힘든지, 네가 조금만 정리해 놓아도 얼마나 큰 도움이 되는지 설명했더라면 어땠을까. 네 아빠에게도 마찬가지다. 그 시절에는 육아와 가사의 짐이 여자에게 훨씬 많이 지워졌다. 그때 네 아빠에게 무엇무엇을 해 달라고 구체적으로 요청했더라면 어땠을까. 하지만 나는 그러지 못했고 참았던 화는 엉뚱한 곳에서 터지곤 했다. 양말을 뒤집어 놓았다거나 설거짓거리가 쌓여 있다든가 하는 아주 사소한 곳에서 울분이 표출됐던 거야.

만약 그때 내 욕구에 관심을 기울이고, 똑똑하게 표현했더라면 어땠을까. 문제는 훨씬 쉽고 부드럽게 풀렸을지 모른다. 그래서 나는 네가 화가 날 때 그것을 현명하게 푸는 법을 배웠으면 좋겠다.

마흔은 온갖 책임과 역할이 쏟아지는 나이다. 그에 따라 억울함, 분노, 화 같은 감정도 물밀듯이 몰려오지. 이때 분노 관리를 제대로 못 하면 스트레스로 몸이 아프거나, 소중한 사람들과의 관계가 망가지거나, 비생산적인 방식으로 에너지만 낭비할 수 있다. 화를 어떻게 표출하느냐에 따라 마흔 살의 삶이 질적으로 달라지는 것이다.

화를 잘 참는 법이 아니라 현명하게 내는 법부터 익혀야 한다

흔히 분노는 위험한 감정이라고 생각한다. 하지만 분노는 나 자신을 지키기 위해 반드시 필요하다. 누군가가 물리적으로 폭력을 가해 오거나, 부당하게 영역을 침범해 들어오거나, 의도적으로 상처를 주는 데도 가만히 있으면 위험에 처할 수밖에 없다. 그래서 모든 살아 있는 존재는 위기 상황에 처하면 자신을 지키기 위해 상대를 공격한다. 그 밑바탕을 이루는 것이 바로 분노 즉 공격성이다.

그런데 무작정 화를 억누르면 큰 병이 나고 만다. 단지 마음만 병드는 게 아니라 몸도 아프다. 옛 어머니들이 자주 앓았던 화병이 그것이다. 화병의 원인은 이기적인 시어머니와 무심한 남편에게 있을 것 같지만 그것이 전부는 아니다. 억울한 상황에서 스스로를 지키지 못했다는 무력감이 쌓이고 쌓여 화병이 난다. 분노를 억압하면 당장 얼굴을 붉히는 상황은 피할 수 있을지 모른다. 하지만 그 공격성은 방향을 바꿔 나 자신을 겨누게 된다.

그러므로 무조건 참는 것은 능사가 아니다. 화를 내면 왠지 관계가 틀어지고 문제가 꼬일 것 같아 두려울 수 있지만 그것은 잘못된 생각이다. 왜냐하면 분노를 잘 표현하면 오히려 관계를 돈독하게 만들고 문제를 매끄럽게 해결할 수 있기 때문이다. 그러므로 화를 잘 내는 법을 익히는 것이 필요하다. 이때 중요한 것은 '적당히'와 '적절히'다. 그렇다면 어떻게 하는 것이 현명하게 화를 내는 것일까?

상대방을 찌르고 싶은 분노가 결국 나를 파괴하기까지

화를 낼 때는 상대, 이슈, 방법이 적절해야 한다. 즉 나를 화나게 만든 당사자에게, 충분한 이유를 가지고 화를 내되, 그 수단은 반드시 대화여야만 한다. 물론 잔뜩 화가 난 상태에서 이 모든 걸 고려할 정도의 이성이 있을 리 없다. 일단 확 내지르고 싶은 마음이 들 수도 있다. 그래서 화가 날 때는 반사적으로 일시 정지 버튼 먼저 눌러야 한다. 심호흡을 깊게 하거나, 아예 생각을 멈추거나, 그래도 안 되면 그 자리를 뜨는 게 좋다. 안 그러면 자기도 모르는 새 물건을 집어 던질 수 있다.

화를 낼 때 상대를 잘못 고르는 경우도 많다. 엄한 사람에게 애꿎은 화풀이를 하는데, 주로 자기보다 어리고 약한 사람을 고른다. 치사하고 찌질한 방식 같아 보이지만 흔히 저지르는 실수다. 회사에서 스트레스를 받으면 집에 와서 까칠하게 굴고 아이의 실수를 꼬투리 잡아 혼을 낸다. 머리로는 그러면 안 된다는 걸 알지만, 나도 모르는 사이 분노는 약한 상대에게 표출된다. 그리고 나면 후회와 함께 부끄러움이 몰려온다. 그러므로 강한 사람에게 약하고 약한 사람에게 강한 사람이 되지 않으려면 평소 분노 관리를 잘해 둘 필요가 있다.

언뜻 상대방이 잘못한 것처럼 보이지만, 알고 보면 화의 원인이 따로 있는 경우도 있다. 사소한 일에 갑자기 욱할 때, 웃자고 한 농담인데 기분이 확 상할 때가 있다. 상대방이 내 열등감과 트라우마 등 오래된 마음의 상처를 건드린 경우다. 이때 상처를 봉합하지 않으면 엉뚱한 화풀이를 계속하게 되어 현재의 관계를 망가뜨릴 수 있다. 그러므로 화가 났을 때 눈앞의 사건에만 국한해서 생각하지 말고, 과거의 경험도 돌아볼 수 있어야 한다. 만약 분노 조절이 잘 안 되어 폭력적인 행동을 자주 하게 된다면 정신건강의학과 진료를 받는 것이 좋다. 충동성의 원인과 진단이 다양하므로 그럴 때는 전문가의 도움을 받는 게 낫다는 말이다.

그런데 내가 가장 우려하는 것은 분노 표출을 교묘하게 하는 케이스이다. 즉 수동공격적으로 자신의 분노를 표현하는 방식이다. 그들은 뒤에 숨어서 자신을 화나게 만든 상대방이 난처해지도록 일을 꾸미는데, 이를테면 처리가 시급한 일을 일부러 느릿느릿하거나, 일이 아예 안 되도록 손 하나 까딱하지 않거나, 뒤에서 그에 대한 험담을 몰래 퍼뜨리는 식이다. 하지만 이럴 경우 상대방뿐만 아니라 본인마저도 난처해질 수 있다. 한발 더 나아가 자기 자신을 공격함으로써 상대방을 아프게 하려는 사람들도 있다. 어르신들 중에는 자식들이 어떻게 나오나 보자 하는 심보로 "아이고, 오래 살아서 너를 힘들게 한다. 얼른 죽어야지"라고 말하는 분들이 있다. 자기 탓을 하는 듯 보이지만 실은 자녀에게 서운한 마음을 돌려 표현하는 것이다. 남편에게 분노를 품은 한 여성은 건강 검진에서 중대한 이상이 발견됐음에도 병원에 가기를 한사코 미뤘다. 남편은 빨리 정밀 검사를 받아보자고 했지만 그럴수록 그녀는 더 꾸물거리기만 했다. 그녀는

'내가 병에 걸린 건 바로 너 때문이야'라는 말을 온몸으로 하고 있는 것인데 그럴수록 위험해지는 것은 바로 본인이다. 병에 걸렸고, 병을 고치지 않으면 목숨이 위험한 것 또한 그녀 자신이기 때문이다.

화가 났을 때 반드시 기억해 두어야 할 4가지

자기 자신을 해치면서까지 화를 낼까 싶지만, 인간은 그런 동물이다. 화가 나면 눈앞에 뵈는 게 없어진다. 철학자이자 소설가인 알랭 드 보통은 《여행의 기술》에서 이렇게 말했다. "인간은 호텔을 건축하고, 만(灣)을 준설하는 등 엄청난 프로젝트를 이루어 내면서도 기본적인 심리적 매듭 몇 개로 그 성과를 물거품으로 만들 수 있다. 울화가 치밀 때면 문명의 이점들이라는 것이 얼마나 하찮게 여겨지는지!" 일평생 이룬 업적도 한순간의 분노로 인해 잿더미로 만들어 버리는 것이 바로 우리 인간이다.

더 큰 일은 화를 표출했는데도 문제가 조금도 해결되지 않는 데 있다. 은밀하고 수동적인 분노는 상대로 하여금 무엇을 잘못했는지 전혀 인식하지 못하게 한다. 뭔가 껄끄럽고 불편해하는 건 알겠는데, 그래서 뭘 어떻게 해 줘야 하는지는 잘 모르겠는 난감한 상황이 벌어지기 일쑤다. 상대방이 불편해하고 난처해지기를 바랐다면 소기의 목적을 거두었다고 볼 수 있지만 그러는 동안 소중한 내 시간과 에너지 역시 사라지고 만다. 더군다나 상대방이 그래도 나에게 중요한 사람이라면, 그가 난처해질 때마다 관계에도 금이 갈 수밖에 없다.

그렇다면 어떻게 화를 표현하는 것이 좋을까? 화가 난 내 마음을 온전히 드러내면서도 관계를 망치지 않고 문제를 해결할 방법은 없는 걸까?

우선 화가 끓어오르는 상황에서는 그 어떤 말이나 행동도 하지 않는 게 낫다. 화가 나면 뇌에서 위험 신호를 감지하고 공격할 준비를 한다. 심장이 쿵쿵대고 호흡도 가빠진다. 그럴 때는 일단 브레이크를 걸어야 한다. 의식적으로 호흡을 깊게 하면서 화난 뇌를 이성으로 붙들어야 하는 것이다. 화가 금세 가라앉지 않을 것 같으면 그 자리를 떠나 혼자만의 시간을 가지는 것도 방법이다.

조금 안정되면 '이게 정말 화낼 만한 일인가?' 하고 생각해 본다. 그러면 여기서 50~60퍼센트의 경우는 화가 풀린다. 알고 보면 화내지 않고 둬도 그냥 지나갈 일, 우연히 벌어진 일, 운이 나빠서 생긴 일이 대부분이기 때문이다.

그럼에도 화가 가라앉지 않을 때는 '정말로 상대방이 잘못한 일인가?' 한 번 더 생각해 본다. 그날따라 내 컨디션이 별로였을 수도 있고, 억눌러 왔던 감정이 폭발한 것일 수도 있다. 그렇다면 상대방에게 화를 내서 해결될 문제가 아니다. 그럴 때는 운동을 하거나 잠을 자는 등 내 컨디션 회복에 힘쓰는 것이 가장 바람직한 해결책일 수 있다.

그래도 안 되겠다 싶으면 상대방에게 뭐라고 얘기할지 정리해 보자. 대화로 푸는 게 원칙이다. 함부로 화를 낼 권리는 그 누구에게도 없다. 그리고 말을 할 때에는 사건과 행동에만 초점을 맞추는 것이 좋다. 주어는 '나'로 하고, 원하는 바는 확실히 말하는 것이다.

예를 들어 "퇴근하고 집에 들어왔는데 분리수거는 안 돼 있고 당신이 게임만 하고 있어서 속상했어. 오늘은 야근해서 피곤하기도 하고, 빨리 씻고 자고 싶었거든. 다음에는 꼭 정해진 날에 분리수거 먼저 해 줬으면 좋겠어"라고 말하는 식이다. 이 말도 따발총처럼 연달아 내뱉지 말고, 상대방의 반응을 기다리며 하나씩 던지는 게 좋다.

그러고 나면 한결 마음이 가뿐해질 것이다. 웬만하면 상대도 그 말에 동의할 가능성이 높다. 다만 상대방이 내 요구를 들어주지 않는다 해도 너무 미워하지는 말아야 한다. 그에게도 자기만의 영역이 있으므로 존중해 줘야 한다. 화가 치미는 문제를 건강한 방식으로 해결하려고 시도했다는 사실 자체가 큰 의미다. 화에 휘둘리면 무력감이 든다. 반대로 화를 적절히 다루면 유능감을 얻게 된다. 그리고 유능감은 스스로를 더욱 나은 사람으로 느끼게 해 준다.

딸아, 어쩌면 네가 자꾸만 화가 나는 진짜 이유는 따로 있을지도 모른다. 즉 화나게 하는 사건을 그냥 모른 척 억눌렀거나, 제대로 다루지 못한 채 감정적으로 처리했기 때문에, 그런 너 자신에게 더 화가 나는 것일 수도 있다. 이처럼 개선을 위한 힘으로 분노를 전환하지 못하면 또 다른 부정적인 감정들이 꼬리를 물고 나타나게 마련이다. 그래서 화를 제대로 다루는 일이 중요하다.

앞으로 살아가는 동안 화날 일이 얼마나 많겠니. 그럴 때는 부디 마음을 대범하게 가져라. 너는 충분히 화를 다스릴 능력을 가지고 있다. 그러니 화난다고 무조건 참지 말고, 함부로 지르지도 말고, 네가 원하는 것을 똑똑하게 얻어 낼 수 있는 성숙한 어른이 되기를 바란다.

'지나친 사랑이 아이를 망친다'는 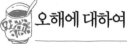 오해에 대하여

딸아, '매직박스' 기억하니? 몇 해 전 너는 우연히 그 상자를 발견하고 무척이나 반가워했지. 어릴 때 너는 학교를 마치고 집에 오면 그 상자부터 열어 봤다. 거기에는 예쁘게 접힌 색종이들이 있었는데, 열어 보면 '숨겨진 간식 찾아 먹기', '학교 숙제하기', '엄마한테 전화하기' 등 해야 할 일이 미션처럼 적혀 있었다. 나는 워킹맘이다 보니 너와 함께할 시간이 많지 않은 게 언제나 큰 고민이었다. 스마트폰도 없던 시절이라 어떻게 하면 너에게 엄마와 늘 연결돼 있다는 느낌을 줄 수 있을까 생각하다가 궁여지책으로 개발한 게 매직박스였어. 다행히 너는 매직박스를 게임하듯이 좋아했고, 그 덕분에 엄마의 빈자리를 덜 느끼며 자랐다고 했지. 그래서인지 나는 아직도 그 상자를 버리지 못하고 있다. 거기에 우리의 시간과 추억과 사랑이 고스란히 담겨 있는 것 같아서.

모든 부모가 아이에게 주고 싶어 하는 것이 바로 이 '정서적 커넥션(emotional connection)' 그리고 '홀딩(holding)'이다. 엄마 아빠가 늘 뒤에서 지켜 줄 테니까 걱정 말고 앞으로 나아가라는 메시지다. 그래서 부모들이 자녀와의 갈등으로 진료실을 찾아온 경우, 나는 말한다. 자녀에게 충분한 믿음과 지지를 보여 주라고.

아이가 학령기에 이르면 부모의 잔소리도 함께 늘어난다. 뭐든 척척 해내는 다른 집 아이들과 비교해 부족한 부분이 보이면 잔소리를 늘어놓고, 그러면서도 한편으로는 부족함을 어떻게든 채워 주고 싶어 한다. 그래서 아이의 문제를 대신 나서서 해결하려고 든다. 그런 부모 밑에서 자란 아이는 제힘으로 무엇 하나 이뤄 보지 못한 채, '나는 아무것도 못 하는 아이'라는 낮은 자아감만 갖게 된다. 아이들에겐 비록 실패하더라도 스스로 결정하고 실행해 보는 경험이 많아야 한다. 그래야 자신감과 효능감이 상승한다. 그래서 아이가 클수록 부모는 '너는 잘 해낼 거다'라는 믿음과 지지를 보여 주고, 한발 뒤로 물러서는 게 좋다. 그러면 아이도 잘 크고 사이도 좋아진다.

이런 이야기를 들려주면 부모들도 고개를 끄덕인다. 그러면서도 믿음과 지지를 보여 주는 일에는 끝내 인색하다. 처음에는 이해가 되지 않았다. 하지만 부모 자녀 상담 횟수가 쌓이면서 서서히 그 이유를 알게 되었다. 이런 부모들은 아이가 혹여 잘하는 것도 없는데 뭐든 잘하는 줄 알고 별로 노력하지 않거나, 자기만 잘난 줄 아는 왕자병 공주병에 걸릴까 봐 걱정하는 것이다.

'사랑이 지나치면 이기적인 사람이 된다.' 그래서 어떤 부모들은 사랑도 먹는 것처럼 지나치면 탈이 난다고 생각해 조절해서 주려고 한다. 사랑할 만한 일을 하면 그 대가로 사랑을 표현하는 식이다. 시험 성적을 올리면 그제야 노력을 칭찬하고, 예쁘게 말하고 바르게 행동해야 비로소 "예쁘다"라고 말해 준다. 그러면 아이는 부모에게 사랑받기 위해 뭐든 잘하려고 노력할 수밖에 없다. 그래야만 부모가 자신을 사랑해 주기 때문이다.

잘난 척은 사랑이 아닌 애정 결핍의 산물이다

그러나 사랑을 많이 준다고 아이가 잘난 척하는 것은 절대 아니다. 부모로부터 사랑을 듬뿍 받고 자란 아이는 스스로를 좋은 사람이라고 느낀다. 그래서 함부로 자기를 망가뜨리지 않는다. 스스로 내리는 판단에 믿음이 있고, 한번 결정하면 뭐든 뚝심 있게 밀고 나간다. 부침이 와도 심하게 흔들리지 않고 다시 평형을 되찾는다. 본모습을 나쁘다고 생각하지 않기에 약점에도 크게 연연하지 않는다. 도움이 필요하면 타인에게 허심탄회하게 요청하고 진심으로 고마워한다. 그렇게 사랑을 충분히 받고 자란 아이는 타인의 시선에 크게 움츠러들지 않는다.

그러므로 아이가 잘난 척할까 봐 충분한 믿음과 지지를 보내는 게 꺼려진다면 그건 정말 잘못된 생각이다. 잘난 척은 사랑이 넘쳐서가 아니라 제대로 된 사랑의 부재 즉 애정 결핍의 산물이기 때문이다. 예를 들어 어떤 부모들은 말로는 아이를 사랑한다고 하면서도 아이를 못 믿기 때문에 과잉보호를 한다. '쟤가 아직 어려서', '쟤가 아직 뭘 몰라서' 대신 결정해 주고 관리해 준다. 그러면서 지시에 따르지 않으면 비난하고, 지시를 잘 따르면 과도하게 칭찬한다. 폄훼와 질책, 거짓 칭찬 사이에서 아이는 갈피를 못 잡는다. 뭐든 잘해야만 사랑을 주고 믿음을 보내는 부모 밑에서 애정 결핍에 시달리게 되는 것이다. 그래서 아이의 미숙한 자아는 그것을 감추기 위해 방어 수단을 개발한다. 겉으로 멋져 보이고 잘나 보이는 일에만 집착하는 것이다. 그래야 취약하고 공허한 자아를 숨길 수 있기 때문이다.

그런 아이는 커서 '나르시시스트'가 될 확률이 높다. 연못에 비친 자기 모습과 사랑에 빠진 나르키소스처럼, 나르시시스트에겐 타인은 없고 오직 자기 자신뿐이다. 타인은 멋진 자신에게 환호하고 박수 쳐 주는 관객에 불과하다. 그래서 타인에 대한 공감 능력이 거의 없으며, 모든 일이 자신을 중심으로 돌아가야 비로소 안심한다. 그렇다고 나르시시스트가 혼자 있는 것을 좋아하는 것은 결코 아니다. 왜냐하면 그는 자신을 추앙해 주는 상대방이 있어야 '내가 괜찮은 사람이구나'를 느낄 수 있기 때문이다. 그 결과 나르시시스트는 누군가가 떠나가면 견디지 못하고, 그 자리를 대체할 다른 사람을 만드는 데 혈안이 된다.

겉으로는 잘나 보여도 속으로는 엉성한 자기 자신을 믿지 못하기 때문에 나르시시스트는 늘 불안하다. 걱정이 많고 비관적이며 쉽게 다른 사람을 탓한다. 그리고 슬픔이나 두려움, 외로움 등 타인에게 취약하게 보이는 감정들을 회피하거나 숨기려는 경향을 보인다. 삶은 부산스럽고 요란하지만 중심이 없을뿐더러 무엇을 향해 어디로 흘러가는지 본인도 잘 모른다.

부모만큼은 아이에게 사랑을 퍼 주어야 한다

우리는 사랑받고 싶어 하면서도 사랑을 두려워한다. 사랑이 사람을 망칠까 봐 걱정한다. 하지만 사랑은 누구도 망가뜨리지 않는다. 망가뜨리는 사랑은 사랑의 탈을 쓰고 타인을 좌지우지하려는 통제욕일 뿐이다. 진정한 사랑은 사람을 건강하게 한다. 더 잘 살고 싶게 만든다. 그래서 일도 관계도 잘 풀어 가려 애쓰고 그 결과 성취감과 뿌듯함을 느끼는 일이 많아진다. 스스로가 더욱 자랑스러워지는 것이다. 이처럼 사랑은 선순환 구조를 형성한다. 사랑을 많이 받은 사람이 건강하게 잘 살아간다는 뜻이다.

그러므로 부모만큼은 무조건 아이에게 사랑을 퍼 주어야 한다. 부모의 사랑은 한 사람의 인생에 커다란 역할을 한다. 단지 눈앞의 성취를 이루는 데만 효과적인 것이 아니다. 살다 보면 겪게 되는 수많은 시련을 참고 견디며, 자포자기하지 않고 다시 나아가게 해 주는 힘이 바로 부모의 사랑으로부터 나온다. 그만큼 부모가 아이에게 주는 사랑의 힘은 크다. 우리가 자기 자신을 아끼고 지키며 살아가는 것 또한 부모에게 받은 사랑을 오롯이 기억하고 있기 때문이다.

그러니 이제는 지나친 사랑이 아이를 망칠 수 있다는 말의 뜻을 헤아려 오해하지 말아야 한다. 진정한 사랑에는 부작용이 없다. 사랑은 아이를 있는 그대로 존중하게 해 준다. 아이가 잘 해낼 거라고 진심으로 믿고, 아이의 선택을 지지하며, 아이의 삶에 함부로 침범하지 않는 것이다. 늘 곁에서 응원하지만 간섭하지 않는, 따뜻하지만 무심한 듯한 사랑. 그것이 아이가 클수록 부모가 보여야 하는 진정한 사랑의 모습이다.

아이를 다 키운 부모들의 뒤늦은 후회

딸아, 내 친구 중에는 한때 자식 걱정에 속을 끓였던 이가 있다. 아들이 크게 엇나간 적도 없는데, 공부를 잘 못할까 봐, 운동을 잘 못할까 봐, 나쁜 친구를 만날까 봐, 아이를 기르는 내내 걱정을 멈추지 못했다. 그러던 친구가 요즘 들어 더 이상 아들 이야기를 안 하더구나. 아들이 마흔이 넘었을 때 비로소 '제 인생 자기가 잘 살겠지' 싶은 생각이 들었다는 거야. 그러면서 자신이 걱정을 했든 안 했든, 아들의 삶은 지금과 별반 다르지 않았을 텐데, 왜 그리 걱정을 사서 했는지 모르겠다며 후회 아닌 후회를 했다.

친구가 맞다. 부모가 어떻게 했든 아이는 자기 길을 갔을 것이다. 부모는 아이의 삶을 좌지우지할 수 없다. 다만 아이와 사이 좋게 지낼 수 있을 뿐이다. 만약 친구가 더 일찍 그 사실을 인정했더라면 아들과 즐거운 추억을 몇 가지쯤은 더 만들었을 텐데, 뒤늦은 후회가 안타까울 뿐이다.

얼마 전 가수이자 프로듀서인 박진영이 어느 텔레비전 프로그램에 나와 아버지와 나눈 이야기를 들려주었다. 중증 치매를 앓던 아버지가 잠시 정신이 돌아왔을 때 그가 말했다. "아빠 정말 고마워, 아빠 덕분에 내가 이렇게 잘 됐어." 그러자 그의 아버지가 이렇게 대답했다더구나. "내가 해 준 게 뭐가 있냐. 다 네가 잘 큰 거지." 이 장면을 본 모든 부모는 알았을 것이다. 그런 아버지 덕분에 박진영이 있는 그대로 자기 자신을 펼치며 마음껏 살았을 거라고.

그래서 아이를 키우는 모든 부모에게 이야기해 주고 싶다. 당신의 아이를 충분히 믿고 지지해 주라고. 부디 사랑을 아끼지 말라고. 아이와의 시간을 추억이 아닌 잔소리로 채운 뒤, 뒤늦게 후회하지 말라고.

마흔 살이 되면 스스로에게 꼭 물어야 할 질문

딸아, 네가 처음 직장에 들어가 무척 기뻐했던 날이 떠오른다. 좋아하는 일을 직업으로 삼게 되었다며 행복해했지. 그때 나 역시 함께 기뻐했던 기억이 있다. 하지만 요즘 수화기 너머로 지친 네 목소리를 들을 때면, 좋아하는 일을 직업으로 삼는 것도 쉽지 않은 일임을 느끼게 된다. 아무리 좋아한다 해도 책임과 의무가 순수하게 좋아하는 마음을 압도하는 순간이 찾아오기 마련이니까. 많은 사람이 이때 열정을 잃고 권태와 방황에 빠지기도 하지.

어른이 되는 과정은 사회에서 자기 자리 하나를 마련해 나가는 과정이다. 직업인으로서 기능을 익히고, 사회 구성원으로서 올바른 인격을 갖추기 위해 노력한다. 그 과정에서 재능을 발견하고, 일에 몰두하고, 인정받으며 신나게 앞으로 달려 나가지. 하지만 30대가 끝나 갈 즈음에 이르면 체력적인 한계에 부딪히면서 열정 또한 조금씩 사그라들기 시작한다. 문제는 매일매일 해야 할 일이 너무 많다는 것이다. 오늘 열심히 한 그 일을 내일도 똑같이 열심히 해야 하고, 오늘 했던 전쟁 같은 육아도 내일똑같이 반복된다. 그렇다고 지금까지 애써서 이뤄 온 직업과 가정을 한 번에 내팽개칠 수도 없다. 그때가 되면 삶 전체가 벗어날 수 없는 덫처럼 느껴진다. 쳇바퀴 같은 하루하루의 삶에 지친 사람들은 묻는다. "인생, 정말 이게 다인가? 나는 무엇을 위해 지금까지 달려온 걸까?"

그런데 다행히도 정신분석가 칼 융은, 마흔에 접어들어 경험하는 혼란은 삶을 재정비하고 다시 성장하기 위해 거치는 당연하고도 필수적인 과정이라고 설명하며 다음과 같이 말했다.

"중년기는 절정이 펼쳐지는 순간이다. 사람들은 여전히 모든 힘과 모든 의지를 다해 자신의 일에 몰두한다. 하지만 바로 이 순간에 해가 지기 시작하고 인생 후반기가 시작된다. 열정은 이제 얼굴이 바뀌어 '의무'라고 불린다. '내가 원하는 것'은 '내가 해야만 하는 것'으로 바뀌고, 한때 놀라움과 새로운 발견을 가져다주었던 길이 이제는 습관에 의해 지루해진다. 와인은 부글부글 끓으며 발효되다가 침전 과정을 거쳐 비로소 맑아진다. 그는 앞을 내다보는 대신 뒤를 돌아본다. 그리고 자신에게 아직 남아 있는 것이 무엇인지 인생의 재고 조사를 하기 시작하고 자기 인생이 얼마나 발전했는지 알아보려 한다. 이때 진정한 동기를 추구하고 진정한 발견이 이루어진다."

어른이 되는 동안 우리가 잃어버리는 것들

어린아이가 노는 모습은 즐거움 그 자체다. 아이들은 틀에 얽매이거나 대가를 바라지 않고 놀이에 몰두한다. 그렇다고 아이들의 노는 모습이 순수하게 천사 같기만 한 것은 아니다. 서로 먼저 하겠다고 욕심을 부리고 때론 다른 사람을 때리기도 한다. 아이들은 생명력 그 자체이지만 다듬어지지 않은 원석이다. 그래서 어른들은 폭력성과 탐욕 같은 아이들의 어두운 면을 끊임없이 억누르고 통제하려 든다. 올바른 사회 구성원으로 기르기 위해 당연한 일이다. 그러나 그 과정에서 욕망과 에너지는 억압되게 마련이다.

이때 사회 문화적인 압력뿐만 아니라 어떤 부모에게서 나고 자랐느냐에 따라, 무엇이 억압되고 무엇이 드러날지가 달라진다. 예를 들어 무뚝뚝하고 논리적인 부모 밑에서 자란 아이의 경우 감성적인 부분은 억압되고 이성적인 부분이 발달한다. 예의범절을 중시하는 부모 밑에서 자란 아이는 하고 싶은 것보다 남에게 보여지는 모습을 우선하도록 자란다. 어떤 부모는 자기가 이루지 못한 꿈을 아이에게 강요하며 아이의 삶을 휘두르기도 한다. 그래서 칼 융은 아이가 가장 조심해야 할 것은 부모의 살지 못한 삶이라고 이야기하기도 했다.

어른이 되는 동안 배우고 적응해야 하는 것은 '페르소나(persona)', 즉 가면의 삶이다. 사회에서 용인하는 적합한 행동이자, 타인에게 인정받고 사회적 지위를 누리기 위해 마땅히 수행해야 하는 역할이다. 사람들은 인생의 전반부인 대략 마흔 살까지 페르소나의 삶을 사는 데 전력을 다한다. 관습에 따라 가정을 꾸리고 경력을 쌓고 세상의 요구에 열심히 부응하면서 앞을 향해 달려간다.

그처럼 세상에 적응하느라 묻어 둔 재능, 잠재력, 에너지, 살지 못한 삶은 '그림자'가 된다. 한마디로 철드느라 참고 억눌러 온 모든 것이 그림자 안에 있다. 융의 표현을 빌리자면 그림자란 우리가 원하지 않는 우리 자신의 모습이기도 하다. 외향적이고 도전적인 성향의 사업가에게 숨어 있는 소심함과 두려움, 그리고 책임감 강한 가장의 가슴 속에 숨어 있는, 자유를 향한 갈망 같은 것들이 바로 그림자다.

융에 의하면, 그림자는 한동안 잘 감춰져 있다가 마흔을 기점으로 그 모습을 본격적으로 드러낸다고 한다. 그 이유는 에너지의 불균형 때문이다. 마흔이 되면 페르소나의 삶을 이끌던 에너지는 거의 바닥이 나는 반면, 억눌러 놓았던 그림자의 에너지는 손쓸 수 없을 만큼 거대해진다. 사람들은 번아웃을 경험하고, 그동안의 삶에 회의와 공허를 느낀다. 성공했는데도 자신의 일

118

부를 크게 잃은 것처럼 허탈해하고, 지금까지 잘못된 방향을 향해 달려 온 건 아닌지 의구심을 품게 된다. 그들은 남들에게 보이는 자기 모습과 실제 자기 자신 사이에 커다란 간극이 있음을 깨닫고 혼란에 빠진다. "내가 진심으로 좋아하는 건 뭐지?", "내가 정말 살고 싶은 삶은 어떤 거지?" 그래서 융은 '마흔이 되면 마음에 지진이 일어난다'고 말한 바 있다.

더 늦기 전에 내면의 그림자를 들여다봐야 하는 이유

지진은 판과 판이 만나 일어나는 붕괴다. 힘과 힘이 맞붙은 전쟁이다. 마음의 지진도 마찬가지다. 페르소나와 그림자가 맞붙은 대결에서 자아는 현명하게 균형을 되찾아야 한다. 그러기 위해선 그림자를 잘 들여다보고, 솔직히 인정하고, 조금씩 내보일 수 있어야 한다. 그림자를 무조건 억누르기만 하다가는 원하지 않는 방식으로 폭발해 정말로 한순간에 삶을 붕괴시킬 수도 있다. 중년에 이르러 대책 없이 일을 관두거나, 말도 안 되는 대상과 바람이 나거나, 섣부르게 이혼을 하는 등 심하게 흔들리는 사람들이 바로 그런 경우다.

그래서 마흔이 되면 자신에게 진지하게 물어야 한다. '어른이 되는 동안 나는 어떤 부분을 희생해 왔는가.' 물론 그림자를 들여다본다는 것은 결코 쉬운 일이 아니다. 자아는 오랫동안 그림자를 억눌러 왔다. 따라서 그 안에는 오래된 상처, 우울, 불안, 후회, 고통이 가득하다. 그것들을 하나하나 펼쳐 본다는 것은 서랍 속에 깊숙이 숨겨 놓은 어린 시절의 일기장을 다시 들여다보는 일처럼 부끄럽고 불안하기 마련이다.

그럼에도 우리는 내면의 그림자를 만나야 한다. 그곳에는 상처도 있지만 순수한 즐거움도 있다. 어린 날에 만끽했던 순수한 형태의 에너지가 바로 거기에 있다. 그래서 마흔이 되면 페르소나가 아닌 그림자로부터 새로운 에너지를 수혈받아야만 한다.

마흔, 비로소 나답게 살 수 있는 나이

내가 이런 이야기를 하면 사람들은 왜 그림자 따위를 들여다 봐야 하느냐며 화를 내기도 한다. 지금까지 앞만 보며 열심히 잘 달려 왔는데, 왜 굳이 약하고 아프고 어두운 곳을 다시 헤집어야 하느냐는 것이다. 이제껏 했던 대로 계속 달려 나가면 되는 것 아니냐고 항변하는 사람들도 있다.

그럴 때 나는 이렇게 설명한다. 인생의 전반전은 세상이 만들어 놓은 경기장에서 선수가 되어 열심히 뛰어온 삶이라면, 인생의 후반전은 내가 마음에 드는 경기장을 스스로 만들어야 하는 시기라고 말이다. 그동안 부모에게 인정받고 세상의 일원이 되느라 얼마나 고생이 많았는가. 착한 자녀, 번듯한 직장인, 남편과 아내 노릇, 사위와 며느리 노릇, 부모 노릇을 하느라 애써 온 세월이었다. 주어진 역할에 최선을 다한 삶은 박수받아 마땅하다. 그럼에도 불구하고 우리는 모두 가슴 한편에 '진짜 나는 어디로 갔을까?' 하는 쓸쓸한 기분을 느끼며 살아왔다. 세상에 길들여지느라 내 안의 야성은 전부 사라지고, 하고 싶은 것보다 남들이 좋다는 것을 쫓으며 살아왔기 때문이다.

그렇다면 이제부터라도 스스로에게 '나는 어떤 삶을 살아왔고, 진짜로 원하는 것은 무엇인가?' 하고 물어야 한다. 세상이 부여한 역할과 책임을 다하는 데 그칠 것이 아니라, 남은 인생에 후회가 없도록 하고 싶은 일, 이루고 싶은 '나'에 집중하며 살아야 한다. 그러려면 두려워서 대면할 용기를 내지 못했던 욕망이나 꿈에도 조금씩 눈길을 주는 훈련을 해야 한다. 진짜 원하는 건 억압된 욕구에 있을 가능성이 높기 때문이다.

내가 오랫동안 치료했던 한 여성은 도덕과 정절을 중시하는 사람이었다. 그녀는 바람을 피우는 사람들을 특히 경멸했는데, 치료를 거듭할수록 바람을 피우고 싶은 욕망이 자신에게 내재해 있다는 사실을 깨달았다. 그러고 나서 보니 바람을 피우고 싶은 대상이 하나같이 자신의 아버지와 비슷한 사람이었다.

그녀의 아버지는 사회적으로 성공한 사람이었는데, 남녀 차별이 유독 심했다고 한다. 그런 성장 배경 속에서 그녀는 자신의 남성성을 억압하며 순종적으로 살아왔다. 그러나 그녀의 내부에는 아버지만큼 성공하고 싶은 욕망이 존재하고 있었다. 그것을 깨달은 그녀는 점차 다르게 살기 시작했다. 그림에 소질이 있었던 그녀는 화폭에 남성성을 과감히 드러냈고, 그림을 통해 다른 사람과 교류하는 자리를 늘려 나갔다. 지금까지는 전업주부로 살며 취미로 그림을 그렸지만, 나중에는 미술 지도사 자격증을 따고 사람들을 가르치는 일을 하기에 이르렀다. 아버지가 원하는 착한 딸로 사느라 억눌러 왔던 성공 욕구를, 성공한 남자와의 바람이라는 잘못된 방향이 아니라, 그림이라는 생산적인 방향으로 풀어낸 셈이다.

딸아, 이제 마흔이 된 네게 물어보고 싶구나. 네 그림자 속엔 무엇이 감추어져 있니? 온갖 역할을 하느라 무엇을 뒤로 미뤄두었니? 남에게 보여 주고 싶지 않아 꼭꼭 숨겨 둔 단점이나 약점은 어떤 것이니? 그것이 무엇이든 다 괜찮다. 잘못되거나 틀린 건 없다. 그러니 이제는 솔직하게 네 그림자를 들여다보렴. 그렇게 그림자를 껴안아 네 일부로 통합할 때, 비로소 너는 세상이 요구한 삶이 아닌 네가 바라는 인생을 살아갈 수 있다. 그런 의미에서 보자면 마흔은 흔들리기도 쉽지만, 나답게 살기에도 가장 좋은 나이가 아닐까 싶다.

딸아, 너는 너를 위해 뭘 해 주니?

"선생님, 정말 대단하세요. 평생 일도 하고 공부도 하면서, 아이도 잘 키우고, 남편과도 사이가 좋으시잖아요. 어떻게 그 많은 걸 다 이루셨어요?"

가끔 내가 쓴 책을 읽고 병원에 찾아오는 이들을 만난다. 그들은 나를 상당히 호의적으로 바라본다. 다른 사람에게는 없는 나만의 인생 비법이 있을 거라고 기대하는 것이다. 나라면 일과 육아와 살림 등 모든 걸 빈틈없이 해냈을 거라고 믿으면서 말이다.

하지만 그런 이야기가 나올 때마다 나는 슬쩍 쥐구멍에 숨고 싶어진다. 너도 알다시피 나는 그들이 생각하는 것처럼 좋은 엄마, 착한 며느리, 내조 잘하는 아내가 아니었기 때문이다. 나는 주어진 역할들을 크게 구멍이 나지 않는 선에서 관리해 왔을 뿐이다. 그중에서 나밖에 할 수 없는 엄마 역할은 나름대로 최선을 다했다. 하지만 아내 역할이나 살림, 며느리 노릇에 대해서는 제대로 해내겠다는 욕심을 애초에 버렸다. 남편이 서운해하면 "당신은 다 큰 성인이다, 충분히 알아서 할 수 있다"라고 말했고, 시댁에서 불만을 표출하면 모른 척 한쪽 귀를 닫았다.

40년 전만 해도 외벌이 가정이 일반적이었기 때문에 엄마와 아내의 빈자리는 금세 눈에 띄었다. 따라서 나에게 쏟아지는 비난도 거셀 수밖에 없었다. 남편의 아쉬워하는 소리, '왜 맨날 엄마는 바빠?'라는 아이의 칭얼거림은 애교에 속했다. 남편의 지인들은 일하는 아내를 둔 남편을 가엾게(?) 여기기까지 했다. 여의사가 절반 이상을 차지하는 지금과 달리 여의사가 드물었던 시절, 육아 때문에 어쩔 수 없이 자리를 비울 때면 남자 동료들의 눈초리도 녹록지 않았다. 그러나 나는 주변의 실망을 묵묵히 견디며 내가 선택한 길을 걸어 나갔다. 사회가 바라는 아내, 며느리의 보편적 기준에 턱없이 부족했을 수 있으나 기본 책무를 소홀히 하지 않으려 애썼으며, 가능한 한 '나'를 잃지 않으려 노력했다. 대신 모두에게 칭찬받으려는 욕심을 깨끗이 버렸다. 욕을 먹더라도 내가 소망하는 나의 인생을 살고자 했던 것이다.

하지만 욕먹을 걸 각오했다고 해서 비난이 아프지 않았던 것은 아니다. 사람들의 말마따나 어느 것 하나 제대로 못하면서 내 욕심만 채우고 있는 것은 아닌지 스스로를 탓한 날들도 많이 있었다. 그런데 하루는 어머니가 나에게 이렇게 말했다.

"성희야, 그렇게 가슴 졸이면서 살 필요 없다. 남들 눈치 보지 말고 너 하고 싶은 거 하면서 살아라. 다른 사람이 네 인생 대신 살아 주는 거 아니다."

그 말이 얼마나 힘이 됐는지 모른다. 사람들이 함부로 던지는 비난 때문에 힘들 때마다 어머니의 말씀을 가슴에 새겼다. 그리고 이 세상에 나를 응원해 주는 사람이 나 말고도 또 한 명이 있다는 사실에, 게다가 그 한 명이 나를 사랑하는 어머니라는 사실에 감사하며 매일매일을 버텼다. 어머니 말씀처럼 내 인생은 그 누구의 것도 아닌 오직 내 것이기 때문이다.

욕을 먹을지라도 절대로 양보해서는 안 되는 것

딸아, 직업인으로 아내로 엄마로 며느리로, 날이 갈수록 여자에게 부과되는 역할이 얼마나 많니. 이 세상에 칭찬받기를 싫어하는 사람은 없다. 온갖 역할이 쏟아져도 전부 잘해 내서 인정받고 싶은 게 사람의 당연한 마음이다.

하지만 하고 싶지도 않은데 욕먹기가 두려워 나를 희생하면 결국 나중에 나를 이렇게 만든 남편, 시댁, 아이, 세상을 원망하게 된다. 더군다나 가장 가까운 관계에서 생겨난 원망은 쉽게 치유되지 않는다. 그리고 '내가 누구 때문에 이렇게 살았는데', '네가 어떻게 이럴 수 있어'라고 분노하며 가족들을 한순간에 죄인으로 만들어 버린다.

가끔 아이가 엄마의 희생을 몰라준다며 억울한 심정으로 병원을 찾는 이들이 있다. 그들은 엄마로서 아이를 위해 모든 걸 바치고 있는데, 아이가 자꾸만 엇나간다며 속상해한다. 그중 한 여성은 부모로서 아이의 성공과 행복을 위해 사는 것이 당연하지 않느냐고 했다. 나중에 아이가 잘 커서 성공하면 자신은 더 이상 바랄 게 없겠다고도 했다. 즉 아이의 성공이 자신의 행복인 것이다.

그런데 그녀가 놓치고 있는 부분이 있다. 아무리 안타깝고 화가 나도 자기 인생이 아닌 이상 타인에게 해 줄 수 있는 일에는 한계가 있다. 엄마가 아무리 완벽한 계획을 세울지라도 정작 공부를 하고, 시험을 치러야 하는 당사자는 아이다. 행복도 마찬가지다. 행복은 다른 사람이 어떻게 해 줄 수 있는 게 아니다. 객관적으로 볼 때는 굉장히 행복한 상황인데도 나는 불행하다고 느낄 수 있다. 반면 분명 불행해 보이는 상황인데도 그 안에서 어떻게든 행복을 찾아내는 사람이 있을 수 있다. 즉 인간은 누군가를 행복하게 하거나, 누군가로부터 행복을 얻을 수 없다. 그저 스스로 행복해질 수 있을 뿐이다.

다행인 건, 내 인생은 내 뜻대로 좌지우지할 수 있다는 것이다. 먹고 싶은 것 먹고, 하고 싶은 일 하고, 만나고 싶은 사람이 있으면 연락해서 만나면 된다. 그렇게 내 행복이 쌓이면 다른 사람에게 욕망을 투사하는 일이 줄어들고 관계가 저절로 회복

된다. 나의 행복을 바라는 다른 사람의 마음도 편안해진다. 그래서 타인의 행복을 바란다면 나부터 행복해져야 한다. 그것 외에는 할 수 있는 일이 없기 때문이다.

딸아, 요즘 너는 너를 위해 뭘 해 주니? 혹시 너 자신은 뒷전으로 미뤄 둔 채 해야 하는 일, 남들이 바라는 일에 더 많은 에너지를 쏟고 있지는 않니? 부디 그러지 말기를. 그러는 게 네 주위 사람들을 편안하게 해 주는 것 같아도 절대로 그렇지 않다. 너를 사랑하는 사람들은 오직 너의 행복을 바란다. 엄마 아빠만 해도 그렇다. 네가 자주 우리를 찾아오고 연락하는 것보다 그냥 네가 하루하루 행복하게 산다면 그게 가장 큰 효도다. 그러니 딸아, 그 어떤 경우라도 너 자신을 가장 먼저 챙겼으면 좋겠다. 남들 챙기느라 너의 행복을 뒤로 미루거나 함부로 희생하지 말라는 얘기다. 어쩌면 누군가는 그런 너를 이기적이라고 비난할지도 모른다. 하지만 네가 여유롭고 행복하지 못한데 어떻게 다른 사람을 행복하게 해 줄 수 있겠니. 행복 없는 희생은 공허하며, 병적인 관계로 치닫게 마련이다. 그러니 누군가가 너를 비난하거나, 차라리 희생하는 편이 속 편할 것 같을 때는 꼭 기억하렴. 언제나 네 행복이 우선이라는 걸, 그리고 우리는 스스로 행복해질 책임이 있다는 걸 말이야. 그래서 나는 네가 너 자신을 위해 하는 일이 꼭 있었으면 좋겠고 앞으로 점점 더 많아지기를 진심으로 빈다.

'사는 게 힘들다'고 말하는 너에게 해 주고 싶은 말

영화 〈에브리씽 에브리웨어 올 앳 원스(Everything Everywhere All At Once)〉의 주인공 에블린은 홍콩에서 나고 자랐지만 결혼과 함께 미국으로 이민을 와 세탁소를 운영하고 있다. 외동딸 조이를 낳고 행복했던 기억도 있다. 그러나 하루도 쉬지 못하고 일해야 하는 현실은 팍팍하기 그지없다.

세탁소의 모든 일은 그녀의 손을 거쳐야만 제대로 돌아간다. 우유부단하고 착하기만 한 남편 웨이먼드는 도움이 되기는커녕 그녀를 귀찮게 할 뿐이다. 더군다나 아픈 아버지의 삼시 세 끼까지 책임져야 하는 에블린. 지금은 실수로 영수증 처리를 잘 못하는 바람에 세무 조사까지 받는 처지에 놓였다. 그래서일까.

그녀는 가족의 반대를 무릅쓰고 남편의 청혼을 받아들여 미국에 온 것부터가 잘못이었다고 후회하고 있다. 남편도 가족도 모두 원망스러울 따름이다.

그러던 어느 날 에블린에게 믿을 수 없는 일이 일어난다. 다른 우주에서 온 웨이먼드로부터 평행 우주의 비밀에 관해 듣게 된 것이다. 그가 말하길, 우리가 내리는 사소한 결정들이 인생의 갈림길을 만드는데, 갈림길 하나하나가 전부 다른 우주가 된다는 것이다.

그중 에블린은 세상을 구하는 히어로로 낙점되어 여러 우주를 모험하면서, 다른 선택을 한 자기 자신을 만나게 된다. 요리사가 된 에블린, 가수가 된 에블린, 광고판을 돌리는 일을 하는 에블린…. 그중에는 웨이먼드와 결혼하지 않고 홍콩에 남아 영화배우로 성공한 에블린도 있었다. 그 우주에서의 웨이먼드 역시 사업가로 성공해 있었다.

'그때 다른 선택을 했더라면 지금 꿈을 이루고 훨씬 행복하게 살고 있을 텐데….'

악당으로부터 세계를 구하는 대소동 중에도 에블린은 영화배우로 성공한 삶이 자신의 것이었어야 한다고 생각한다. 그러나 사업가 웨이먼드는 젊은 날에 그녀와 결혼하지 못한 것을 후회하며 정반대의 이야기를 한다.

"다른 삶에서는 당신과 빨래방도 열고, 세금도 내면서 살고 싶어."

그때 다른 선택을 했더라면 지금 훨씬 행복했을까?

후회는 인간만이 가진 능력이라고 한다. 과거 현재 미래라는 시간 개념이 있어야 하고, 일어나지 않은 일을 상상하여 현재와 비교하는 능력이 필요하기 때문이다. 그런데 인간은 후회할 때 '담배를 피우지 말았어야 했는데'처럼 했던 일에 대한 후회보다는 '그때 공부를 더 열심히 해야 했는데'처럼 하지 않은 일에 대한 후회를 더 크게 느낀다고 하는구나. 해 보지 않은 일은 장밋빛으로만 그려지기에 내가 살고 있는 현재와 비교하며 후회의 감정을 더 깊이 느낀다는 거야. 이런 비교는 자연스럽게 현재의 삶을 무가치하게 만든다. 어쩌면 〈에브리씽 에브리웨어 올 앳 원스〉의 감독도 '후회의 동물인 인간이 모든 가능성을 경험할 수 있다고 했을 때 현재의 삶을 온전히 사랑할 수 있을까'라는 질문에서부터 이 영화를 시작했는지도 모르겠구나.

그런데 나는 영화를 보면서 감독의 사고 실험을 경험하기에 진료실만큼 좋은 장소도 없다는 생각을 했다. 사람들은 온갖 후회를 안고 진료실을 찾아온다. '그때 그 주식을(혹은 그 집을) 샀어야 했는데', '고민하지 말고 유학을 갔어야 했는데', '이 남자와 결혼하지 말았어야 했는데', '가능한 한 빨리 부모를 떠났어야 했는데…' 그들은 모두 과거 어느 시점에 다른 선택을 했더라면 인생이 완전히 달라졌을 테고, 훨씬 행복했을 거라고 상상한다.

그러나 수많은 환자들의 사연을 들은 나로서는, 그 어떤 선택을 했어도 그들은 또 다른 후회를 했을 것이라고 생각한다. 왜냐하면 돈이 없는 사람은 경제적 여유가 없어서 불행하다고 말하고, 돈이 많은 사람은 믿을 만한 사람이 없어서 불행하다고 말한다. 결혼하지 않고 혼자 사는 사람은 외로움을 견디는 게 힘들다고 하고, 결혼하고 아이를 낳은 사람은 자식 걱정에 잠을 못 이룬다. 이처럼 모든 사람은 저마다의 이유로 불행을 호소한다.

하루는 대한민국 사람들이 모두 부러워한다는 이른바 건물주인 70대 남성이 병원을 찾아왔다. 강남에서 꽤 유명한 자산가로 통하는 데다 주위 사람들이 인정할 만한 인품을 지닌 사람이었지만, 정작 그는 오랫동안 자기 인생에 만족하지 못했다고 고백했다.

"한 번도 제가 원하는 인생을 살아 본 적이 없습니다. 원하는 것이 오지 않은 대신 생각지도 못한 것들이 와서 거기에 몰두하다 보니 노인이 되어 있더라고요. 이게 다 팔자겠지요."

그는 원래 신부가 되기를 원했지만 집안의 반대로 종교인의 길을 포기하고 살아왔다. 사람들이 부러워할 만한 부를 이뤘음에도 자신의 선택이 아니었기에 오랫동안 심적 고통을 겪었다고 했다. 그런데 어느 순간 나이 들어 인생을 돌아보니, 종교인의 꿈을 이루지 못한 아쉬움 때문에 자신의 삶을 계속 부정해 온 것이 못내 후회스럽다고 했다. 그는 진료실 문을 나서며 이렇게 말했다.

"아무리 나이를 먹어도 내 것이 아닌 건 절대로 열리지 않아요. 반대로 힘들게 노력하지 않아도 와야 하는 것들은 또 쉽게 오죠. 이것이 삶의 커다란 룰이 아닌가 하는 생각이 듭니다."

그가 하고자 하는 말은 분명했다. 무엇을 선택했느냐보다 그 선택의 결과를 어떻게 받아들이느냐에 따라 삶의 만족도와 행복도가 달라진다는 것이다. 즉 어떤 선택을 했든, 그 선택을 최선으로 만드는 것은 나의 몫이다. 아무리 최고의 선택을 하더라도 내가 노력하지 않으면 최악의 결말을 맞이할 수 있다. 그의 삶만 봐도 그렇다. 누구나 부러워하는 삶을 살고 있는데도 사는 내내 후회만 하느라 정작 자신의 삶을 무가치하다고 생각했다. 그래서 불행했다.

사실 나와 정반대의 선택을 한 사람들의 인생도 속을 들여다보면 다 고만고만하다. 관계 문제, 진로 문제, 금전 문제 등 비슷한 어려움을 겪으며 비슷한 후회와 괴로움을 안고 살아간다. 인생을 한 방에 바꿀 '치트키' 같은 선택은 세상에 없다는 뜻이다. 그러므로 사는 게 힘들고 자꾸만 과거의 어느 때로 돌아가 다른 선택을 하고 싶어진다면 먼저 후회의 늪에서 빠져나와야 한다. 그럴 때의 후회는 결국 지금의 삶을 비루하게 만들 뿐이니까.

세상은 불합리하고 삶은 무의미하다, 그래서 뭐?

그의 말마따나, 개인의 노력 여하와 관계없이 일어날 일은 일어나고, 오지 않을 일은 오지 않는다. 세상은 인과응보, 사필귀

정의 논리로만 돌아가지 않는다. 세상일은 예측 불가능하고, 때로 불합리하며, 끝내 무의미하다. 누구나 태어나고 싶어서 태어난 게 아니다. 그리고 나라도, 부모도 선택할 수 없었다. 아무리 돈이 많고 대단한 권력을 가진 사람이라도 삶이 주는 고난을 피할 수 없기에, 그도 외롭고 슬프고 두렵고 하다못해 무료하다. 그처럼 누구에게나 뜻대로 돌아가지 않는다는 점에서, 인생은 참 공평하다고도 할 수 있다.

그렇다면 사는 게 무슨 의미냐고? 무엇 때문에 열심히 살아야 하느냐고? 대충 살다 죽으면 끝 아니냐고? 네가 그렇게 묻는 것도 일리는 있다. 하지만 나는 그렇게 생각하지 않는다.

"So what?"

나는 마음대로 되지 않는 세상과 마음껏 살고 싶은 사람이 순간순간 합을 맞춰 온 과정이 곧 인생이라고 생각한다. 우리는 저마다 다른 기질을 가지고 태어난다. 그리고 기질에 맞춰 편안히 살아가고 싶어 한다. 내성적인 사람은 조용한 환경에서, 외향적인 사람은 자극이 많은 세상에서 살고 싶은 거지. 하지만 세상은 뜻대로 돌아가지 않기에 우리는 이에 적응해야 한다. 때론 환경에 맞추어 기질을 죽이고, 때로는 의지를 세우기 위해 환경을 변화시키면서 말이야. 그런 모든 과정에서 행한 선택과 결과가 쌓여 '나'라는 사람이 만들어진다. 세상과 내가 한 스텝 한 스텝 밟아 가며 독특한 춤을 만들어 온 것이지. 그런 점에서 사람은 하나의 예술 작품이다. 이 세상에 똑같은 삶을 산 사람은 어디에도 없기 때문이다.

기대와 실망, 상처와 후회가 없는 삶이 어디 있을까. 그러나 인생의 빛뿐만 아니라 그림자 또한 춤의 궤적이다. 아쉽고 불만족스러운 부분조차도 내가 분투한 흔적이므로 그것을 인정하고 그에 긍지를 가져야 한다. 그처럼 좋은 부분도 싫은 부분도 삶의 독특한 무늬로 받아들인다면 문제라고 할 만한 것은 실은 아무것도 없다.

그러니 딸아, 너무 힘들면 잠깐 쉬었다 가도 괜찮다. 다만 어떤 순간에도 네가 지금껏 살아오면서 만들어 온 것들을 아무것도 아니라고 부정하거나 폄하하지는 않았으면 좋겠다. 그렇게 한순간에 삶을 부정해 버리기엔 지난 40년 동안 너는 정말이지 있는 힘껏 열심히 살아왔으니까. 사는 게 너무 힘들 때는 괜한 후회와 자책으로 스스로를 괴롭히지 말고, 잠시 쉬면서 너 자신에게 말해 주렴. "그동안 정말 고생 많았어. 진짜 애썼다." 그렇게 있는 힘껏 너 자신을 안아 주고 위로해 줬으면 좋겠다. 그러다 눈물이 나면 그냥 실컷 울어 버려라. 딸아, 그래도 돼.

'혼자만의 시간'을 가지는 것을 미안해하지 말 것

"그냥 나 좀 가만히 내버려뒀으면 좋겠어."

"아무도 없는 곳에 가서 한 달쯤 살다 오고 싶어."

딸아, 네가 스치듯 한 말이라 기억을 못 할지 모르겠지만, 이게 요즘 네가 가장 많이 한 말이란다. 회사에서는 각종 회의에 시도 때도 없이 불려 다니고, 집안에서도 온갖 경조사를 챙기느라 바쁜데, 인간관계라는 명목으로 여러 사람의 전화와 초대에 응해야 하니 곡소리가 날 만도 하다. 정말 한 달만 아무도 너를 모르는 곳으로 도망가서 쉬고 싶은 그 심정을 나도 십분 이해한다.

다행히(?) 너만 그런 것은 아니다. 직장인이자 두 아이의 엄마인 지선 씨도 혼자 있는 시간이 부족해, 궁여지책으로 가족 몰

래 휴가를 쓰기 시작했다고 고백하더구나. 내향적인 성격의 그
녀는 바깥에서 에너지를 소진하고 나면 그것을 회복하기 위해
혼자 가만히 있는 시간을 필요로 했다. 그런데 결혼을 하고 아
이를 낳고 나니 그런 시간을 갖기가 불가능했다. 고심 끝에 그
녀는 가족 모르게 휴가를 내고는 아침에 출근을 하는 척 밖으로
나갔다. 그리고 아이들이 등원하고 나면 다시 집으로 돌아와 자
기만의 시간을 즐겼다. 원래는 하루만 그렇게 하려던 것이 이제
는 정기적인 행사가 됐다. 처음에는 가족들에게 미안한 마음이
들었다. 그러나 혼자만의 시간을 갖고 나니 일상이 리프레시되
고 오히려 가족도 편안한 마음으로 대하게 되더란다.

　오죽하면 그럴까 싶겠지만 나는 지선 씨의 마음에 공감할 수
있었다. 엄마의 시간은 보통 집에서 공공재처럼 쓰인다. 엄마
가 쉰다고 하면 아이들은 엄마랑 놀 궁리부터 한다. 아이를 돌
봐 주는 부모님도 그날 하루는 쉬고 싶어 하고, 남편도 평일에
만 할 수 있는 집안일을 부탁하려 든다. 어느 순간 엄마의 시간
은 가족이 함께 사용하는 게 당연한 원칙이 돼 버리는 것이다.

고독한 사람을 내버려둬라, 그는 지금 신을 만나고 있다
　프랑스의 사상가이자 철학자 몽테뉴는 서른여덟 살이 되던
해에 공직에서 스스로 물러나 몽테뉴 성의 탑으로 올라갔다. 그
러고는 탑의 한 층을 1,000권의 책으로 둘러싸인 서재로 만든

다음 10년 동안 그곳에서 책을 읽고 글을 썼다. 그때 쓴 메모를 모아 묶은 책《수상록》에는 이런 말이 나온다.

"가능하다면, 우리에게는 아내, 자녀, 물건, 그리고 무엇보다도 건강이 있어야 한다. 그러나 행복이 좌우될 정도로 그런 것에 집착해서는 안 된다. 우리는 완벽한 자유를 만끽할 수 있도록 자기만의 뒷방을 마련해 두고 그 안에서 진정한 자유, 은둔처, 고독을 확보해야 한다. 이곳은 자신과 일상적인 대화를 나눌 수 있고, 외부와의 관계나 소통이 단절되는 은밀한 장소라야 한다. 이곳에서는 아내가 없는 것처럼, 자녀가 없는 것처럼, 재산이 없는 것처럼, 시종과 하인이 없는 것처럼 자기 자신과 대화를 나누며 웃을 수 있어야 한다. 그러면 이런 사람들이나 재산을 잃게 되더라도 이들이 없이 생활하는 것이 전혀 낯설지 않을 것이다."

이 글의 직접적인 의도는 가족이나 재산을 잃게 되었을 때 겪게 될 고통으로부터 자신을 보호할 필요가 있다는 것이다. 그러나 더 큰 맥락에서 보자면 자기만의 공간과 시간을 확보해 내면을 들여다봄으로써 진정한 자유를 획득해야 한다는 의미가 담겨 있다. 몽테뉴는 철학적 체계를 세우는 일에는 별 관심이 없었다. 오직 고독한 환경에서 자기 자신에게 몰두했다. 그는 자신에게 물었다. "나는 무엇을 아는가?" 그런 작업의 결과로 탄생한 수상록(Essais)은 요즘 우리에게 익숙한 글쓰기인 에세이의 시조로 평가받고 있다.

자기 자신을 탐구하기 위해 고독을 택한 사람은 몽테뉴만이 아니다. 작가, 철학자, 예술가, 기업가 등 수없이 많은 사람들이 내면 탐구를 위해 혼자만의 시공간을 찾는다. 사람들에 섞여 있을 때 우리는 빠르게 돌아가는 세상을 쫓아가야 할 것만 같은 조바심을 느낀다. 그 조바심 덕분에 사람들과 어울리는 법도 배우고, 성공을 향해 달려 가기도 한다. 그렇게 세상의 흐름에 발 맞추는 것도 우리가 꼭 배워야 할 삶의 기술 중 하나다. 그러나 그렇게만 살면 공허와 무기력이 몰려온다. 우리에겐 삶의 목적과 의미가 필요하다. 그리고 그것은 세상도, 지인도, 가까운 가족이나 연인도 찾아 주지 못한다. 오직 내면에서 들려오는 메시지에 귀를 기울였을 때만 살짝 눈치챌 수 있을 뿐이다.

그래서 우리 모두에겐 혼자만의 시간이 필요하다. 그 무엇에도 방해받지 않고 내면에 집중할 수 있는 고요한 시간. 이와 관련해 독일의 시인 릴케는《말테의 수기》에서 다음과 같이 말했다. "고독한 사람을 내버려둬라, 그는 지금 신을 만나고 있다."

'혼자만의 시간'을 가지는 것은 결코 이기적인 게 아니다

'혼자 있음'을 바라보는 시각도 나이에 따라 달라지는 것 같다. 20대 때의 혼자는 불안이다. 한창 인간관계를 형성해 나가야 하는 시기에는 무리에 속하고 싶고 그 안에서 가치를 인정받고 싶어 한다. 그러다가 일과 인간관계에 치이는 3, 40대가 되면 '혼자 있음'은 온전한 휴식을 의미한다. 아무도 없는 곳에서 방해받지 않고 혼자만의 시간을 즐기고 싶을 뿐이다. 더 나이가 들어 5, 60대에 이르면 '혼자 있음'은 외로움이 된다. 아이들이 떠나고 텅 빈 시간과 공간을 무엇으로 채워야 할지 몰라 방황한다. 그러다 노년에 이르면 혼자는 고독이 된다. 홀로 짊어져야 하는 죽음이라는 인생 숙제 앞에서 느끼는 존재론적 고독이다.

'혼자 있음'의 색채는 나이에 따라 달라져도, 그것이 살아가는 내내 피할 수 없는 삶의 조건인 것만은 확실하다. 아무리 가까운 사람도 나와 하나가 될 수는 없다. 그래서 우리는 모두 외롭다. 나를 완벽하게 이해하고 공감해 주는 존재가 이 세상에 없기 때문에. 그런데도 외로움을 피하려고 사람들을 만나면 외로움이 더욱 도드라질 뿐이다. 아마 너도 외로운 마음에 단톡방을 들락거리고, 연락이 닿는 아무나 만나 본 경험이 있을 테지. 그 후에는 더 격한 외로움이 밀려온다. 내 마음을 온전히 이해해 주는 이가 없다는 사실을 한 번 더 확인할 뿐이니까.

외로움을 달래는 데는 친구 한두 명이면 충분하다. 외로움은 주관적인 감정이다. 지인의 숫자가 많다고 해서 외롭지 않은 게 아니다. 오히려 내 말을 귀 기울여 들어 주고 공감해 줄 수 있는 사람이 있느냐 없느냐가 외로움을 느끼는 데 큰 영향을 미친다. 그래서 마흔 이후에는 인맥을 넓히는 데 힘쓰기보다 가까운 사람과의 관계를 돈독히 만드는 편이 훨씬 좋다. 가장 좋은 방법은 네가 먼저 그런 사람이 돼 주는 것이다. 소중한 사람들에게 먼저 연락해 안부를 묻고, 그들과 함께 시간을 보내는 것. 그것만큼 정신 건강에 좋은 것도 없지 않을까 싶다.

또 외로움을 삶의 동반자로 인정할 필요가 있다. 외로움은 없앨 수 없는 근원적 감정이다. 그러므로 외롭다고 느꼈을 때 그것을 피하려고만 하지 말고 그 시간을 내면의 소리에 귀 기울이는 시간으로 바꿔 보면 어떨까. 가장 친한 친구를 대하듯 나 스스로를 대접하면 혼자 영화를 보고 밥을 먹어도 외롭지 않다. 네 안의 감정을 섬세하게 느껴 보고, 인정해 주고, 응원해 줘라. 그러다 보면 어느새 혼자 있는 시간을 좋아하고 즐기게 될 테니.

마지막으로 너에게 해 주고 싶은 말이 있다. 네 시간은 오직 너의 것이다. 해야 할 일이 가득한 마당에 혼자만의 시간을 가지겠다는 말은 이기적으로 느껴지기가 쉽다. 그러나 네 것을 네 것이라고 말하지 않으면 가족들은, 동료들은 그게 네 것인 줄 모르게 된다. 네 시간이 자기들 것인 양 함부로 사용하려고 한다. 악의를 품어서가 아니다. 그게 당연한 줄 아는 것이다. 그러니 조금 불편한 마음이 들더라도 네 시간을 네가 하고 싶은 일에 사용하렴. 특히 혼자만의 시간은 양보해선 안 된다. 혼자 있으면서 내면을 들여다보는 시간을 가져야만 네가 원하는 일도 사랑도 잘할 수 있다. 그 사실을 언제나 기억하길 바란다.

chapter 3.

마흔, 놓치기 쉬운
그러나 지금 돌보지 않으면
안 되는 문제들

마흔이 되면 세상을 보고 판단하는 자기만의 방식이 확고해진다.

하지만 동시에 그것은 자기 자신을 억압하는 틀이 되기도 한다.

이때 인정받고자 하는 욕구는 성취를 이루는 데는 도움이 되지만,

인생을 즐기고 관계를 돈독히 만드는 데는

방해물이 될 수도 있다. 그래서 다양한 시선이 필요하다.

그동안 억눌러 온 여러 욕구에 관심을 기울여야 하는 이유다.

아무 문제 없다던 그녀는 왜 울음을 멈추지 못했을까?

딸아, 인생에서 가장 중요한 게 뭘까? 이 책을 쓰는 내내 곰곰이 생각해 봤다. 여러 가지가 있겠지만, 꼭 하나만 뽑으라면 '자기 자신과 사이좋게 지내는 것'이라고 말하고 싶구나. 나 자신을 좋아해야 내면으로부터 우러나는 느낌과 생각을 소중히 여기고, 자신 있게 행동할 수 있다. 그러면 원하는 일을 해낼 가능성이 높아지고, 타인과 세상을 탓하는 일이 줄어들며, 전반적으로 삶이 평화로워진다. 그래서 자신을 아끼고 사랑하는 일은 여러 번 강조해도 지나치지 않는다.

그런데 나 자신을 좋아하는 일이 말처럼 쉽지 않다. 타인과 세상으로부터 받는 상처도 문제지만, 자기 스스로 입히는 상처가 더 큰 문제다. 왜 우리는 우리 자신에게 다정하지 못할까? 다른 사람에게는 다정한 이들이 정작 자기 자신에게는 엄격한 경우도 많다. 이 문제를 제대로 풀려면 어린 시절에 받은 상처와 충족하지 못한 욕구에 관심을 기울여야 한다.

누구나 마음속에 상처 입은 어린아이가 있다

다 큰 어른이 아이처럼 행동할 때가 있다. 사소한 일에 갑자기 욱하고, 억울하다고 땅을 치고, 밑도 끝도 없는 주장을 펼치며 떼를 쓴다. 그러면 지켜보던 사람들은 '아니 저 사람이 갑자기 왜 저러나?' 하고 놀랄 수밖에 없다.

이런 일은 명절이 되어 흩어져 살던 가족이 모였을 때 자주 벌어진다. 맛있는 음식 잘 먹고, 도란도란 이야기 나누다가도, 어머니의 사소한 말 한마디에 뭔가가 욱하고 올라온다. '맞아, 엄마는 언제나 오빠만 챙겼지', '하여간 늘 잔소리라니까, 내가 그렇게 못마땅한가', '아빠가 언제 나한테 잘해 줬다고…'. 이런 생각은 오랫동안 억눌러 온 감정을 촉발시키고, 감정은 분노가 되어 차례상을 휘감는다. 결국 명절은 냉랭한 분위기로 끝나고, 모두 풀지 못한 감정의 응어리를 가슴에 안은 채 무겁게 발걸음을 돌린다.

명절이 아닌데도, 365일을 명절처럼 부모에 대한 응어리를 풀지 못한 채 살아가는 사람들도 있다. 진료실을 찾은 어느 40

대 남성은 너무 일만 하는 바람에 가족과의 관계가 엉망이었다. 처음에는 아내의 손에 이끌려 진료실을 찾았지만, 시간이 지나면서 그는 자신이 일에만 몰두했던 진짜 이유를 찾아갈 수 있었다. 언젠가 그는 이렇게 말했다. "늘 아버지가 제 뒤에서 지켜보고 있는 것 같습니다. 아버지는 엄격해서 저에게 칭찬을 해 주신 적이 단 한 번도 없어요. 아버지에게 딱 한 번만이라도 '장하다 우리 아들'이라는 말을 들어 보고 싶었습니다." 그의 아버지는 진작 세상을 떠났지만 그는 아직도 아버지의 인정을 그리워하는 어린 아들로 하루하루를 살고 있었다.

이런 모습들을 볼 때마다 어른의 마음속에 여전히 상처받은 어린아이가 살고 있음을 깨닫는다. 그 아이는 자꾸만 보챈다. 그래서 별것 아닌 일에 발끈하게 되고, 별일 아닌 일도 꼬아서 보게 되고, 같은 실수를 되풀이한다. 만약 인간관계에서든 일에서든 비슷한 문제를 계속 반복하고 있다면 이제는 마음속의 상처 입은 어린아이를 만나야 한다. 그 아이의 이야기에 귀를 기울여야 문제를 해결할 수 있기 때문이다.

그녀가 자기 자신을 함부로 대하는 이유

마음속의 어린아이가 바라는 건 거창하고 특별한 게 아니다. 적절한 돌봄과 안전감, 사랑과 지지가 전부다. 그러면 '세상은 안전하다'라는 믿음을 가지고 '나는 괜찮은 사람이다'라고 생각하면서 살아갈 수 있다. 그런데 안전감과 사랑과 지지를 한껏 받은 사람이 생각보다 드물다. 어린아이가 공포와 불안을 느낄 때 곁에서 괜찮다고, 금세 지나갈 거라고 말해 주는 사람이 없으면, 아이는 얼어붙어 버린 채 마음 안으로 숨는다. 그러고는 성장을 멈춰 버린다. 물론 그 아이도 자라고 싶어 한다. 그래서 나름대로 생존 방식을 습득한다. 자신의 잘못을 남에게 덮어씌우거나 마치 불행한 일이 없었던 것처럼 행동하는 것이다. 그러나 어린 시절을 버티게 해 준 그 방식이 어른이 되어서는 문제를 일으킨다. 건강한 인간관계를 맺는 데 장벽이 되고, 자기 자신을 정당하게 대우하는 데 걸림돌이 되고 만다.

소희 씨는 다른 사람과 잘 지내지 못하는 문제로 나를 찾아왔다. 그녀는 성실한 사람이었다. 학생일 때나 직장인일 때나 궂은일을 도맡아 했다. 그런데도 사람들은 그녀를 별로 좋아하지 않았다. 언젠가는 속을 알 수 없는 사람이라며 동료들끼리 험담을 나누는 걸 엿들은 적도 있었다. 그럼에도 그들과 친해지려고 노력해 봤지만 오히려 역효과를 일으키기만 했다. 그녀는 왜 사람들이 자기를 싫어하는지 모르겠다며 슬퍼했다.

그런데 상담을 하다 보니 그녀는 자기감정에 따라 행동하기보다는 상대의 감정을 확인한 뒤 맞장구치는 버릇이 있음을 알 수 있었다. 그녀는 자신의 감정을 느끼고 표현하는 데 매우 미숙했다. 그리고 사람들이 좋아할 것 같은 말과 행동을 찾아 실행해 왔다. 그랬기 때문에 사람들이 그녀를 부담스러워했던 것이다.

그녀는 자신이 화목한 집안에서 자랐다고 했다. 그런데 진료가 거듭될수록 그녀가 어릴 때 겪었던 공포가 되살아났다. 교수인 아버지에겐 알코올 의존증이 있었다. 아버지는 술을 잔뜩 먹은 날에는 어머니를 때렸다. 아버지가 술을 먹고 온 날은 온 집안이 공포로 얼어붙었다. 그러나 다음 날이면 아무 일 없었다는 듯 다시 평온해졌다. 아버지와 어머니는 그들 사이에 무슨 일이 있었는지 그녀에게 한 번도 제대로 설명한 적이 없었다. 그들은 불안에 떠는 그녀를 외면하거나, 별것 아닌 일에 예민한 아이 혹은 이도 저도 이해 못 하는 바보 같은 아이로 취급했다.

그러다 보니 어느 순간부터 어린 소희 씨도 자신을 바보 취급하기 시작했다. 아버지를 무서워하는 건 자기가 뭘 몰라서라고 생각했다. 그편이 매일 보는 아버지를 미워하고 증오하는 것보다는 덜 괴로웠기 때문이다. 그리고 자신이 더 잘하면 아버지도 언젠가 자신을 사랑해 줄 것이라고 생각했다. 그 후 그녀는 솔직한 감정을 억누른 채 바보의 가면을 썼다. 타인이 자신을 부당하게 대우해도 그럴 만해서 그러는 거라고 여겼고, 감당하기 벅찬 무거운 책임을 자진해서 짊어지면 사람들이 좋아해 줄 거라 생각했다.

당연히 그녀의 삶은 공허하고 피곤했다. 가슴에서 우러나오는 생생한 감정은 삶의 원동력이자 창조의 샘이다. 그런데 그것을 느끼고 표현하기는커녕 틀어막고 무감각해지는 데 온 에너지를 쓰고 있었으니, 삶은 힘들고 괴로울 수밖에 없었다.

그것은 결코 내 잘못이 아니다. 하지만 …

어린아이가 부모의 폭력을 지켜보며 공포와 분노, 불안, 슬픔을 느끼는 것은 너무도 당연하다. 그런 아이를 어른들이 위로해 주기는커녕 무시하고 비난했으니, 얼마나 비참했을까. 그 아이는 충분히 위로받아 마땅하다. 시간이 흘렀으니 다 괜찮아졌을 거라고 지레짐작하지 말자. 마음속 상처받은 어린아이는 아직도 과거의 시간 속에 갇혀 있다. 그러므로 그 아이가 충분히 감정을 인식하고 토해 내도록 인내심을 가지고 위로하고 또 위로해야 한다.

소희 씨는 진료실에서 참으로 많은 눈물을 흘렸다. 사랑만 받아도 모자랄 어린 자신이 받았던 부당한 대우에 뒤늦게 분노하고, 불우한 환경에 있었던 어린 날의 자신을 불쌍히 여기고, 그럼에도 살아내려고 애쓴 자신을 기특해했다. 그리고 언젠가부터는 조금씩 자기 인생에 대해 다른 시나리오를 써 내려갔다.

'우리 집은 결코 화목한 가정이 아니다. 어머니와 나는 가정폭력의 희생자다. 부모님은 나를 감싸 주기는커녕 내게 무관심과 냉소만 보냈는데 그것은 결코 내 잘못이 아니다. 부모님도 그들의 부족과 실수가 부끄러웠기 때문에 감추고 싶었을 뿐이다. 그들은 다만 자기 마음의 짐을 자식에게 전가한 서툰 부모였다. 어린 시절 부모로부터 예쁨받고 사랑받지 못했다는 사실이 사무치도록 서럽지만, 이제 그 간절한 욕망을 놓아 주기로 한다. 그리고 그들에게 받지 못한 사랑을 내가 나한데 주겠다. 어른이 된 내가 어린 시절의 나를 안아 주고 예뻐해 주고 칭찬해 주겠다. 그리고 이제 사랑받지 못한 어린아이의 삶이 아닌 지금 여기에서 나의 삶을 살겠다.'

마음속 어린아이를 성장하게 만드는 유일한 방법

이처럼 마음속 어린아이가 충분히 울도록 허락할 때 우리는 비로소 그 아이로부터 자유로워진다. 그 아이의 울음을 틀어막는 데 썼던 에너지를 정말로 원하는 삶을 살아가는 데 쓸 수 있게 되는 것이다. 그러면 가슴 속에 피어나는 감정을 생생히 느끼고 세세히 표현하면서 생동감 있게 살 수 있다. 다른 사람들과 보다 건강한 인간관계를 맺을 수 있고, 부당한 대우에 정당한 방식으로 분노하며 당당하게 살아갈 수 있다.

소희 씨처럼 불우한 환경에 처하지 않았더라도, 우리 내면엔 모두 상처 입은 어린아이가 살고 있다. 건드리면 예민해지고 찌릿한 통증이 오는, 마주하기 두렵고 아예 없는 척하고 싶은, 그곳에 바로 그 아이가 살고 있는 것이다. 그 아이는 나이가 마흔이 되어도, 육십이 되어도 자라지 않는다. 아이가 울음을 멈추고 다시 성장할 수 있게 만드는 유일한 길은 아이를 힘껏 안으며 위로해 주는 것이다. 그리고 아이가 하는 말에 귀를 기울이고 관심을 주는 것이다. 그러면 그 아이는 왜곡된 시선과 사고 패턴에서 빠져나와 객관적으로 세상과 타인을 바라볼 수 있게 된다. 그런데 이는 결코 한 번에 이뤄지지 않는다. 마음속 어린아이 다루기는 살아가는 내내 노력을 기울여야 하는 과제다.

소희 씨는 지금도 어린아이의 목소리를 듣는다. 사람들이 과도한 부탁을 해 오거나 짓궂은 농담을 던질 때, 거절하지 못하고 일그러진 웃음을 보이려는 자신을 발견한다. 또 부모님 앞에 설 때마다 멈칫거리고 몸이 얼어붙는 자신을 발견한다. 그럴 때마다 그녀는 심호흡을 여러 차례 한다. 그래도 힘들면 잠시 그 자리를 떠나 산책을 한다. 그러고 나서 아이에게 말을 건다. "아직도 많이 무섭지? 괜찮아. 다 지나간 일이야. 그들은 너를 해치지 못해. 그리고 그건 네 잘못이 아니었어." 그러면 그 아이도 웃으면서 그녀에게 대답한다. "고마워. 나 이제 많이 편안해졌어. 그러니까 얼른 돌아가서 네가 하고 싶은 걸 해."

우리는 과거를 무효화시킬 수 없다. 그러나 과거와 화해할 수는 있다. 다 큰 어른의 시선에서 과거를 새롭게 바라보고, 어린 시절의 욕구를 제대로 인식하고, 그때 표현하지 못했던 감정을 느끼며 슬퍼하고, 불행했던 과거를 놓아주고, 그로부터 자유로워질 수 있다. 과거를 재구성하는 일, 과거와 화해하고 어린 날의 자신을 안아 주는 일은 나이가 몇이어도 언제든 가능하며 꼭 해야만 한다.

딸아, 몸만 컸다고 어른이 아니다. 가슴 속에 숨어 있는 약하고 여린 부분을 있는 그대로 바라보고 감싸 안을 때 우리는 비로소 자기 자신을 사랑할 수 있게 된다. 그리고 가슴에 맺힌 게 없는 온전한 어른이 될 수 있다.

내가 너에게 걱정 다이어리를 권하는 까닭

딸아, 이제 너와 통화를 할 때면 네가 예전처럼 시시콜콜 모든 걸 이야기하지 않음을 느낀다. 당연한 일이지. 우리는 멀리 떨어져 살기에 속속들이 사정을 모르고, 나이가 들어 나는 나의 길을, 너는 너의 길을 가고 있으니까. 그래도 네가 나에게 쓸데없는 걱정을 끼치고 싶지 않아 뭔가를 숨기는 것 같을 땐 왠지 마음이 무거워진다. 마흔의 삶이 얼마나 힘들고 불안하니. 내가 아는 어떤 사람은 20대의 불안이 추상적이고 모호한 것이었다면 40대의 불안은 매우 구체적이고 현실적이라고 하더구나. 그래서 40대는 불안해도 불안하다는 말조차 함부로 못 하는 거라고.

짊어진 게 많을수록 불안감도 커질 수밖에 없다. '애들은 어리고 부모님도 수입이 없으신데, 가장인 내가 무너지면 어쩌지? 과연 언제까지 일할 수 있을까? 이러다 건강에 이상이라도 생기면 어떡하지?' 오늘도 무수한 가장들이 이런 걱정을 되뇐다. 아이를 키우는 일도 불안투성이다. 어린이집에서 다치지는 않을까, 학교에서 공부 습관을 못 들여 뒤처지지는 않을까, 혹여 왕따를 당하지는 않을까…. 아이는 쑥쑥 커도 걱정거리는 좀체 줄어들지 않는다.

나이가 더 들어도 마찬가지다. 오십이 되었는데도 모아놓은 돈이 별로 없으면 아이들 뒷바라지와 노후에 대한 걱정으로 잠을 설치고, 예순을 넘기고 나면 노화로 인한 건강 문제가 골치를 썩인다. 또 독립한 아이가 먹고살 만한지, 결혼을 했으면 부부 사이가 괜찮은지 끊임없이 걱정한다. 그러고 보면 대한민국의 걱정 리스트는 눈 감는 날까지 이어질 게 분명하다. 그나마 좋은 소식이라면 이 나이까지 살고 보니, 젊어서 걱정했던 많은 일들이 거의 일어나지 않았다는 점이다. 행운의 덕도 있겠지만 걱정이 지나쳤던 탓도 있다.

미리 걱정해서 대비해야 하는 일들이 있다. 하지만 걱정을 부추겨 시간과 에너지만 앗아가는 불안도 있다. 이런 불안은 주로 평균과의 비교로부터 시작된다. '노후를 대비하려면 최소 10억이 필요하다', '몇 살까지는 얼마를 모아야 한다', '아이 성적은 몇 학년에 이미 판가름 난다'는 식의 정보를 듣다 보면, 내 인생은 이미 망한 것 같고, 특단의 대책을 세워야 할 것만 같다. 하지만 비교에 너무 휘둘리면 걱정거리만 늘어나고, 평생 오지 않을 미래만 준비하다가 인생을 탕진할지도 모른다. 하고 싶은 일에 도전하지 못하고, 불안에 이끌려 돌이킬 수 없는 실수를 저지르게 될 수도 있다.

우리 사회엔 뜬소문에서 기인한 불안과 걱정이 너무 많다. 그래서 불안의 정체를 알고, 그것을 다스릴 줄 아는 능력이 중요하다. 특히 짊어진 게 많은 마흔 살일수록 불안을 잘 관리해야 한다. 그러지 못하면 꾸역꾸역 살다가 나이 들어 '하고 싶은 일은 하나도 못 해 봤다'라고 후회하기 십상이다.

나는 왜 자꾸 불안한 걸까?

생명을 가진 존재가 불안해하는 것은 당연하다. 먼 옛날, 인류는 위험한 음식을 피하고 동물의 공격을 미리 감지해야 살아남을 수 있었다. 뭔가 안 좋은 일이 생길 것 같은 불쾌하고 모호한 기분이 들면 피하는 게 상책이었다. 불안은 생존에 도움을 주었고, 지금도 우리는 불안 덕분에 많은 위험을 피하며 살아가고 있다. 어쩌면 살아가는 내내 몸 안의 장기처럼 불안을 달고 살아야 하는 게 인간의 숙명인지 모른다.

불안을 느끼는 순간 근육은 긴장하고 심장은 빨리 뛰고 머리는 어지럽다. 그래서 사람들은 기를 쓰고 불안에서 벗어나고자 한다. 하지만 그런 느낌이 꼭 나쁜 것만은 아니다. 우리는 불안에서 벗어나고 싶어서 행동한다. 불안하니까 시험공부를 하고, 일이 잘못될까 봐 결정을 내릴 때 심사숙고한다. 일본의 건축가 구마 겐고는 "인간은 행복할 땐 과거의 습성을 반복할 뿐 변화를 모색하지 않는다. 하지만 비극적인 일과 만나면 과거의 자신을 버리고 앞으로 나아간다"라고 말했다. 불안도 비슷한 역할을 한다. 당장은 불안 때문에 불쾌하지만 그 덕분에 행동하게 되고 결국 발전할 수 있다.

하지만 불안이 지나치면 오히려 행동을 방해한다. 시험 걱정이 지나치면 공부에 집중이 안 되고, 너무 심사숙고하다 보면 결정 자체를 미루게 된다. 그러다 결국 시험을 망치고, 좋은 기회마저 놓치게 되기도 한다. 문제는 한번 불안한 마음이 들면 그것이 쉽사리 사라지지 않는다는 것이다. 뭔가 잘못될 것 같은 느낌만 지속될 뿐 왜 그런지 그리고 어떻게 해야 하는지 도무지 알 수 없다. 막연하고 불쾌한 느낌을 피하고 싶지만 생각은 거듭되고, 걱정은 꼬리에 꼬리를 물어 더욱 거대해진다. 그래서 불안을 다루려면 무작정 피하려 하지 말고, 차라리 불안한 마음을 들여다보고 그 정체를 찾아보는 편이 낫다.

걱정이 심한 환자들에게 해 주는 조언
걱정이 많은 사람들은 별일이 없어도 스스로 걱정거리를 만들고, 잠시도 쉬지 못하고 걱정하는 버릇이 있다. 물론 그들도 알고 있다. 아무리 걱정을 해 봐야 문제는 해결되지 않으며 에너지만 소진될 뿐이라는 사실을 말이다. 그럼에도 그들은 걱정을 멈추지 못한다. 그럴 때는 걱정이 일상생활을 마비시키지 않도록 어느 정도의 통제가 필요하다.

걱정이 불필요하다는 것을 알면서도 멈추지 못할 때는 무의식적 동기를 심층적으로 다루어야 하지만 분석적 치료 준비가 안 되어 있거나 여건상 적용이 불가능한 경우가 있다. 그럴 때는 불가피하게 인지 치료적 접근이 필요한데, 나는 걱정이 심한 환자들에게 걱정 다이어리를 써 보라고 한다. 꼬리에 꼬리를 무는 걱정의 정체를 직접 써 봄으로써 눈으로 확인하는 것이다.

친구가 뇌졸중으로 갑자기 세상을 떠난 뒤 불안이 심해졌다는 여성은 걱정 다이어리를 이렇게 썼다. '나도 몸이 안 좋은데 병원에 가 봐야 하나 하는 걱정이 든다. ― 이러다가 큰 병을 발견하게 되면 어떡하지 불안하다. ― 결국 혼자 쓸쓸히 죽을 것 같아 걱정된다.' 이처럼 걱정 다이어리를 수차례 쓰다 보면 두 가지를 얻게 된다. 하나는 핵심 걱정거리를 알게 되는 것이고, 둘째는 걱정의 태반이 현재와 별반 상관이 없다는 사실을 알게 되는 것이다.

위의 여성이 정말로 두려워하는 것은 혼자 쓸쓸히 죽는 것 즉 '고립'이었다. 핵심 걱정을 알게 되면 그저 걱정만 하는 것이 아니라 무엇을 해야 할지가 좀 더 명확해진다. 가장 먼저 건강검진을 정밀하게 받아 보게 될 테고, 이상이 없다는 걸 확인하게 되면 일만 하느라 그동안 소홀했던 인간관계에 보다 신경을 쓰게 될 수도 있다. 또 걱정거리의 태반이 현재와 별 상관이 없음을 알게 되면 쓸데없는 걱정을 놓을 수 있게 된다. 먼 미래의 오지 않을 일을 걱정하는 데 에너지를 쏟기보다 지금 현재에 집중하게 되는 것이다.

막연하고 모호한 불안을 구체적이고 현실적인 불안으로 바꾸면 걱정을 가지치기할 수 있게 된다. 걱정해서 해결할 수 있는 일이라면 대책을 세워 행동하고, 걱정해 봤자 달라질 게 없는 일이라면 잊어버릴 수 있다. 즉 불안은 피할 수 없지만, 내가 어떻게 하느냐에 따라 불안에 잠식당하지 않을 수는 있다.

딸아, 불안함으로 잠 못 드는 밤이 오면 무엇 때문에 불안한지 한번 직접 써 보렴. 걱정에도 고마운 점이 있는데, 걱정을 쫓아가다 보면 정말로 소중하게 여기는 것들이 눈에 보인다는 것이다. 어떤 사람은 경제적 자유를 잃는 것이 무서울 수 있고, 인간관계를 가장 소중하게 여기는 사람도 있으며, 젊음을 상실하는 것을 힘들어하는 사람도 있다. 그게 무엇이든 정말로 소중한 대상을 확인하면 걱정은 자연히 잦아들고 무엇을 해야 할지가 선명해지지. 그러면 세상이 종용하는 온갖 불안에도 덜 흔들리게 된다. 정말로 네가 중요하게 생각하고 소중하게 여기는 것들에 인생을 사용할 수 있게 되는 것이다.

그리고 걱정하는 일들은 대부분 일어나지 않는다. 그러니 너무 걱정될 때는 그냥 될 대로 되라는 심정으로 덮어 버려라. 그래도 큰일 나지 않는다. 한때 걱정을 끼치던 아이들도 결국 타고난 대로 제 삶을 재주껏 살아가고, 한때 부침을 겪던 사람들도 마지막엔 제자리를 찾는다. '이 정도는 돼야 하는데, 저만큼은 이뤄야 하는데' 하는 식으로 기준점을 높여 잡지만 않는다면, 사실 대부분의 사람들은 제 속도대로 잘 살아간다. 그러니 수많은 걱정으로 너 자신을 다그치지 말아라. 너는 무척 잘 살고 있는 중이니까.

나이 들수록 편안하고 부드러운 사람들의 비밀

나이 들수록 나빠지는 게 많다. 우선 건강이다. 언젠가부터 눈앞의 글씨가 흐릿하게 보인다. 체력도 떨어진다. 한창 일이 바쁠 땐 잠을 줄이면 됐지만 이젠 잠을 줄이면 피곤해서 일을 할수가 없다. 기억력도 나빠진다. 단어가 명료하게 떠오르지 않아 "그게 뭐지? 그거 있잖아" 하는 말을 자주 쓰게 된다. 외모도 달라진다. 늘어나는 주름과 흰머리를 볼 때마다 내 나이를 실감하게 된다.

세월은 많은 것을 앗아 간다. 젊은 날의 힘과 열정, 풋풋함과 아름다움을 거두어 간다. 나이 듦은 피할 수 없는 자연의 법칙이다. 그런데도 우리는 '그래도 나는 다를 것'이라고 생각한다.

하지만 결국은 '나 또한 마찬가지'라는 사실을 확인하게 될 뿐이다.

그러나 반드시 잃기만 하는 것은 아니다. 세월이 지나야만 얻을 수 있고, 나이가 들어야만 알게 되는 것들이 분명히 있다. 그것은 아무리 뛰어난 사람이라도 젊은 시절엔 알기 어려운 것이다.

우선 어른이 되면 자신의 의지와 무관하게 수많은 일들이 벌어진다는 것을 알게 된다. 그리고 노력만으로 안 되는 일에는 순응할 줄 알아야 한다는 것도 배운다. 자신의 한계를 인정하고 때론 후퇴하지만, 그것이 자신의 무능 때문이 아니라는 것도 알게 된다.

어른이 되면 어린 시절의 꿈이 한낮 꿈이었음을 자각하게 된다. 어렸을 적 꿈꿔 온 인생 궤도와는 전혀 다른 자리에 와 있는 현실을 깨닫게 되지만, 그럼에도 후회와 한탄에만 머물지 않는다. 현실이라는 틀 안에서 꿈을 재조정하고, 최선을 다한다. 그렇게 꿈의 세계에서 내려와 현실에 발을 딛는다. 그러는 동안 마음의 공간과 탄력이 자라난다.

또 타인을 좀 더 너그럽게 대하게 된다. 이제는 갈등이 생겨도 너무 예민하게 받아들이지 않는다. 시간이 지나면 날 선 감정이 수그러들고 어느 순간 별일 아니게 될 것임을 알기 때문이다. 그래서 갈등이 생기면 타협하고 조율하려고 노력하지만, 잘 안될 때는 깨끗이 포기할 줄도 알게 된다. 내가 그렇듯 다른 사람에게도 그만의 영역이 있고, 그것을 존중해 주어야 함을 진심으로 이해하기 때문이다. 또 누군가가 나를 미워해도 크게 마음 쓰지 않는다. 그가 바라보는 내 모습이 전부가 아님을 잘 알기 때문이다.

나이가 들면 나 자신에게도 너그러워진다. 단점도 많고 한계도 가진 나이지만, 그것을 있는 그대로 받아들일 수 있게 된다. 실패와 좌절도 생의 궤적으로 인정하면서 지금까지 열심히 살아온 나를 진심으로 칭찬할 수 있게 된다. 그 정도면 충분하다고 만족하게 되는 것이다.

나이가 들면 마음이 편안해지고 웃음이 많아진다. 인생은 결코 '장밋빛'이 아니다. 그럼에도 불구하고 살 만하다. 이 세상에서 아주 잠시 살다 갈 뿐이지만, 그래도 의식이 있는 존재로 태어나 많은 이를 만나고 많은 것을 볼 수 있는 특권을 누린 데에 감사하게 된다.

인생에서 내 뜻대로 안 되는 3가지, 그것을 대하는 법

딸아, 나이 들어 마음이 편안해지고 부드러워지는 이유가 무어라고 생각하니? 내가 할 수 없는 일이 무엇인지 알고, 그것을 깨끗이 단념할 줄 알기 때문이다. 대신 내가 노력해서 바꿀 수 있는 일에 남은 시간과 에너지를 집중하겠다고 결심해서이다.

사실 이 세상에 내 뜻대로 좌지우지할 수 있는 일은 애초에 별로 많지 않다. 그런데도 슈퍼히어로처럼 모든 것을 이룰 수 있다고 믿기 때문에 삶이 괴로워진다. 우리는 슈퍼히어로가 아니다. 그러므로 나이가 들면 뜻대로 할 수 있는 일과 없는 일을 구분할 수 있어야 한다. 그래야 후회와 걱정으로 에너지를 낭비하지 않고, 원하는 삶을 사는 데 집중하면서, 타인과도 더불어 살아갈 수 있다.

내 뜻대로 할 수 없는 첫 번째는 바로 타인의 마음이다. 우리는 은근히 타인이 나처럼 느끼고 행동해 주기를 바란다. '저 사람은 어떻게 저럴 수 있지?', '나라면 안 그럴 텐데' 등 우리가 흔히 하는 말들은 다른 사람도 나처럼 생각하고 행동하는 게 당연하다는 믿음에서 나온다.

그러나 우리는 모두 다른 사람이다. 다른 부모 밑에서 태어나, 다른 환경에서 자라, 다른 삶의 역사를 써 온 사람들이다. 당연히 똑같이 느끼고 생각하고 행동할 리 없다. 더 나아가 내 느낌과 생각과 행동 역시 정답이 아니다. 컴퓨터의 프로그램처럼 내가 세상을 바라보고 수용하는 프레임일 뿐이다. 당연히 타인에게 같은 프레임을 강요할 권리는 없다.

그리고 갈등은 서로 다른 의견을 가졌다는 사실만으로는 격화되지 않는다. 거기에 '나는 옳고 너는 그르다'라는 해석을 덧붙이는 순간 증폭되는 것이 바로 갈등이다. 그런데 타인의 마음을 존중하면 '나는 그렇게 생각하지 않지만, 너라면 그럴 수도 있겠다'라는 생각을 하게 되면서 소통을 위한 마음의 공간이 열리게 된다. 진정한 이해는 바로 거기서부터 출발한다.

내 뜻대로 할 수 없는 두 번째는 지나간 과거다. 의사가 되어 제일 많이 듣는 말은 이것이다. "선생님, 제가 그때 다르게 행동했다면 지금은 훨씬 나아지지 않았을까요?" 그 대답은 '나도 모른다'이다. 그때 다른 사람을 선택했더라면, 그때 다른 직업을 선택했더라면, 아마도 다른 인생을 살고 있을 것이다. 하지만 아무 문제 없이 행복하게 살고 있을 거란 보장은 없다. 경험으로 보면, 다른 선택을 한 사람들도 또 다른 문제를 안고 진료실을 찾는다. 그러고 보면 행복은 선택의 문제만은 아니다. 오히려 그 선택을 어떻게 받아들이느냐에 달려 있다.

과거에 대한 후회가 없는 사람이 어디 있으랴. 그런데 후회스러운 마음에서 벗어나 과거를 한번 객관적으로 살펴보자. 정말로 다른 선택을 했더라면 인생이 극적으로 바뀌었을까? 보통의 경우라면 아닐 가능성이 크다. 그런데도 '그때 ~했다면 지금 ~할 거야'라고 생각하는 이유는 무엇일까? 현재의 문제를 과거 탓으로 돌려 버림으로써 그것을 회피하고 싶기 때문이다.

그러니 만약 게을러서 문제라면 '내가 왜 게을러졌을까?'를 따지기보다 내일부터 7시에 일어나기로 결심하고 그것을 실천에 옮기는 편이 훨씬 낫다. 소심한 성격이 문제라면 유전자 탓, 부모 탓을 하기보다 자극을 인지하고 이에 대응하는 방식을 조금씩 교정해 나가는 편이 훨씬 효과적이다. 과거를 바꾸지 않으면 해결되지 않을 것 같은 문제도 찬찬히 살펴보면 지금 당장 내 힘으로 바꿀 수 있는 부분들이 있다. 그러니 바꿀 수 없는 과거를 곱씹느라 오늘을 망치지 말자. 비록 후회스러울지라도 당시에는 최선을 다했기에 지금에 이르렀다. 따뜻한 마음으로 과거를 받아들이고, 자력으로 해결할 수 있는 부분에 에너지를 집중하도록 하자.

내 뜻대로 할 수 없는 세 번째는 바로 인생 그 자체다. 우리 중 누구도 태어나고 싶어 태어난 사람은 없으며, 부모나 나라를 고를 수도 없었다. 이뿐만이 아니다. 언제 질병과 사고로 고통받을지 모르고, 갑자기 죽음이 덮쳐 순식간에 모든 것을 거둬 갈지 모른다. 우리는 우연히 세상에 던져져 살다가 자기 뜻과 상관없이 세상을 떠난다. 그러고 보면 인간은 참 무력하고, 인생은 참 허망하다.

하지만 내 뜻대로 안 되는 게 인생사임을 받아들이면 자유로워지는 측면도 있다. 쓸데없는 걱정과 집착을 거두고 정말로 소중하고 중요한 일에 집중할 수 있게 된다. 돈, 명예, 권력은 달콤하고 중독적이다. 그러나 내일 당장 죽음이 찾아오더라도 그것들을 지키는 데 혈안이 될까? 돈이 아무리 많아도 정작 내가 죽었을 때 장례식을 치러 줄 사람 하나 없고, 나의 죽음을 슬퍼해 줄 사람이 없다면 그게 무슨 소용일까? 그렇다면 내일 당장 죽더라도 끝내 지키고 싶은 가치와 태도는 뭘까? 이 질문으로부터 각자가 추구하는 삶의 의미와 가치가 탄생한다.

딸아, '진인사대천명(盡人事待天命)'이라는 말을 들어 봤니? 사람이 할 수 있는 최선을 다한 후에 하늘의 뜻을 기다린다는 말로, 공자가 남긴 말이다. 내가 아는 한 사람은 수험생 시절에 이 말에서 큰 위로를 받았다고 하는구나. 대입을 앞두고 불안과 걱정이 극에 달했을 때, 한 선생님이 이 말을 전했다지. 그때 그는 아무리 열심히 공부해도 수능 날 아플 수 있고 운이 없을 수도 있지만, 지금 걱정해 봐야 아무 소용 없다는 걸 깨달았다고 했다. 그가 할 수 있는 일은 그저 최선을 다해 공부하는 것뿐이었어. 그러고 나니 잡생각과 걱정이 사라지고, 공부에 전념할 수 있게 되었다고 했다.

인생사도 마찬가지다. 할 수 있는 일에 최선을 다하고 나머지는 하늘에 맡기는 것. 어쩔 수 없는 타인의 마음, 과거 일, 세상사에 대한 집착과 걱정을 거두고, 지금 여기에서 해야 하는 일에 집중하는 것. 그것을 얼마나 잘하느냐에 따라 인생은 단순해지고 명료해진다. 그러니 세상일이 마음대로 안 된다고 너무 슬퍼하지 말자. 어쩌면 마음대로 되는 일이 없기 때문에 우리는 나이가 들수록 더 편안하고 부드럽고 유쾌한 사람으로 성장해 가는지도 모른다.

지금 돌보지 않으면 안 되는 문제 : 콤플렉스

어느 수리공이 있다. 그의 공구함에는 드릴, 펜치, 스패너 등 다양한 연장이 들어 있다. 그런데 그는 유독 망치만 사용한다. 못을 박을 때뿐만 아니라 나사를 조이거나, 구멍을 뚫을 때도 오로지 망치만 든다. 당연히 수리는 오래 걸리고 실패할 때도 많다. 그는 성실하지만 유능하지 못한 수리공이다.

딸아, 너라면 이런 수리공을 부르겠니? 아마 아닐 것이다. 그런데 우리의 마음이 바로 이 수리공과 같다면 어떨까? 똑똑한 척은 다 하지만, 알고 보면 시도 때도 없이 망치만 드는 수리공과 같다면? 말도 안 된다고 웃음을 터뜨릴지도 모르겠구나. 그런데 사실이다. 우리 마음은 의지와 상관없이 보고 싶은 것만 보고 그에 따라 반사적으로 행동한다. 아무리 불합리하고 비효율적이라 해도 마음은 정해진 틀을 굳이 벗어나려고 하지 않는다. 그것이 우리 마음의 진짜 모습이란다.

콤플렉스 때문에 자꾸 움츠러든다면

콤플렉스처럼 일상적으로 쓰이는 심리학 용어도 없을 것이다. 사람들은 저마다 특정한 콤플렉스가 있다고 말한다. '착한 아이 콤플렉스', '외모 콤플렉스', '학벌 콤플렉스' 같은 것들이다. 이때 콤플렉스는 열등감과 비슷한 뜻이다.

그런데 콤플렉스를 열등감에 한정해서 이해하는 것은 좁은 해석이다. 사실 콤플렉스는 누구에게나 있고, 누구도 피할 수 없다. 왜냐하면 콤플렉스는 자아가 일관성을 유지하기 위해 하는 행동과 관련이 있기 때문이다. 즉 자아가 취사선택한 정보와 행동 외에 억누르는 나머지 것들이 모두 그림자에 숨어 콤플렉스를 이룬다.

사람이 살아가면서 접하는 세상의 온갖 정보를 전부 흡수할 수는 없다. 그러면 아마도 머릿속이 정보로 인해 폭발해 버릴지도 모른다. 그래서 자아는 효율성을 위해서라도 일정한 틀을 만들고 그에 알맞게 정보를 선택적으로 수집하고 이해하고 행동하려 한다. 그리고 살아가는 내내 가능하면 그 틀을 유지하려고 노력한다. 이때 자아가 만드는 틀에 가장 많은 영향을 미치는 것은 어릴 때의 경험이다. 물려받은 유전자, 부모의 양육 태도, 어려서의 특정 경험들이 쌓여 우리가 세상을 보고 느끼고 생각하고 행동하는 틀이 형성되는 것이다.

예를 들어 볼까? 조심성 많은 여자가 있다. 그녀가 보기에 세상은 위험투성이다. 길을 가다가 넘어져서 다리가 부러질 수도 있고, 음식을 잘못 먹어 배탈이 날 수도 있다. 그러니 늘 조심하고 또 조심해야 한다. 그런데 그녀가 세상을 조심스럽게 바라보게 된 까닭은 어려서 동생이 죽을 뻔했던 경험과 관련이 있다. 장녀인 그녀는 늘 막냇동생을 엄마처럼 챙겼는데, 물놀이 중에 그 동생이 하마터면 죽을 뻔했다. 주변에 어른들은 아무도 없고 오직 그녀만이 동생의 생사를 책임져야 했던 그때 이후로 그녀는 세상을 볼 때 위험 요소를 더 중요하게 관찰하기 시작했다. 그러다 보니 '다칠지도 몰라, 죽을지도 몰라'라는 생각이 세상을 바라보는 틀이 되었고, '그러니까 언제나 조심해야 해'라는 생각이 그녀의 행동 기준이 되었다.

의식을 가진 인간으로 사는 한, 자아의 활동은 필수적이고 따라서 무언가 억압된 것이 콤플렉스를 형성하는 것을 막을 수는 없다. 자아와 콤플렉스는 빛과 그림자처럼 떼려야 뗄 수 없는 필연적 관계다. 그런데 문제는 자아가 유지하려는 틀, 즉 세상을 보고 이해하는 회로가 오작동을 일으킬 때다. 그 틀이 세상과 자꾸만 어긋날 때조차도 지속적으로 그것을 유지하려고 안간힘을 쓸 때 문제가 발생한다.

콤플렉스를 잘 다루는, 유능한 수리공이 되는 법

앞의 조심성 많은 여자의 이야기로 돌아가 볼까? 알다시피 세상이 위험천만하지만은 않다. 그리고 지금도 누군가는 그 안에서 아름다움과 편안함, 여유를 만끽하고 있다. 그런데도 세상의 비정함과 위험함만 보려 하고 내면의 다른 욕구들을 억누르면, 늘 불안한 채로 경직되게 살아야 한다. 당연히 지치고 불행할 수밖에 없다. 이는 어떤 문제가 발생하든 망치만 드는 수리공과 비슷하다. 때로는 드라이버나 펜치가 훨씬 유용하건만, 매번 망치로만 문제를 해결하려 드는 것이다.

이럴 때는 가만히 콤플렉스를 들여다보는 것이 큰 도움이 된다. 자아가 억눌러 온 욕구, 무시했던 세상의 여러 모습, 살고 싶은 다른 삶이 뭔지를 들여다보고 그것을 자아 안으로 통합할 때, 세상을 보고 이해하고 행동하는 틀을 조금 더 다양하게 만들 수 있다.

이런 자아와 콤플렉스의 건강한 관계를 일본의 심리학자 가와이 하야오는 '정당 내 정파'라는 재미있는 비유를 통해 설명한다. 정당 안에는 주류가 되는 정파 외에 비주류 정파도 다수 존재한다. 평소에는 주류 정파가 정당의 중심이 되어 사안을 잘 이끌어 가지만, 가끔 비주류 정파들이 강하게 반발하며 당의 주도권을 빼앗으려 할 때가 있다. 이때 건강한 정당은 비주류의 의견을 잘 받아들인다. 그렇게 당내에 다양성이 확보될수록 정당은 더욱 튼튼하고 건전하게 유지된다.

이때 '나'는 정당이고, '자아'는 주류 정파이며, '콤플렉스'는 비주류 정파다. 만약 주류 대 비주류의 싸움이 격화되어 비주류가 탈당을 해 버리면 '나'는 붕괴할 수도 있다. 여러 신경증이 발생하는 것이 바로 그 경우다. 반대로 자아가 콤플렉스를 잘 통합하면 '나'는 더욱 튼튼해진다. 공구함에 있는 다양한 연장을 때에 맞게 선택해서 사용할 수 있는, 능력 있는 수리공이 되는 것이다.

콤플렉스를 성공의 원동력으로 만든 사람들의 특징

몇 년 전, 개그우먼 이영자 씨가 군부대에서 강연하는 영상을 인상 깊게 봤다. 그녀는 생선 장사를 하는 부모님 밑에서 자랐다고 하는구나. 그래서 어려서부터 '혹시 내 몸에서 생선 냄새가 나는 게 아닐까?' 하는 불안을 느꼈고, 그로 인해 지금도 냄새부터 맡는 것이 버릇이라고 했다. 게다가 그녀의 어머니는 남아 선호 사상이 심해서 늘 오빠만 편애했다고 한다. 치킨을 먹어도 다리는 무조건 오빠를 주고, 그녀는 목만 먹어야 했다고. 그런 집안에서 자란 그녀는 '나는 뭘 해도 사랑받을 수 없는 존재구나'라고 자연히 믿게 되었다.

그 결과 이제는 대중의 사랑을 받는 성공한 개그우먼이 되었고 생선 장사를 하지도 않건만, 그녀는 오랫동안 이 두 가지 생각에 사로잡혀 괴로웠다고 한다. 그런데 그녀의 강연에서 재미

있는 부분이 있었다. 그녀는 성공하고 싶어서 누구보다 열심히 일했는데, 그 이유가 닭 한 마리를 온전히 혼자 먹어 보고 싶어 서였다고 했다. '사랑받지 못하는 존재'라는 콤플렉스가 고통을 유발했지만, 반대로 성공의 원동력이 되기도 했다는 뜻이었지.

맞는 말이다. 누구에게나 콤플렉스가 있다. 콤플렉스는 고통의 원인이기도 하지만 때론 살아가는 힘이 되기도 한다. 그러므로 중요한 건 콤플렉스의 지배를 받느냐 아니면 콤플렉스를 알고 잘 다뤄서 활용할 수 있느냐 하는 것이다. 콤플렉스의 지배를 받으면 아무리 뛰어난 업적을 세워도 다시 '사랑받지 못하는 아이'의 자리로 돌아온다. 성공하고 인정받았음에도 끊임없이 사랑받지 못하는 증거만을 수집해 그 틀을 강화해 나가는 것이다. 그 결과 아무리 노력해도 삶은 괴롭고 힘들어진다. 반대로 콤플렉스를 관찰할 수 있게 되면 '사랑받지 못하는 존재'라는 느낌에 지배당하지 않게 된다. 그런 느낌이 엄습해 올 때마다 '아, 내가 어릴 때의 눈으로 왜곡해서 세상을 보고 있구나'라고 자각한 뒤 시선을 재조정하기 때문이다. 그래서 성공을 이룬 나, 인정받은 나, 타인을 돕는 나를 불러내 세상을 새롭게 읽고 그에 맞춰 행동한다.

콤플렉스를 잘 다룬다는 것은 자아가 억눌러 온 욕구를 섬세하게 살핌으로써 세상을 보고 느끼고 판단하는 패턴을 수정하는 것이다. 세상을 바라보는 특정 패턴을 인지하고, 반사적으로 행동하기 전에 속도를 늦추고, 다시 한번 생각한 뒤 새롭게 행동하는 것. 이처럼 콤플렉스를 잘 다루게 되면 선택의 자유를 얻게 된다. 과거에 형성된 자동반사적 시스템의 지배에서 벗어나 좀 더 주도적으로 살 수 있게 된다. 상황에 알맞은 연장을 골라서 사용할 수 있게 되는 것이다.

마흔, 더 늦기 전에 자주 쓰는 망치를 들여다봐야 하는 이유

딸아, 내가 아는 사람 중에 어려서 지독한 가난에 시달렸지만 지금은 크게 자수성가한 이가 있다. 돈이 없어 온갖 고생을 했던 그는 독하게 일해서 남들이 부러워할 만한 부를 거머쥐었지. 하지만 아직도 그는 무슨 일만 생기면 '내가 돈이 없어서 무시를 당한다'라고 생각한다. 심지어 아내와 자식들이 여행 다니면서 편하게 살자고 해도 '돈이 없어 봐야 정신을 차리지' 하면서 화를 냈다. 그의 삶은 180도 달라졌지만, 그가 세상을 보는 방식은 하나도 달라지지 않았다. 가난과 멸시의 틀로 모든 일을 해석하고 있었어.

마흔이 되면 누구나 세상을 보고 판단하는 자기만의 방식이 확고해진다. 그것은 세상살이에 적응하는 동안 힘써 만들어 온 자기만의 정체성이다. 하지만 동시에 그것은 자기 자신을 억압하는 틀이 되기도 한다. 이때 인정받고자 하는 욕구는 성취를 이루는 데는 도움되지만, 인생을 즐기고 관계를 돈독히 만드는 데는 방해물이 될 수도 있다. 그래서 다양한 시선이 필요하다.

그동안 억눌러 온 여러 욕구에 관심을 기울여야 하는 이유다.

딸아, 너는 어떤 눈으로 세상을 보고 있니? 네가 무의식중에 들게 되는 망치는 무엇이니? 그 망치는 너를 지금까지 버티게 해 준 고마운 연장이다. 하지만 이유 없이 지치고 힘들게 느껴진다면 마음속 공구함을 잘 들여다보렴. 바깥에서 해법을 찾을 필요가 없다. 이미 네 안엔 네가 필요로 하는 연장이 모두 있으니까. 이제 네가 할 일은 때에 맞게 알맞은 연장을 찾아 사용하는 법을 익히는 것이다.

아이와 함께할 시간이 점점 줄어들고 있다는 사실

처음 진료실 문을 열고 들어올 때 가장 표정이 어두운 사람들은 누구일까? 바로 자녀의 손을 붙들고 들어오는 엄마들이다. 빚, 외도, 고부갈등도 자식 문제에는 비할 바가 못 된다. 무기력하거나 사사건건 분노하거나 마음을 닫고 아무 말도 안 하는 자녀들은 오히려 진료실에서 당당하다. 될 대로 되라는 태도다. 그러나 그런 자식을 바라보는 엄마들의 속은 끓다 못해 이미 타들어 버렸다. 그들은 하나같이 '내가 엄마 노릇을 잘 못해서 우리 아이가 비뚤어졌다'라는 죄책감을 안고 있다. 그러니 그들의 얼굴이 그토록 어두울 수밖에 없는 것이다.

나 역시 엄마이기에, 엄마들이 짊어지고 살아가는 육아에 대한 부담감을 너무도 잘 이해한다. 세상에는 좋은 엄마 이미지들이 넘쳐난다. 기저귀를 갈면서도 활짝 웃는 엄마들, 떼쓰는 아이의 마음을 다정하게 읽어 주는 엄마들, 이미 백 번은 넘게 읽은 동화책도 마치 처음인 양 정성껏 읽어 주는 엄마들…. 이런 이미지의 홍수 속에 살다 보면 자신은 언제나 부족하고 잘못된 엄마처럼 느껴지기 마련이다.

언젠가 두 아이를 키우는 한 엄마는 엄마 노릇에 대해 이렇게 말하더구나. "아무리 노력해도 C 학점 이상은 절대 안 나오는 과목을 덜컥 수강한 기분이에요." 기준이 너무 높아 누구도 만족시킬 수 없는 일을 최소 20년간 해야 하는 기분. 이것이 요즘 엄마들이 느끼는 좌절감의 실체다.

요즘 엄마 노릇이 유독 어려운 이유

2000년대 초 유럽의 한 심리학 전문가 위원회는 긍정적 부모의 역할을 다음과 같이 정의했다. "'긍정적 부모'는 아이를 교육하고 안내하며, 아이가 자율적으로 행동하도록 돕는다. 즉 그들은 아이를 권리를 지닌 개체로 인식한다. 긍정적 부모 되기란 자유방임을 의미하지 않는다. '긍정적 부모'는 아이가 잠재성을 충분히 계발하도록 돕기 위한 기준을 갖고 있으며, 아이들과 학생들이 비폭력적인 환경에 거(居)할 권리를 존중한다."

그런데 일견 타당해 보이는 이 정의에 대해, 벨기에의 심리학

자 모이라 미콜라이자크와 이자벨 로스캄은 《부모 번아웃》이라
는 책에서 '긍정적 부모 되기'는 닿을 수 없는 목표나 다름없다
며 이렇게 일갈한다. "긍정적 부모라는 개념 때문에 부모는 자
신에 대해 만족하지 못하고, 아이 일에 충분히 시간을 쏟는 대
신 후다닥 처리했다는 죄책감에 시달린다. (…) 아무리 부모라고
해도 언제나 한결같이 성숙한 사람일 수는 없다. 부모란 잠시도
쉴 틈 없는 풀타임 근무에, 노력은 많이 드는데 보상은 불확실
한 일과 같다. 한마디로 말도 안 되는 직업인 것이다!"

물론 그들이 부모 역할의 중요성을 무시하려고 이런 말을 하
는 건 아니다. 다만 '긍정적 부모'를 부모가 추구해야 하는 이상
정도로 여겨야지, 매사 그 역할 모델에 맞추려고 해선 안 된다.
세상에 완벽한 사람이 없듯 부모 역시 '완벽한 부모'가 되기란
불가능하다. 아무리 부모라도 아기의 똥 기저귀에 얼굴이 찡그
려지고, 막무가내로 떼쓰는 아이에겐 화가 치밀며, 읽은 책을
또 읽기는 지겨운 법이다. 그러므로 부모는 모두 이상적 부모를
향해 가는 길 위의 어딘가에 서 있는 개성적 존재이며, 이를 인
정할 때 오히려 부모 노릇이 수월해질뿐더러 아이 역시 잘 자랄
수 있다.

'나는 좋은 엄마가 아닐지도 모른다'는 스트레스

사실 긍정적 부모상은 인류사를 되짚어 볼 때, 최근에 떠오른

개념이다. 아주 오랫동안 아이는 부모의 소유물 정도로 여겨졌고, 아이들을 향한 무관심과 학대도 사회적으로 큰 문제가 되지 않았다. 그러던 것이 20세기에 들어서 아이를 존중의 대상으로 바라보게 되었고, 엄마와 아이의 애착을 다룬 논문들이 쏟아졌다. 우리나라에서 그런 개념들이 본격적으로 논의되기 시작한 것은 1980년대로, 그때부터 사람들은 부모 역할의 중요성을 깨닫고는 '긍정적 부모 되기'를 목표로 '부모가 해야 하는 일' 목록을 만들어 나갔다. 그리고 이제는 부모가 되자마자 방대한 리스트를 전달받는 상황에 이르렀다. 정서부터 학습 그리고 미래의 성공까지, 부모의 손을 거쳐야만 하는 문제들이 끝도 없이 이어진다. 그 결과 요즘 부모들은 과거의 부모들과 비교할 수 없을 정도로 전문적인 지식을 갖추고 있음에도 자칫 잘못하면 아이 인생을 망칠 수 있다는 무언의 압박에 끊임없이 시달리게 되었다.

열심히 해도 불만족스러운 일을 계속해야 하면 당연히 스트레스를 받을 수밖에 없다. 그리고 스트레스로 인한 불안과 분노는 가장 약한 고리에서 폭발하게 마련이다. 아이에게 화를 내는 것이 바로 그것이다. 육체적 심리적으로 지친 부모들은 자신도 모르는 새 아이에게 짜증을 낸다. 기대만큼 따라오지 못하는 것에 실망해 아이를 심하게 나무라기도 한다. 그러고 나면 화를 내고 상처를 준 자신을 '나쁜 엄마'라고 생각하며 자책감에 빠진다. 누구보다 애를 썼음에도 부모와 아이 모두 행복하지 못한 상황이 펼쳐지고 마는 것이다. 아이에게 좋은 것이라면 뭐든 해주고 싶은 것이 부모 마음이다. 그러나 모든 것을 해 주는 부모 밑에서는 정작 아이가 잘 자라지 못한다. 오히려 아이들은 적절한 결핍 상태에 놓였을 때 그것을 스스로 채우려고 노력하면서 성장하는 법이다. 나도 마찬가지였다.

너도 알다시피 네 외할머니, 그러니까 내 어머니는 6·25 전쟁이 터지자 남쪽으로 건너온 이북 피란민이었다. 기댈 만한 친인척도 별로 없고 경제적으로도 어려운 상황에서 우리 육 남매를 줄줄이 낳아 키워야만 했지. 어머니는 아이들을 돌보랴, 집안 건사하랴, 틈나는 대로 일하랴, 몸이 두 개라도 모자랄 삶을 살았다. 요즘 부모들이 꿈꾸는 엄마와 자녀 사이의 질 높은 상호작용은 알지도 못했거니와 바랄 수도 없었다. 그럼에도 불구하고 우리 육 남매는 큰 문제 없이 건강하게 잘 자랐다. 어머니를 원망하는 마음도 없었다. 오히려 어머니가 바빴기에 형제들끼리 그 빈자리를 메우면서 우애가 돈독해졌다. 충분치 않았던 형편은 되레 우리 육 남매를 성장시킨 촉매제가 된 셈이지.

그러니 아이에게 완벽한 환경을 제공하는 '완벽한 부모'가 되지 않으면 큰일 날 것처럼 스스로를 닦달할 필요가 없다. 오히려 '좋은 엄마가 아닐지도 모른다는 죄책감'이 엄마와 아이 모두에게 좋지 않다는 것을 명심할 필요가 있다. 왜냐하면 아이가 바라는 건 좋은 엄마 콤플렉스로 괴로워하는 엄마가 아니라, 그냥 자신을 진심으로 좋아해 주는 엄마이기 때문이다.

아이와 함께할 시간이 생각보다 많지 않다

어떤 이는 부모에게 사랑받아 본 경험이 없어서 아이 낳기가 꺼려진다고 말한다. 또 어떤 이는 요즘 아이를 키우려면 몇억은 든다는데 돈이 없어서 키울 수 없다고도 한다. 또 경쟁 일변도의 사회에서 상처받을 아이를 생각하면 마음이 아프다는 부모들도 많다. 부모로서 당연한 걱정이다. 그러나 아이들에게도 자생력이 있다. 아이들은 부모의 부족함 속에서 자신을 발견하고 만들어 나가며, 부모의 빈자리에서 고유의 강점을 꽃피워 나가기도 한다.

진료실에서 아이들을 만날 때면, 오히려 아이들이 부모의 속을 꿰뚫어 보고 있어 놀랄 때가 많다. 부모가 숨기고 싶어 하는 콤플렉스나 욕망을 아이는 훤히 들여다보고 있는 것이다. 이때 부모가 그것을 계속 감춘 채 '모두 아이를 위해서다'라고 끈질기게 주장하면 문제는 복잡해진다. 부모의 욕망에 짓눌린 아이는 자신을 미워하고 부모를 증오하게 된다. 반대로 아이가 바라보는 부모 자신의 모습을 인정하면, 아이는 부모를 통합적인 시선으로 바라보게 된다. 부모를 장점과 단점을 모두 지닌 개성적인 인격체로 받아들이고, 거기에서 자기 삶을 알아서 꽃피운다. 나무가 해를 향해 가지를 뻗듯, 삶의 방향으로 한 발 한 발 나아간다. 그러니 아이 걱정은 좀 접어 두고, '좋은 부모'가 되어야 한다는 부담도 내려놓고, 지금은 아이를 키우는 즐거움을 누렸으면 좋겠다. '완벽한 부모'라는 허상에 억눌리기보다 그냥 나다운 엄마면 족하다고 마음먹었으면 좋겠다. 요즘 부모들치고 아이를 아끼지 않는 부모가 없고, 육아 지식에 문외한인 경우도 드물다. 그러니 그만하면 충분히 잘하고 있다고 스스로 격려하고, 아이와 함께하는 시간을 즐겼으면 좋겠다. 아이는 중학생만 되어도 부모와 시간을 보내기보다 친구들과 시간을 보내고 싶어 한다. 그때가 되면 아이와 함께하고 싶어도 그럴 수 없게 된다. 아이와 함께 추억을 쌓을 시간이 이제 얼마 남지 않았다는 뜻이다.

그리고 아이를 낳고서야 비로소 느끼게 된 기쁨들을 떠올려 보라. 눈도 제대로 못 뜨고 꼬물거리는 생명체를 어엿한 사람으로 키워 내는 동안 무한한 보람을 느끼지 않았던가. 게다가 아무리 부족하고 서툰 엄마일지라도 아이는 "엄마가 세상에서 제일 예뻐"라며 끝없는 애정을 보낸다. 그래서 아이를 낳으면 세상에 얼마나 큰 사랑이 존재하는지 비로소 깨닫게 된다. 그 사랑 때문에 부모 노릇이 힘겨울 때도 있지만, 아이를 낳지 않았다면 몰랐을 환희를 선물받은 것 또한 진실이다.

그러니 각자 자신의 엄마 노릇에 당당해지자. 죄책감의 굴레에서 벗어나 부모인 자신을 자랑스럽게 여기자. 세상에 '좋은 엄마'란 없다. 모든 부모는 각자 자기만의 방식대로 훌륭하다.

감정을 잘 드러내지 않는 사람들이 하는 뼈아픈 실수

진석 씨는 오늘도 폭탄주를 말았다. 폭탄주가 시원하고 찌릿하게 목을 타고 넘어가자 종일 받은 스트레스가 날아가는 것 같았다. 술이 한 잔 두 잔 들어가면서 긴장했던 몸도 서서히 이완되었다. 그러자 오늘 낮에 있었던 일이 문득 떠올랐다. 부장은 담당자인 그의 의견을 묻지도 않고 갑자기 프로젝트 마감일을 앞당겼다. '나를 무시하나? 어떻게 일을 마치라는 거지?' 자신을 슬쩍 쳐다보던 부장의 얼굴이 떠올랐다. 그러자 억울함과 분노가 치밀어 올랐다. '에라 모르겠다.' 그는 폭탄주를 한 잔 더 들이켰다. 그리고 술의 힘으로 괴로움을 잊은 채 적당히 좋은 기분으로 잠자리에 들었다.

그는 회사에서 책임감 있는 직원으로 통했다. 힘든 과제를 받아도 군말 없이 어떻게든 마무리 지으니, 윗사람 입장에서 보자면 그만큼 일을 맡기기 좋은 사람도 없었다. 그래서일까. 갈수록 까다로운 과제가 그에게 주어졌다. 처음엔 인정받는 기분이 들었다. 하지만 핵심적인 과제는 다른 사람에게 주어지고, 다들 회피하는 과제만 자꾸 주어지자 그도 화가 나기 시작했다. 능력과 노력을 전부 무시당하는 기분이 든 것이다.

하지만 그는 상사에게 한마디 대꾸를 해 본 적이 없다. 그저 화가 나는 날에는 집에 들어와 폭탄주를 연거푸 들이켰다. 아내에게도 무슨 일인지 털어놓지 않았다. 답답한 아내가 왜 그러냐고 물어도 아무 말 없이 술잔만 바라볼 뿐이었다. 갈수록 건강이 나빠졌고, 부부 사이도 냉랭해졌다. 결국 아내는 그에게 최후통첩을 보냈다. 정신건강의학과 상담이라도 받아 보라고, 그러지 않으면 더 이상 같이 살 수 없다고 했다. 그는 아내의 등쌀에 마지못해 진료실을 찾았다.

그는 진료실에서도 멀뚱히 앉아 있었고, 별 표정 변화가 없었다. 나는 그에게 폭탄주를 마시면 어떤 기분이 드냐고 물었다.

"스트레스가 풀리죠. 아시잖아요. 그래서 다들 소맥 한 잔씩 먹고 자지 않나요?"

나는 그에게 부장이 마음대로 마감일을 조정했을 때 어떤 기분이 들었냐고 물었다. 그는 한동안 아무 말도 못 한 채 가만히 있더니 이렇게 대답했다.

"음… 기분이요? 그런데 꼭 뭘 느껴야 하나요?"

그는 기분을 잘 느끼지 못했다. 화가 나고 억울한 상황에서도 기분을 누르고 로봇처럼 정해진 일들을 수행했다. 당연히 분은 풀리지 않았다. 그래서 폭탄주를 마셨다. 폭음을 하면 고통스러운 감정을 잊게 될뿐더러 알코올의 화학 작용 덕분에 별다른 노력 없이도 기분이 풀리곤 했다. 술은 그에게 가장 편하고 값싼 항우울제였다.

감정을 모르면 폭력적이거나 종속적인 사람이 된다

'어떻게 감정을 모를 수가 있지? 감정은 그냥 느껴지는 거 아닌가?' 딸아, 너는 이렇게 생각할지도 모르겠다. 그런데 환자들을 상담하다 보면 어떤 기분이 들었냐는 질문을 했을 때 아무 말도 못 하는 사람이 꽤 많다. 진석 씨처럼 감정을 아예 부인하거나, 아무렇지 않았다고 회피하는 사람들이 절반 이상이다. 또 엉뚱한 감정을 자기감정으로 오인하거나, 기분을 물었는데 자기가 왜 그렇게 행동할 수밖에 없었는지 그 이유와 정당성부터 늘어놓는 사람도 많다. 기분은 자연스러운 현상이지만 그것을 자연스럽게 느끼는 사람은 생각보다 그리 많지 않다는 얘기다.

우리는 감정 표현이 매우 엄격한 사회에 살고 있다. 논리적인 사람은 이성적이라고 칭찬받지만, 잘 기뻐하고 잘 슬퍼하는 사람은 가볍고 변덕스럽고 일을 제대로 못 할 것 같다는 오해를 받는다. 특히 회사라는 조직에서 감정적이라는 말은 결코 칭찬이 아니다. 그 밑에는 너무 예민하고 까다롭다는 함의가 깔려 있다. 그뿐만이 아니다. 감정을 좋고 나쁜 것으로 구분하고, 나쁜 감정은 반드시 감춰야 한다고 배운다. 어려서부터 들어온 말들을 떠올려 보라. 울면 산타 할아버지가 선물도 안 주고, 사내자식은 함부로 외로워해서도 안 된다고 배우지 않았던가. 슬프고 외롭고 서운한 감정은 아직 어리고 약하다는 증거로만 여겨졌다. 그러다 보니 사람들은 솔직한 감정을 숨긴 채 환한 표정과 긍정적인 태도로 무장해야만 한다는 강박 관념에 시달리게 된다.

하지만 감정을 억누르고 이에 무관심해지는 것은 결코 올바른 감정 관리가 아니다. 철학자 강신주는 감정을 인지하지 못하면 폭력적인 사람이 되거나 타인에게 종속되는 사람이 된다고 했다. 정신분석학적으로도 맞는 말이다. 감정은 에너지다. 적절히 발산되도록 조절해야 한다. 무작정 감정을 억누르면 증기가 막힌 압력밥솥처럼 결국 어느 순간에 폭발하고 만다. 부적절한 장소에서 부적절한 방식으로 터져서 누군가를 다치게 할 수도 있다. 가장 큰 문제는 아무리 이성적인 사람도 폭발만큼은 막을 수 없다는 사실이다.

또 감정은 내면의 진실한 욕구를 반영한다. 인생의 목적, 소명, 삶의 방향은 뜨거운 감정의 형태로 처음 모습을 드러낸다. 누군가를 만났을 때 가슴이 두근거리면 그와 더 가까운 관계를 맺으려고 애쓸 것이다. 어떤 일을 했을 때 전에 못 느꼈던 보람을 느끼면 그 일을 소명처럼 여기고 받들고자 할 것이다. 이렇듯 감정은 삶에 있어 중요한 이정표 역할을 한다. 그런데 감정을 무작정 억누르고 차단해 버리면 우리는 마음속에 존재하는 깊은 욕구를 알아차리지 못하게 된다. 그래서 하고 싶은 일이 뭔지 몰라 남들이 시키는 일, 세상이 좋다는 일을 하게 된다. 감정에 귀 기울이지 않는 사람들이 타인에게 종속되기 쉬운 이유다.

지금 느끼는 감정이 진짜가 아닐 수도 있다

잔잔한 연못에 누군가가 돌을 던졌다. 갑자기 흙탕물이 일었다. 그런데 시간이 흐르자 물결은 잦아들고 진흙도 가라앉아 연못은 다시 맑아졌다. 돌이 떨어져서 물이 혼탁해진 것은 자연의 법칙이다. 작용에 따른 결과다. 던져진 돌에 왜 흙이 일어났느냐고 따지는 사람은 없다. 그저 자연스러운 현상이니까.

우리의 감정도 똑같다. 어떤 사건이 발생하면 그에 따라 여러 가지 감정이 일어난다. 슬플 때도 있고, 기쁠 때도 있으며, 외로울 때도 있고, 창피할 때도 있다. 이것은 작용에 따른 결과일 뿐이다. '좋다 나쁘다' 혹은 '옳다 그르다'라고 판단할 필요가 없다. 일어난 감정을 그냥 바라보고 있으면 시간이 지남에 따라 잦아든다. 감정은 그렇게 자연스럽게 흘러간다.

하지만 감정에 대한 잘못된 교육을 받은 우리는 감정을 그대로 두지 못한다. 특히 나쁘고 불편한 감정이 일어날 때는 더욱 그렇다. 슬픔, 창피함, 억울함 같은 감정이 올라오면 서둘러 처리하기 쉬운 다른 감정을 덧씌우는 경우가 흔하다. 예를 들어 상사에게 보고서를 올렸는데 지적을 받아 창피함을 느끼면 '상사가 보는 눈이 없어서' 혹은 '성격이 쪼잔해서' 같은 핑곗거리를 들어, 창피함에 상사에 대한 분노를 덧씌운다. 외로워서 가족들의 관심과 애정을 바라는 가장이 갑자기 인생이 덧없다고 말하며 혼자 살고 싶다고 외치기도 한다. 남편에게 노고를 인정받지 못한 아내는 서운함과 억울함을 남편에 대한 분노로 치환해 당장 이혼해 달라며 으름장을 놓는다.

덧씌운 감정을 진짜 감정으로 오인할 경우 가장 손해 보는 것은 나 자신이다. 오인된 감정은 잘못된 행동을 낳고, 그 행동은 원치 않는 결과로 이어진다. 상사 탓으로 돌려 버린 보고서가 훌륭해질 리 만무하고, 가족들은 가장이 얼마나 외로운지 끝까지 모를 테고, 이혼 위기에 놓인 남편은 '내가 그렇게 별론가' 하는 마음에 더욱 위축되고 만다. 가장 안타까운 것은 자신의 감정을 제대로 모른 대가가 너무 크다는 것이다.

감정이 메말라 가는 것이야말로 큰 문제다

그렇다면 어떻게 해야 감정을 제대로 알 수 있을까? 감정이 일어날 때 다른 감정을 덧씌워 행동화로 이어지는 과정은 매우 자동적이다. 이 패턴에 균열을 내려면 틈을 벌려야 한다. '느끼고 행동하는 나'에게서 한 발짝 떨어져 나와 '관찰자로서의 나'를 소환하는 것이다. 그래서 마음의 연못에 돌이 던져진 순간 일어나는 감정을 있는 그대로 바라볼 수 있어야 한다. 그것만 잘해도 감정은 쌓이지 않고 자연스럽게 흘러간다. 그러면 갑작스럽게 감정을 터뜨리고 후회하는 일도 줄어든다.

중학생들의 다이어리를 보면 재미있는 점이 있다. 힘들어도 '짜증 나', 서운해도 '짜증 나', 심지어 기뻐도 '짜증 나' 등 온갖 감정이 짜증 난다는 한마디로 표현된다는 것이다. 다 큰 성인들이라고 별반 다르지 않다. 감정을 표현하는 단어가 너무 적어서 있는 그대로 감정을 바라본다 해도 그것이 무엇인지를 잘 모른다. 그럴 때는 감정 카드를 떠올리는 것이 도움이 된다. 슬픔, 분노, 서운함, 외로움, 고마움, 창피함 등 다양한 감정 언어가 쓰여진 카드를 한 장씩 넘기면서 해당 감정을 찾아보는 놀이처럼 말이다. 그렇게 감정을 정확히 이해하면 진짜 욕구도 제대로 찾을 수 있다.

그러고 나면 충족하고 싶은 욕구를 상대에게도 정확히 전달할 수 있다. "요즘 내가 외로운가 봐. 오랜만에 당신이랑 둘이 데이트하고 싶어", "집에서 얼마나 애쓰는지 당신이 몰라주는 거 같아서 서운했어. 당신이 나를 인정해 주면 좋겠어." 처음부터 이렇게 말하긴 힘들어도 훈련이 쌓이면 가능하다. 거절에 대한 두려움은 누구나 가지고 있으며 상대방도 마찬가지다. 내가 먼저 솔직하게 요구하면 상대도 원하는 바를 있는 그대로 표현하게 된다. 건강한 관계는 솔직함으로부터 다져진다.

진석 씨는 감정을 느끼고 표현하는 노력을 지속해 나갔다. 더디어서 포기하고 싶을 때마다 아내가 적극 도왔다. 날씨가 좋으면 좋다고 표현해 보고, 밥이 맛있으면 아내에게 고맙다고 얘기했다. 일상의 사소한 곳에서 시작된 감정 표현은 회사 생활로도 이어졌다. 부당하다고 느껴질 땐 감정을 다스린 후 부장에게 요구 사항을 정리해 전달했다. 처음엔 힘들었지만 경험이 쌓이자 변화가 나타났다. 부장은 일을 맡기기 전에 그에게 먼저 의견을 묻기 시작했고, 퇴근 후 집에 돌아와 혼자 술을 마시는 횟수도 줄었다. 아내와의 관계도 좋아졌다. 아직도 가야 할 길이 멀지만 그래도 많은 것이 바뀌었고, 그런 변화를 이끌어 낸 스스로를 대견하게 여겼다.

딸아, 나는 태생적으로 감정 관리에 미숙한 남자들이 안쓰럽다. 남자들은 여자들에 비해 감정을 표현하고 공감받을 기회가 적은 데다가, 기본적으로 감정을 절제할 줄 알아야 한다고 배운다. 그 결과 그들은 심리 솔루션을 건너뛰고 무작정 행동화로 들어가는 경우가 많다. 하지만 대화를 나누다 보면 대한민국 40대 남자야말로 한없이 외로운 존재임을 알게 된다. 겉으론 강하고 센 척해도 속으로는 버림받을까 봐 두려워하고 무너져 내릴까 봐 불안해한다. 그런 외로움과 불안을 드러낼 수 없기에 오늘도 애꿎은 술잔만 홀짝이는 것이다.

딸아, 만약 네 남편이 아무렇지 않은 척하지만 조금씩 말수가 줄고 술이 는다면 네 도움이 필요한 때일지도 모른다. 네가 나서서 그의 감정에 귀를 기울여 주면, 그도 조금씩 마음의 빗장을 열고 감정에 관대해질 것이다. 외로움, 슬픔, 공허도 삶의 한 조각으로 받아들일 수 있게 될 것이다. 그렇게 부부 사이는 성숙해진다.

그리고 너도 마찬가지다. 회사에서 연차가 쌓이고 일을 잘하기 위해 애쓰다 보면 아무래도 감정보다는 이성을 앞세우게 마련이다. 그리고 성공하려면 독해져야 하고, 절대 사사로운 감정에 휘둘리면 안 된다는 말도 많이 듣게 된다. 그러다 보면 어느샌가 감정을 잘 드러내지 않는 것이 일 잘하는 사람의 기본 조건인 것처럼 느껴지기도 한다. 그러나 이성적인 태도만 강조하고 일어나는 감정을 억누르는 데에 급급하다 보면 다른 사람들의 감정 또한 잘 살피지 못하게 되어 오히려 일을 그르칠 수 있다. 그리고 무엇보다 감정을 절제하고 억누르는 것이 습관이 되다 보면 감정이 메말라 삶 자체가 생동감을 잃어버리게 된다. 그래서 나는 네가 감정을 표현하는 단어를 많이 알고, 그것을 적재적소에 잘 쓸 줄 아는 사람이 되었으면 좋겠다. 그래야 너의 삶이 메마르지 않고 생동감이 넘쳐흐르게 될 테니까, 그만큼 너의 인생이 풍부해질 테니까.

그럼에도 누군가가 미워서 견딜 수 없다면

"엄마, 세상에서 제일 풀기 어려운 문제는 인간관계인 것 같아."

얼마 전 통화에서 네가 한숨을 쉬며 말했지. 프로젝트를 책임지는 디렉터 역할을 맡아 다양한 사람들을 이끌다 보니 실무를 주로 할 땐 몰랐던 문제들과 직면하게 되는데, 그중 가장 다루기 어려운 것은 다름 아닌 인간관계라는 말이었어. 일하는 도중에 벌어지는 이슈들은 어떻게든 해결이 된다. 하지만 관계에서 상한 마음은 의외로 쉽게 풀리지 않는 법이다. 그래서 너는 누군가의 입장을 반영하면 다른 누군가는 서운해하기 마련이기에, 팀을 이끄는 사람으로서 팀원들의 의견을 조율하고 공정한 평가를 하는 게 너무 어렵다는 한탄을 했지.

마흔이 되면 세상의 비정함, 관계의 냉정함에 어느 정도 익숙해지기는 한다. 세상에 정의란 없고, 그저 각자의 생존 논리가 있을 뿐이라는 다소 냉소적인 생각도 하게 되지. 하지만 그런 마흔 살조차도 사람 때문에 상처를 받는다. 가까운 사람이 노력을 인정해 주지 않고 비난만 한다고 느낄 때, 모든 걸 바친 회사에서 종잇장 같은 취급을 받을 때, 동료들 사이에서 오가는 시기와 질투 그리고 중상모략을 지켜봐야만 할 때, 뼈저린 배신감과 분노 그리고 허무함이 솟아오른다. 그리고 한 번 더 깨닫게 되지. 역시 사람이 가장 큰 상처를 준다는 사실을 말이야.

적절히 거리를 두고 상처받지 않으려 노력해도 어느새 가까워지고 기대하게 되는 것. 이것이야말로 인간에게 관계가 얼마나 중요한지를 보여 주는 반증이 아닐까. 인간은 태어난 순간부터 죽음에 이르기까지 관계 속에 살다 간다. 사람은 곁에 누군가가 있을 때 비로소 행복과 안정감을 느낀다. 하지만 가까워지면 그만큼 그에게 많은 것을 바라게 되고, 그것이 채워지지 않으면 마음이 상하게 된다. 내 마음대로 안 되는 자식이 밉고, 안 그래도 속이 시끄러운데 반찬 투정을 하는 남편이 밉고, 큰 실수를 저지르고도 남 탓을 하며 변명을 늘어놓기 바쁜 회사 동료가 밉고, 바쁜 시간을 쪼개 만났더니 자기 자랑만 늘어놓는 친구가 얄밉다.

그래서 어떤 사람은 관계에서 파생되는 부담과 고통이 싫어

혼자 있기를 선택하기도 한다. 하지만 막상 혼자가 되면 그 대가로 외로움을 견뎌야만 한다.

우리는 왜 누군가를 미워하게 되는 걸까?

딸아, 우리는 사람에게 무엇을 기대할까? 생각보다 간단하다. 서로의 마음을 보이고 이해받는 것, 즉 소통이다. 그런데 소통이 생각보다 참 어렵다. 내 마음을 있는 그대로 보이기가 어렵고, 상대의 말을 있는 그대로 이해하기가 힘들다. 함께 마주 앉아 이야기를 나누고 있지만, 저마다 색안경을 쓴 채 듣고 싶은 것만 듣고 보고 싶은 것만 본다. 그래서 오해가 생기기 쉬운데 이를 잘 풀지 못하고 쌓아 두면 결국 갈등의 골이 깊어지게 된다.

그렇다면 우리는 어떤 색안경을 끼고 있을까? 어떤 사람을 처음 만났을 때 이유도 없이 좋은 느낌을 받기도 하고, 싫은 느낌이 들기도 한다. 물론 그가 입은 옷, 태도, 말투 같은 첫인상도 그에 영향을 미친다. 그러나 그보다는 좋은 대상과 경험한 관계의 기억 그리고 나쁜 대상과 경험한 관계의 기억이 무의식에 저장되어 있다가 낯선 사람을 만났을 때 작동되는 이유가 크다.

예를 들어 할머니와 사이가 좋았던 사람은, 할머니와 비슷한 인상을 가진 어른을 보면 왠지 푸근하고 따뜻하다고 느낀다. 반대로 아버지가 무서웠던 사람은 아버지를 연상시키는 사람을 만나면 왠지 피하고 싶어진다. '복사'와 '붙여넣기'처럼 과거,

흔히 어린 시절의 경험이 현재의 관계로 옮겨 와 영향을 미치는 것을 정신분석에서는 '전이'라고 부른다.

전이 현상은 과거 중요한 대상과의 관계에서 경험한 감정, 태도, 욕구를 현재의 관계에 투영하여 반복하는 무의식적 과정을 말한다. 무의식 차원에서는 앞뒤가 맞는 이야기일 수 있다.

그러나 나의 과거와는 하등 상관없는 상대방 입장에서는 그 무의식의 요구가 참 생뚱맞을 뿐이다. 아버지에게 바라던 인정과 지지를 직장 상사에게 기대하고, 어머니에게 바라던 수용과 배려를 자꾸 연인에게 강요한다고 생각해 보라. 관계가 파탄 나는 것은 시간문제다.

전이 말고도 다른 색안경이 있다. 스스로 다루기가 힘든 욕구를 상대에게 던져 버리고는, 마치 타인이 자신에게 그런 감정을 보내고 있다고 오인하는 것이다. 정신분석에서는 이를 '투사'라고 부른다. 흔한 예로 의처증이 있다. 의처증이 있는 남편은 자신의 성적 방종에 대한 두려움을 애꿎은 부인에게 던져 버리고는, 바람기가 가득하다며 부인을 힐난하고 괴롭힌다.

'자기 욕구를 덮어씌우고 엉뚱한 사람을 탓하다니, 참 치사하군'이라고 생각할지도 모른다. 하지만 투사는 생각보다 광범위하게 나타나는 방어 기제다. 사람들이 괜히 자신을 미워한다고 주장하는 젊은이가 있었다. 그런데 알고 보니 실은 그가 타인을 증오하고 있었다. '다른 사람을 미워하면 나쁜 사람이다'라는 초자아의 요구에 의해 억눌러 온 증오를 타인에게 던진 것뿐이다. 그렇게 하면 자신은 증오의 희생자가 될 수 있기 때문이다.

특정 집단을 증오하는 것도 투사의 일종이다. 사회적 약자를 혐오하는 사람 중에는 내면에 무언가가 억눌려 있는 사람들이 많다. 그들은 내면의 열등감, 수동성, 의존 욕구를 약하고 부끄러운 것으로 여기고 억압한다. 그리고 그것을 특정 집단에 던져 버리고는 그들을 증오함으로써 자신을 방어하려고 한다.

그에게 신경을 꺼라, 너까지 불타 버리기 전에

혼자는 외롭다. 그래서 관계를 맺는다. 하지만 색안경으로 인해 어쩔 수 없이 서로 오해하고 상처를 입게 된다. 그러다 결국 마음의 문을 닫거나 상대를 죽도록 미워하기도 한다. 끊자니 외롭고 이어 가자니 어려운 관계. 그것을 잘 풀어 갈 해법은 정말 없는 걸까?

그중에서도 미움은 뜨거운 감정이자 에너지가 많이 드는 노동이다. 누군가를 미워해 본 사람은 알 것이다. 상대를 증오하며 그의 일거수일투족에 저주를 퍼붓는 데에도 얼마나 많은 시간과 에너지가 소진되는지. 그러고 나면 자기 삶을 살아갈 힘이 남지 않는다. 미움은 상대와 나를 모두 불태운다. 안타깝게도 상대방만 불타 버리는 증오란 없다.

그러니 어렵더라도, 상대방에게 신경을 끄는 게 최고의 복수라고 믿어야 한다. 그가 입힌 상처에서 피가 흐르고 억울함에 분통이 터져도, 그에 발목 잡히면 안 된다. 언젠가는 그가 미안해할 거라는 기대도 접는 게 좋다. 복수를 감행한다고 해서 그가 똑같이 상처받는다는 보장도 없다. 그러는 동안 모래알처럼 흩어지는 것은 소중한 내 시간과 에너지일 뿐이다. 그래서 나는 자꾸만 화가 나고 누군가가 미울 때는 삶의 유한함을 떠올린다. 남은 날들을 모두 상대방을 미워하는 데 써 버리고 나면 너무 허탈하지 않을까. 우리는 유한한 존재다. 그래서 한정된 자원을 어디에 쓸지 고심하면 답은 나온다. 나 자신을 위해 미움을 버릴 용기를 내게 되는 것이다.

상대에 대한 미움을 자신에게로 돌려, '나는 왜 그 사람이 싫을까?' 하고 진지하게 생각해 보는 것도 방법이다. 내 눈에 씐 색안경의 정체를 들여다보기. 지금까지 인간관계가 자꾸 비슷한 패턴으로 어긋난다면 더욱 필요하다.

독일의 대문호 헤르만 헤세의 말 가운데 다음과 같은 구절이 있다. "당신이 만일 누군가를 증오하고 있다면, 그것은 그 사람 속에 있는 당신의 일부를 증오하는 것이다. 우리의 일부가 아닌 것들은 절대 우리를 혼란에 빠뜨리지 않기 때문이다." 흔히 상대방이 큰 잘못을 저질러서 그를 미워한다고 생각하지만, 사실 우리 안의 처리하지 못한 감정과 욕구를 그의 탓으로 돌려 미워하는 경우가 더욱 흔하다. 자기 안의 공격성이 터져 나올 것 같아 불안한 사람은 상대방이 조금만 언성을 높여도 공격적이라며 비난한다. 연약함에 대한 불안이 큰 사람은 상대방이 연약한 모습을 보이면 "약해 빠졌다"라며 화를 낸다. 그들은 상대방을 향해 화를 터뜨리지만, 실은 자기 안의 억압된 욕구를 상대를 통해 처벌하고 있다.

그러므로 과도하게 반응하여 반복적으로 갈등을 촉발하는 작은 불씨, 그 정체를 바로 알아야 상대의 말을 덜 왜곡할 수 있다. 하지만 이를 아는 것은 쉽지 않고, 시간도 오래 걸린다. 그렇다고 포기해선 안 된다. 최소한 내가 색안경을 쓰고 있다는 사실만 알아도 관계는 달라질 수 있다. 내가 그를 미워하는 이유가 전적으로 그의 탓은 아니라는 것만 알아도 함부로 화를 내고 미워하는 일이 줄어들기 때문이다.

관계를 푸는 마법의 열쇠는 이미 내 안에 있다

나이가 들수록 나아지는 것이 여럿 있는데, 그중 하나는 무슨 일이든 함부로 판단하고 재단하지 않게 된다는 점이다. 젊었을 땐 대개 선과 악, 옳고 그름, 좋고 싫음이 분명하다. 그래서 화도 많고, 마음에 들지 않는 사람도 많다. 하지만 나이가 들고 경험이 쌓일수록 알게 된다. 세상에 절대 선과 절대 악은 없으며 선함 속에 악함이, 악함 속에 일말의 선함이 존재한다. 좋은 의도로 시작한 일이 나쁜 결말을 맺기도 하고, 아무 생각 없이 한 행동이 행운을 가져오기도 한다. 그 사람의 행동이 그때는 정말 이해가 안 됐지만 세월이 흐르니 그럴 수 있었겠다 이해되는 부분도 생긴다. 그만큼 세상은 모호하고 복잡하며 때론 모순적이다. 그러니 지금 선 자리에서 내리는 판단이 무조건 옳다고 주장할 수 없다. 나는 옳고 상대방은 무조건 나쁜 경우는 생각보다 그리 많지 않다. 모든 것은 상대적이며 양면적이다.

'나'라는 존재도 마찬가지다. 우리 안에는 모순된 욕망이 공존한다. 번듯한 직장인으로 인정받고 싶지만, 가슴 속에는 한 번쯤 일탈해서 막살아 보고 싶은 욕망도 꿈틀댄다. 예의 바른 어른의 탈을 쓰고 있지만, 내면에는 욕심쟁이 아이가 살고 있을 수도 있다. 마음에 안 들지 몰라도, 이게 자연스러운 내면의 모습이다.

그처럼 내 안의 모순된 욕망을 인정하면 위험한 욕망들을 안전한 수준으로 관리할 수 있게 된다. 또 생뚱맞은 타인에게 잘못을 전가하지 않을 수 있고, 좀 더 너그러운 시선으로 타인을 대할 수 있다. 그러면 내 마음도 편안해지고, 관계도 단단해진다. 그러므로 관계를 푸는 마법의 열쇠는 이미 내 안에 있다. 무작정 남 탓을 하던 시선을 내 마음으로 돌려 그 열쇠를 찾기만 하면 된다.

딸아, 지금까지 마음이 아픈 사람들을 만나 오면서 확실하게 깨달은 게 있단다. 자기 자신을 좋아하는 사람은 대개 타인도 긍정적인 시선으로 바라보고, 자기에게 너그러운 사람이 타인에게도 너그럽다는 사실이다. 그러니 자꾸만 누군가가 밉고, 그를 탓하느라 밤잠을 설치게 될 때는 한 번쯤 네 마음을 돌아보

렴. 스스로 억압하고 못살게 구는 부분은 없는지 말이야. 그럴
때 이 시가 너에게 도움이 되기를 바란다.

나는 나와 모순인가?
그래 좋다, 나는 나와 모순이고,
나는 크며, 많은 것을 품는다.

-월터 휘트먼, '나 자신의 노래' 중에서

부모의 인생을 이해하게 될 때 진짜 어른이 된다

늘 아버지와 멀리 떨어지기 위해 고군분투해 온 세창 씨. 그는 48세가 되어서야 시한부 판정을 받은 아버지를 다시 보기 시작했다. 두 번이나 새엄마를 만들어 준 아버지는 그에게 늘 온몸으로 거부해 온 대상이었다. 그가 걸어온 여정을 조금만 들여다 봐도 얼마나 아버지를 끔찍이 싫어했는지를 눈치챌 수 있다. 그는 수험생 시절 기숙 학원에서 생활했고, 성적이 좋았음에도 아버지와 싸워 가며 지방대에 들어갔다. 유학을 가서도 다시 한국에 들어오지 않으려고 교포와 결혼식을 올렸다. 그의 인생은 아버지와 거리 두기 그 자체였던 반면, 그의 아버지는 도망가는 아들의 뒤를 바짝 따라다니는 인생을 살았다.

그는 30년 가까이 아버지가 없는 곳을 떠돌아다니다 아버지가 위독한 상태라는 소식을 듣고 한국으로 돌아왔다. 그리고 드디어 아버지와 마주할 용기를 내었다. 이제 길어 봤자 두세 달밖에 못 사는 아버지를 그냥 이대로 떠나보낼 수는 없다고 생각했기 때문이다.

그는 그동안 아버지에게 하고 싶었지만 차마 하지 못했던 이야기들을 다 하고 싶고, 아버지의 이야기도 듣고 싶다고 했다. 그럼에도 아버지를 용서할 수 없다면 어떻게 해야 하느냐고 물었을 때 나는 말했다. 굳이 용서하지 않아도 된다고, 그냥 하고 싶은 대로 하라고.

딸아, 나는 아버지의 죽음을 두 달여 앞둔 시점에서 뭐라도 해 보려는 세창 씨가 사실 부러웠단다. 나는 대학 시절 아버지를 떠나보내야만 했다. 이북 피란민으로 남쪽에 내려와 평생 자식들 건사하느라 고단하게 일만 해야 했던 아버지. 결국 아버지는 편안한 노후를 누리지 못하고 60대 중반에 일찍 세상을 떠나셨다.

그 시대 부모님들이 대개 그랬듯 아버지 역시 전쟁으로 폐허가 된 곳에서 의지대로 할 수 있는 일이란 별로 없었다. 하지만 현실이 그렇다고 해서 꿈까지 없었을까. 젊은 아버지에게도 분명 꿈과 희망이 있었을 텐데, 모든 걸 꺾고서 그저 살아 내야 했던 세월이 얼마나 답답하고 억울했을까. 만약 지금 아버지를 다시 만난다면 고단했던 인생을 위로해 드리고 싶은데…. 아버지와 성인 대 성인으로 속 깊은 이야기를 나눠 보지 못한 채 일찍

이별할 수밖에 없었던 것이 가슴 아플 뿐이다.

마흔이 넘어 늙은 부모가 기대어 올 때 느끼게 되는 것들

나이가 들어 어느 날 문득 고개를 들어 보면, 아이들은 제법 커서 제 갈 길을 가고 있는 반면, 부모님은 늙고 쇠약해져 돌봄의 손길을 기다리고 있음을 발견하게 된다. 언제나 나를 지켜 줄 것만 같았던 든든한 모습은 온데간데없고, 나빠진 건강과 함께 경제적 심리적으로도 위축되어 자꾸만 자식들에게 기대어 온다. 그런 부모님의 상황이 안타까워 최대한 가까이서 도와 드리려고 하지만 이상하게 마음이 편치 않음을 느끼게 된다. 부모에 대한 연민과 함께 과거에 받은 상처들이 다시금 고개를 들기 때문이다.

사실 우리는 아픈 부모의 모습을 못내 외면하고 싶어 한다. 아픈 부모를 보면 나의 미래를 보는 것 같아 두렵기 때문이다. 누구보다 강인했던 부모도 육체적, 정신적 쇠락을 피하지 못하는데, 하물며 나는 어떨까. 늙은 부모는 회피해 왔던 죽음의 존재와 시간의 유한성을 새삼 일깨우기에, 그걸 보는 우리의 마음은 편치 않다.

그뿐만이 아니다. 성인이 될 때까지 부모에게 받은 상처가 채 아물지 않은 상태에서 아픈 부모가 기대어 오면, 그동안 억눌러 왔던 감정이 다시금 고개를 든다. 어려서 느꼈던 원망, 분노, 슬품에다가 약해진 부모를 바라보면서 느끼는 연민의 감정까지 더해져 마음은 한층 더 복잡해진다. 간혹 늙은 부모의 병간호를 두고 가족 간의 갈등이 폭발하여 안 그래도 얼마 남지 않은 시간이 비난과 상처로 점철되기도 한다.

그러나 다른 한편으로 나이가 들어 늙은 부모를 돌보는 시간은 부모의 삶을 이해하는 최적의 시간이 되기도 한다. 나이가 든 자녀에게는 세월과 경험이라는 새로운 무기가 생겼기 때문이다.

어려서는 환상을 가지고 부모를 바라본다. 부모는 무조건적인 사랑을 주는, 세상에서 가장 강하고 특별하고 완벽한 존재여야 마땅하다고 생각한다. 하지만 자식으로도 살아 보고, 성인이 되어 사회생활을 하며 나이를 먹고, 아이를 낳아 부모로도 살아 보면서 완벽한 부모는 있을 수 없다는 사실을 자연스레 깨닫게 된다. 부모를 한 사람의 인간으로 바라볼 수 있게 되는 것이다. 그 과정에서 부모의 삶도 나고 자란 환경에 의해 많은 부분이 결정되었으며, 그에 따라 부모의 성격에 고유한 한계와 흠결이 생길 수밖에 없었음을 이해하게 된다. 즉 부모에 대한 환상을 내려놓고, 부모라는 존재를 그들 삶의 맥락 속에서 바라보게 되는 것이다.

또 나이가 든 자식들은 여러 사회 경험을 쌓으면서 어려서는 부족했던 심리적 안정감을 얻게 된다. 그러면 자연스럽게 편협한 피해 의식에서 벗어나 부모를 바라봄으로써 측은지심을 느끼게 된다.

그럼에도 부모와 자식이 서로를 애증의 관계로 보고 있다면 분열적인 상태로 남아 있어서다. 사랑과 증오가 별개의 자리에 있는 한 갈등은 해소되기 어렵다. 그러다 자녀가 성숙해지면 부모에 대한 양가적 감정이 연민과 이해의 형태로 통합을 이루게 된다. 미워하는 마음, 사랑받고 싶은 마음이 별도의 방에 있다가 하나의 방으로 합쳐진다고 생각하면 이해가 빠를 것이다. 그러면 자연스럽게 부모를 통합적인 관점에서 바라보고 총체적으로 이해하게 된다.

성숙이라 함은 분열적이고 균열적인 것들이 통합되는 과정이다. 그러나 한 가지 전제할 것이 있다. 내 부모가 불완전한 인간임을 수용하는 '성숙'을 실현하기 위해서는 내 두 발로 설 수 있어야 한다. 내가 성숙해야 부모라는 대상에 대해 통합적인 관점을 취하고 측은지심을 가질 수 있다는 뜻이다.

부모의 삶을 공부해야 내 삶의 실마리가 보인다

세상에는 부모 자격이 없는 사람들도 분명 존재한다. 그런 경우 꼭 부모를 용서해야 할 필요는 없다. 그러나 그 어떤 경우라도 부모의 삶을 이해하려는 노력까지 포기해서는 안 된다. 이해라는 것은 부모가 왜 그렇게밖에 살 수 없었는가에 대한 대답을 나름대로 찾는 것이다. 전기 작가가 주인공의 삶을 역추적하듯이, 부모에 대한 환상과 비난을 모두 거두고, 있는 그대로 부모의 삶을 바라보려고 노력하는 일이다. 그렇게 하면 부모와 나를 분리해서 받아들일 수 있게 된다. 또 부모로부터 물려받은 내 모습도 마침내 수용할 수 있게 된다.

그래서 부모를 이해하라고 말하는 것이다. 나에게 막대한 영향을 끼친 부모의 삶을 공부해야만 앞으로 어떻게 살아가야 좋을지 그 실마리를 찾을 수 있기에.

세창 씨는 나와 상담을 나누면서 아버지에 대한 이해의 폭을 넓혀 갔다. 알고 보니 그의 아버지 역시 정상적인 환경에서 자라지 못했으며, 어른의 보살핌을 받아야 할 유년 시절을 거의 혼자 크다시피 했다. 그는 그 이야기를 최근에야 사촌 형제를 통해서 듣게 되었다고 했다. 특히 그는, 아버지가 자신을 버린 부모를 너무 이른 나이에 용서했다는 대목에서 눈물을 흘렸다. "제 아버지도 아버지가 필요했을 텐데" 하며 침통해하는 그는 그렇게 아버지에게 한발 다가가고 있었다.

비록 두 번의 이혼과 재혼으로 아들에게 안정된 보금자리는 마련해 주지 못했지만, 그래도 아버지는 한 번도 아들의 손을 놓은 적이 없었다. 부모에게 버림받는 아픔만큼은 아들에게 물려주고 싶지 않았던 것이다. 부모 없이 홀로 자란 소년이 커서 자기 자녀를 지킨다는 건, 그 아들조차 자신을 거부하고 있음에도 그 손을 놓지 않는 건 정말로 힘들고 많은 노력이 필요한 일이다. 그런 면에서 보자면 세창 씨는 결과적으로 아버지보다는 행복한 삶을 살았다. 평생 자신을 거부하는 아들을 버리지 않고 계속해서 따라오는 아버지라는 존재가 있었기 때문에.

부모를 떠나보낸다는 것의 의미

딸아, 내 연배의 많은 이들은 이미 부모님을 여의었다. 머리가 희끗희끗해질 정도로 나이를 먹어도 자식들은 부모가 세상을 떠나면 다시 어린아이가 된 듯 땅을 치고 운다. 훌륭한 부모였든, 실수투성이 부모였든 상관없다. 자식들은 부모를 잃으면 세상을 잃은 듯 목 놓아 운다. 언젠가 나보다 먼저 어머니를 보낸 친구가 그러더구나. "성희야, 나 오늘부터 고아가 됐어." 그러면서 펑펑 우는 친구를 보는데 나도 왠지 울컥했다. 그렇게 한참을 울고 나서 친구가 말하더구나. "그래도 너는 지금 어머니가 살아 계시잖아. 그것만으로도 얼마나 큰 행복이니."

너무 당연하게 여겨서 무시하는 부모의 역할이 있다. 바로 곁에 함께 살아 있다는 것. 같은 하늘 아래에서 숨 쉬고 있다는 사실만으로 부모는 자식에게 큰 위안을 선물한다. 내가 나를 싫어할 때조차 항상 나의 안부를 걱정해 줄 사람이 존재한다는 뜻이니까. 그런데 그 사실을 부모님을 떠나보내고 나서야 깨달으니, 이 세상 모든 자식들은 얼마나 어리석은지.

오늘따라 네 외할아버지가 무척이나 그립구나. 우리에게 조금만 더 시간이 있었더라면 많은 걸 묻고 많은 이야기를 들었을 텐데…. 나를 누구보다 사랑하고 걱정해 주었지만 정작 많은 걸 함께하지 못한 채 헤어진 아버지와 나. 아버지의 나이가 되어서 야 아버지의 인생을 제대로 알지 못했다고 후회하는 어리석은 딸을 어찌 보고 계실지 궁금하다.

chapter 4.

어떻게 살아야 하느냐고
묻는다면

어느 날 문득 '내가 이룬 게 뭐가 있지?' 생각해 보면
초라하기 그지없다. 아등바등 살아온 것에 비해 크게 이룬
게 없기 때문이다. 그러면 왜 그렇게까지 열심히 살았을까 하는
회한이 몰려온다. 이럴 때 시선을 돌려 생의 마지막 순간에 서서
지금 내 삶을 조망해 보면 어떨까. 눈앞의 일에 급급한 시선을
'줌 아웃' 시켜 인생 전체를 보게 된다면
현재를 더 지혜롭고 너그럽게 살 수 있지 않을까.

믿을 수 없겠지만, 나는 지금 내 나이가 참 좋다

[나이 듦]

딸아, 얼마 전에 네가 그랬지. 다시 20대로 돌아가고 싶지 않다고. 20대의 젊음은 좋지만 그 시절의 혼란과 방황을 또다시 경험하고 싶지는 않다고. 나도 마찬가지란다. 나 또한 과거의 어느 시절로도 돌아가고 싶지 않다. 특히 매일같이 발을 동동 구르며 '오늘도 무사히'를 외치던 30대 시절로는 다시 돌아가고 싶지 않다. 그러고 보면 참 신기하다. 스무 살 때는 4, 50대를 바라보며 '무슨 재미로 사나' 싶었는데, 나이가 드니 오히려 젊은 시절을 힘들고 벅차게 기억한다는 사실이 말이야.

너는 믿을 수 없겠지만 나는 칠순을 앞둔 이 나이가 참 좋다. 이제야 다시 찾은 자유가 감사하다. 꼭 챙겨야 할 사람도 없고,

오늘이 아니면 안 되는 화급한 일도 적다. 주말이면 아무 때나 일어나 대충 한 끼 때워도 되는 요즘, 내 입맛에 맞게 아무렇게나 요리해도 누가 뭐라 하지 않는 요즘, 그 고요와 평화가 참으로 좋구나.

또 나이가 들면 나이 든 대로 재미있는 일들이 있다. 조물주는 신기하게도 나이마다 다른 즐거움의 목록을 준비해 놓고 있다. 2, 30대 때 관심을 끌던 일들이 별 의미가 없어지는 대신, 흥미를 끄는 새로운 일들이 생겨난다. 얼마 전 만난 친구는 요즘 영어 회화 공부에 푹 빠졌다고 하더구나. 같이 배우는 사람들이 전부 60대인데 하나같이 더듬더듬 이야기를 나눈다고 했다. 젊은 시절이었다면 자신만 못하는 것 같아 부끄러운 마음에 금세 그만뒀을 텐데, 나이가 드니 부끄러움은 온데간데없고 소통의 즐거움만 가득하다고 했다. 시험을 앞두고 닦달하듯 하는 공부도 아니고, 서툴고 느린 자신도 충분히 기다려 줄 만큼 시간도 넉넉하니, 이제야 비로소 공부의 즐거움을 알게 되었다고도 했다. 한창 바빴을 때는 결코 누릴 수 없었던 재미다.

작가이자 경영 철학자인 찰스 핸디와 그의 부인 엘리자베스 핸디는 친구의 예순 번째 생일 파티에 갔다가 요즘 60대는 옛날 60대와 다르다는 사실을 깨달았다. 그들에게 60대는 아이들도 다 크고, 돈도 벌어 놓았고, 그리 바쁘지도 않은 일종의 자유 시간이었다. 그날의 인상적인 경험 이후, 핸디 부부는 요즘 60대의 초상을 그려 보겠다고 마음먹은 뒤, 다양한 배경과 경험을 가진 60대 여성 29명을 선정해 그들의 이야기를 정리해서《나는 젊음을 그리워하지 않는다》라는 제목의 책을 펴냈다. 이 책에 등장하는 여성들은 나이를 이유로 나태해지거나 현실에 안주하지 않고, 새로운 것에 도전하며 행복을 쟁취해 나가고 있었다. 그들은 자신들이 지나온 질곡의 삶 속에서 이제 비로소 온전히 행복을 느낀다고 고백했다.

나는 그녀들의 이야기에 크게 공감했다. 나이가 주는 선물 가운데 가장 큰 것을 꼽으라면 행복을 느끼는 능력이 아닐는지. 그런데 행복은 아이러니하게도 불행 가운데에서 피어난다. 사람들은 모두 불행을 두려워하고 행복해지기만을 바란다. 그러나 그것은 불가능하다. 행복과 불행은 동전의 양면처럼 함께 다닌다. 불행 없이는 행복이 있을 수 없고, 반대로 행복이 있다면 불행도 있게 마련이다. 그래서 기쁘다고 마냥 좋아할 일도 아니고, 슬프다고 마냥 울고 있을 일도 아니다.

노철학자 김형석 교수도 60세가 되기 전까지는 모든 면에서 미숙했다고 고백한 바 있다. 그는 "100세를 살고 보니, 인생의 황금기는 60세에서 75세 사이"라며 그 이유로 60세가 되기 전까지는 행복이 무엇인지 잘 몰랐기 때문이라고 말했다. 여러 음식을 먹어 봐야 그 맛을 제대로 분별할 수 있는 것처럼, 인생의 쓴맛과 단맛을 고루 보고 나서야 제대로 행복을 느낄 수 있다는 뜻이 아닐까.

젊어서는 성공하길 간절히 원했고, 인정받으면 날아갈 듯 기뺐다. 하지만 성공과 인정에는 그림자처럼 시기와 질투가 붙어다녔으니 마냥 좋은 일만도 아니었다. 반대로 좌절과 시련이 닥쳤을 때 누군가의 도움을 받으며 일어선 경험은 겸손과 감사를 배우게 했다. 그러고 보면 좋은 일과 나쁜 일이 크게 다르지 않았다. 좋은 일 속에 나쁜 요소가 있었고, 나쁜 일 속에는 성장의 씨앗이 있었으니 말이다. 다만 그 일에 대한 나의 해석이 크게 다를 뿐이었다. 그걸 알고 나니 나에게 닥친 일들에 일희일비하지 않게 되었다. 안 좋은 일이 생겼을 때는 버티다 보면 좋은 날이 올 것을 온전히 믿게 되었고, 기쁜 일이 있으면 머지않아 나쁜 일도 오겠지만 그럴수록 그 순간의 행복을 온전히 만끽할 수 있게 되었다. 그러고 보면 '온전한' 행복은 나이가 들고 경험이 쌓여야만 느낄 수 있는 게 아닌가 싶구나. 나는 자유롭고, 재미있고, 행복을 느끼는 지금 이 나이가 참 좋다.

예순이 넘어서야 깨달은 인생의 진실

나와 친분이 있는 한 작가는 어떤 도서관 홈페이지에서 '창작에세이 강좌'가 열린다는 소식을 접하고 수강 신청을 했다. 강의 첫날 8명의 수강생들은 제각각 자기소개와 이 강좌를 듣게 된 이유에 대해 이야기하는 시간을 가졌다. 그녀는 두 가지가 인상 깊었다고 했는데, 첫째 수강생의 연령대가 모두 60대라는 점이었고, 둘째는 그들이 '그냥 한번 들어나 보자'가 아닌 간절한 마음으로 강의실에 앉아 있었다는 점이었다.

그들은 겉보기엔 순탄한 삶을 살아온 듯 보였다. 그러나 자기소개를 들어 보니 생각과는 완전히 달랐다. 누구에게나 어떻게 견뎌 냈는지 모를 정도로 힘겨운 구간이 인생에 하나쯤은 다 있었던 것이다. 하루아침에 배우자를 잃었거나 한쪽 눈을 잃게 된 사연, 자녀를 먼저 보낸 부모의 한, 무모한 자신감에 시작한 사업이 망해 온 가족이 뿔뿔이 흩어져야만 했던 일 등등. 결국 수강생들의 고백을 요약하자면 '사람이라면 누구나 숨겨 둔 아픔이 한 가지씩은 있으며, 겉보기와 다르게 내적으로 완벽한 인생은 없다'였다. 이것이 가감 없이 바라보는 삶의 진짜 모습일지도 모른다.

완벽한 인생, 완전한 행복은 없다. 그런데 이것만 알아도 지금보다는 덜 소망하며 살게 된다. 현재의 삶을 한 발짝 떨어져서 바라볼 수 있게 된다. 지금 이 삶도 나쁘지 않으며, 지금보다 조금 여유롭고 자유롭게 사는 것도 괜찮다고 느끼게 된다. 여기서 인생의 아이러니가 발생한다. 덜 소망하면 더 오는 것. 이것이 또한 인생이기 때문이다.

세월이 우리에게 주는 선물

젊은 시절에는 누구나 완벽한 인생, 완전한 행복을 꿈꾼다. 더 나아가 그것을 아주 당연하게 여긴다. 어렸을 때는 부모가 언제까지나 자신을 지켜 줄 거라 믿고, 조금 더 자라면서는 열심히 노력하면 무엇이든 이룰 수 있다고 믿는다. 또 자신에 대해서는 언제나 옳고 선하다고 느낀다. 세상은 안전하고 자신의 인생에는 성공과 행복이 가득할 거라 기대한다.

그러나 삶은 결코 그렇게 굴러가지 않는다. 나이가 들고 경험이 쌓이면 세상과 사람에 대한 믿음이 무너지곤 한다. 아무리 착하게 살아도 질병과 사고 등 불행이 찾아올 수 있다. 어른들이 일으킨 전쟁에 죄 없는 아이들이 죽어 간다. 좋은 사람인 줄 알았던 이에게 큰 배신을 당하기도 하고, 별것 아닌 일로 다퉈서 끝내 연락을 못 하는 친구가 생기기도 하고, 평생 다닐 거라고 생각했던 직장에서 정리 해고를 당하기도 한다. 돈을 더 많이 벌면 부모님 호강시켜 드려야지 다짐했는데, 그 전에 부모님이 세상을 떠나기도 한다. 세상에는 온갖 위험이 도사리고 있고, 인생에는 뜻하지 않은 불행이 닥친다. 그래서 우리는 좌절하고 절망한다.

있는 그대로 세상을 바라보는 일은 고통스럽다. 그렇지만 피할 수 없는 일이다. 또한 세상에 관한 진실을 직면할 때 우리는 한층 깊어지고 풍요로워진다. 세상은 비록 부조리하고 불합리지만 그 사실을 부정하거나 억압하지 않고 받아들일 수 있게 된다. 자기 자신에 대해서도 선과 악, 좋은 면과 나쁜 면이 공존하는 복잡한 존재라고 인정하게 된다. 그럼에도 불구하고 자신을 받아들여 준 세상과 타인에게 감사의 마음을 느끼게 된다. 또 방황하는 사람들을 보면서도 과거에 자신이 저질렀던 어리석은 잘못을 떠올리며 연민의 감정을 갖게 된다. 어려운 세상살이를 이제까지 잘 헤쳐 온 스스로에 대해서도 대견한 마음이 든다. 그렇게 우리는 어른이 되어 간다.

분명 세월은 우리에게 선물을 준다. 젊어서는 그것이 행복을 쟁취할 기회라고 생각했다. 하지만 나이가 들어 보니 아니었다. 세월은 우리에게 세상을 보고 느끼고 받아들이는 새로운 눈을 선물한다. 여러 경험을 통해 세상을 있는 그대로 받아들이고, 온전히 자기를 수용하는 능력을 키워 준다. 고쳐야 할 건 세상과 인생에 대한 잘못된 믿음이었을 뿐, 살아온 족적이 아님을 알게 해 주는 것이다.

딸아, 그래서 나는 지금 내 나이가 정말 좋구나. 왜 지나온 삶에 후회가 없겠니. 하지만 그조차 열심히 살고자 노력한 흔적으로 받아들일 수 있게 됐다. 이 세상에 오직 하나뿐인 내 인생에 긍지를 가지게 됐다. 그리고 나니 마음에 평화가 찾아오더구나. 너에게도 언젠가 이런 평화로움이 깃들 거라 믿는다. 지금 네 삶을 부족하다고 여기지만 않는다면, 그래서 그냥 하루하루 재미있게 산다면.

걱정이 많을수록 꼭 익혀 두어야 할 삶의 기술

[인생]

카메라로 사진을 찍을 때 '줌(Zoom)' 기능을 사용하면 참 편하다. 클로즈업을 하고 싶으면 '줌 인(Zoom In)'을 해서 얼굴만 담을 수도 있고, 먼 풍경을 다 넣고 싶으면 '줌 아웃(Zoom Out)'을 하면 된다. 우리의 시야를 확대하거나 축소할 수 있는 좋은 기능이다.

요즘은 전 세계 어딜 가도 구글 지도를 통해 위치를 확인할 수 있다. 두 손가락으로 스마트폰 화면을 좁히거나 넓히면 특정 도로의 상세한 모습부터 점점 화면을 확대해 사람이 점점이 보이는 모습까지 전부 살펴볼 수 있다. 비행기가 이륙할 때 창가에 앉아 아래를 내려다본 사람이면 아마 같은 경험을 해 봤을 것이다. 고도가 올라갈수록 자동차와 건물들이 작아지고 금세 도로마저 사라진다. 그러다 내가 몸담고 살던 장소가 어느 순간 하나의 점으로 보인다.

오늘날 망원경과 현미경은 아주 익숙한 도구가 되었다. 그러나 처음 발명되었을 때만 해도 망원경과 현미경은 굉장히 획기적인 도구였다. 당시로서는 상상할 수 없었던 새로운 세계를 보게 해 주었기 때문이다. 몇 해 전 우연히 〈10의 제곱수(Powers of Ten)〉라는 짧은 다큐멘터리 영화를 보았다. 영화는 한 젊은 남녀가 어느 가을날 오후 시카고의 호숫가 근처에서 피크닉을 하는 장면으로 시작된다. 카메라의 초점은 10초마다 10배씩 확장되어 이내 광활한 우주로 뻗어 나간다. 눈 깜짝할 사이 두 남녀는 시야에서 사라져 버린다. 카메라는 다시 지구로 돌아와 처음의 장면을 비춘다. 이제는 반대로 10초마다 10배씩 초점이 줄어들어 나중에는 남자 주인공 손의 피부를 통해 신체 안으로 들어간다. 살아 있는 세포를 지나 끊임없이 요동하는 원자 운동의 세계를 보여 주기에 이르는 것이다. 20세기 과학이 안내하는 가상의 세계여행이었지만 한순간 사고의 패러다임을 흔들었다. 거시 세계와 미시 세계 사이, 우리 인간의 위치는 어디일까.

멀리서 보면 달리 보이는 것들

우리 인생을 가까이서뿐만 아니라 멀리서도 바라볼 수 있다면 어떨까? 매일 같은 생활을 반복하는 우리는 눈앞의 것들만 챙기고 살기에도 벅차다. 별거 아닌 것 같지만 삼시 세끼 해 먹는 것도 보통 일이 아니고, 집안일도 하려 들면 끝이 없다. 게다가 내 손이 아니면 진행되지 않는 업무들, 매일 살펴야 하는 인간관계…. 그러다 보면 언제 하루가 지나갔는지, 언제 일주일이 가고 또 언제 한 해가 저무는지 모를 정도로 시간이 흘러 있다. 나무만 보고 사느라 숲을 볼 여유가 없는 삶이다.

그러다가 어느 날 문득 '내가 이룬 게 뭐가 있지?' 생각해 보면 초라하기 그지없다. 아등바등 살아온 것에 비해 크게 이룬 게 없기 때문이다. 그러면 왜 그렇게까지 열심히 살았을까 하는 회한과 미래에 대한 두려움이 몰려온다. 도대체 언제까지 이렇게 열심히 살아야 할까 아득해지면서 힘이 빠지는 것이다. 심한 경우 자신에 대한 신뢰마저 잃고 실의에 빠지기도 한다.

이럴 때 시선을 돌려 생의 마지막 순간에 서서 지금 내 삶을 조망해 보면 어떨. 눈앞의 일에 급급한 시선을 '줌 아웃'시켜 인생 전체를 보게 된다면 현재를 더 지혜롭고 너그럽게 살 수 있지 않을까.

라틴어 '메멘토 모리(Memento mori)'는 '언젠가는 죽는다는 사실을 기억하라'는 뜻이다. 우리 모두 언젠가 죽는다는 사실을 기억한다면 삶은 전혀 다른 의미를 가지게 될 것이다. 이를테면 오늘 아침 남편과 말다툼을 벌였지만 실은 별것 아닌 일에 자존심을 내세운 것일 수 있다. 나한테는 큰일인데 친구가 별로 호응해 주지 않아 서운했는데 알고 보면 그 친구에게 더 큰 일이 생긴 상황일 수도 있다. 한때는 나보다 잘나가는 회사 동료가 미워서 겸손한 모습조차 가식이라고 욕했는데, 막상 내가 성공해서 나를 시기하는 사람들이 생기면 그제야 그 동료의 마음을 헤아려 보게 된다. 신입일 때는 결코 이해할 수 없었던 팀장이 있었는데, 나중에 막상 그 자리에 올라 보니 그 마음을 이해하게 되기도 한다. 언젠가 엄마에게 화가 나서 "나는 엄마처럼 살지 않을 거야"라고 했는데 어느 순간 뒤를 돌아보면 정말 엄마보다 더 나은 삶을 살고 있는지 의문이 들 때도 있다. 그러므로 돌아서자마자 후회할 말과 행동은 되도록 하지 않는 것이 좋다. 특히나 타인에 대한 험담이나 부정적인 언급은 최대한 하지 않는 것이 최선이다. 그렇게만 해도 후회할 일을 많이 줄일 수 있다. 매일 아침 죽는다는 사실을 떠올리는 것은 어려울 수 있지만, 매일 아침 타인에게 좀 더 다정하고 너그럽게 대하자고 마음먹을 수는 있지 않을까.

지나가는 일에 함부로 흔들리지 말 것

어느 날 아이의 발달이 늦는 것 같다며 한 엄마가 찾아왔다. 맞벌이 부부라서 아이를 외할머니 손에 맡기는데, 그녀가 볼 때는 외할머니가 아이에게 언어적 자극을 잘 주지 못하는 것 같았다. 하지만 검사 결과 아이는 표현 언어가 좀 늦되긴 해도, 수용

언어 측면에서는 정상적인 발달을 보였다. 심지어 정서적으로
는 매우 안정된 모습이었다. 하지만 그녀는 외할머니의 육아 방
식이 못 미더웠는지, 몇 차례 언어 치료를 해 보고 싶어 했다.

다음번에는 외할머니가 아이를 데리고 병원을 찾았다. 그런
데 엄마의 우려가 무색하게도 외할머니는 아이를 잘 돌보았다.
아이가 뭐만 해도 예뻐하고 칭찬해 주었다. 외할머니의 눈에선
그야말로 사랑이 뚝뚝 떨어졌다. 다만 엄마의 요구대로 단어 카
드를 읽어 주거나, 간식을 정해진 만큼 주거나, 시간에 맞춰 낮
잠을 재우지 않을 뿐이었다. 외할머니는 넌지시 말했다.

"제 딸이 너무 걱정이 많죠? 처음 키워 봐서 그래요. 뭐 하나
만 잘못돼도 애가 큰일 나는 줄 알죠. 그런데 저도 제 딸 키울 때
그랬어요. 의사가 하라는 대로, 선생님들이 시키는 대로만 했죠.
그런데 꼭 그렇게 안 해도 다 잘 크더라고요. 요즘은 손녀가 그
렇게 예쁠 수가 없어요. 오물거리는 입이며, 조그마한 손가락이
며, 전부 다 신기해요. 제가 애들 키울 땐 몰랐던 즐거움이 너무
많아요."

경험이 없는 엄마에게 육아는 걱정투성이지만 아이를 키워
본 할머니는 육아의 순간순간을 온전히 만끽하고 있었다. 아이
가 끼치는 걱정도, 아이의 사랑스러운 모습도 순간에 불과하다.
시간이 지나면 전부 사라질 것들이다. 이걸 아는 할머니는 사소
한 걱정들로 시간을 낭비하지 않고, 아이가 보이는 경이로움과
사랑스러움을 전부 눈에 담으려고 했다.

가까이에서는 안 보이지만, 멀리서는 오히려 잘 보이는 것들이 많다. 하지만 인생을 다 살아 보지 않고는 멀리서 보는 지혜를 얻기란 쉽지 않다. 그래도 머릿속에 '멀리서 보면 달리 보인다'는 사실만 기억해도 크게 도움이 된다. 인간관계로 스트레스를 받을 때, 일이 계획대로 풀리지 않아 걱정이 될 때 '이게 그렇게 걱정할 만한 일인가?' 생각해 보면 문제를 바라보는 시선이 달라질 수 있다. 사실 무엇을 택하든, 걱정하든 안 하든, 대체로 결과가 비슷한 일이 대부분이다. 결정적인 영향을 주는 일은 소수에 불과하다. 그것을 잘 구분해서, 집중할 일에 집중하고 나머지는 흘려보내는 것. 그것이야말로 멀리서 인생을 바라볼 때 얻을 수 있는 귀중한 삶의 지혜다.

딸아, 만약 네게 힘든 일이 생겨서 우울과 좌절에 빠지게 된다면 삶의 가장 마지막 지점으로 가서 '바로 지금'을 조망해 보기를 바란다. 만약 그게 잘 와닿지 않으면 1년 뒤, 3년 뒤의 너를 생각해 보렴. 지금 그 문제가 모든 것을 놔 버릴 만큼 힘든 일이니? 혹시 지나갈 일은 아니니? 시간과 함께 흘러갈 일을 붙들고 너무 걱정하는 건 아니니? 그렇다면 적당히 걱정하고 나머지는 그냥 흘려보내렴. 네 소중한 에너지를 지나갈 일에 낭비하지 않았으면 좋겠구나.

가톨릭 돈보스코 청소년 교육 내용에는 이런 말이 있다. "누구나 바라는 낙관적인 삶은 타고나는 것이 아니다. 교육과 훈련을 통해서 습득이 가능하다. 그리고 기쁨은 낙관주의를 통과해 튀어나오는 삶의 동력이다."

보는 시점을 바꾸어 '줌 아웃'을 해 보면 우리가 짊어진 삶의 무게는 못난 사람이나 잘난 사람이나 다를 바 없음을 알게 된다. 자신이 지닌 소중한 가치를 잊고, 눈앞에 보이는 세상의 기준에 치여 실의에 빠질 때 인생을 멀리서 바라본다면 지금의 삶에 대해 훨씬 더 낙관적인 태도를 가질 수 있게 된다. 그리고 멀리서 보기는 타고나는 것이 아니라 훈련의 결과다. 그러니 딸아, 언제나 기억하렴. 멀리서 보면 달리 보인다는 것을 말이야.

나이 들어 하는 공부가 진짜 공부다

[배움]

딸아, 언젠가 너와 함께 카페에 들렀을 때가 떠오르는구나. 그때 우리 옆에는 한 할머니가 앉아 두꺼운 철학책을 읽고 있었다. 그 모습이 사뭇 인상적이었는지 네가 카페를 나와서 말했지. 그분의 책 읽는 모습이 너무 멋있었다고, 나중에 너도 나이가 들면 하고 싶은 공부를 하면서 저런 모습으로 늙고 싶다고. 그때는 시간도 많을 테니 쫓기는 마음 없이 즐겁게 공부할 수 있을 것 같다고.

나이 들어 하는 공부에는 장점이 있다. 젊어서는 시험에 대비하거나 자격증을 따기 위해 바쁘게 공부한다. 점수에 대한 압박감 때문에 앎의 즐거움을 누릴 새가 없다. 그리고 시험이 끝나는 순간 달달 외웠던 수많은 지식들을 대부분 까먹게 된다. 그런데 나이 들어 하는 공부는 대체로 점수와 관계가 없다. 자기가 원해서 하는 공부이기에 자기 페이스대로 원하는 만큼 하면 된다. 그래서 즐겁다. 쫓기듯 공부할 땐 보이지 않던 것도 잘 보인다. 그리고 일에 치여 늘 시간이 부족한 너에겐 노년의 여유가 도드라져 보였겠지만, 이제 노년에 접어든 나에겐 그 할머니에게서 어떤 간절함이 읽혔다. 그분에게 남은 시간은 길지 않다. 그러니 아직 건강이 허락할 때 평생 소망이었던 공부를 완결하고 싶은 게 아닐까.

어린 나이에 시집와 평생 농사일만 해 온 할머니들이 뒤늦게 초등학교에 입학해 공부하는 모습을 텔레비전에서 종종 보게 된다. 할머니들은 하루도 결석하지 않고 열심히 공부해서 받은 성적표를 자랑한다. 그런데 대부분의 프로그램은 할머니들이 얼마나 즐겁게 공부하는지에만 초점을 맞춘다. 한글을 제대로 모르는 할머니들을 어린애 취급하며 해맑은 모습을 연출하기도 한다. 하지만 내게는 그분들이 사뭇 다르게 보인다. 평생 소원인 공부에 남은 인생을 건 사람의 결기가 느껴진다. 그분들은 그야말로 목숨을 걸고 공부한다. 아직 눈이 보이고 걸을 수 있을 때 마지막 인생 숙제를 완성해 내겠다는 의지로 학교에 다닌다. 비록 글자는 삐뚤빼뚤해도 그 마음만은 누구보다 뜨겁다. 할머니들은 그저 재밌자고 공부하는 게 아니다. 그 어느 수험생보다 간절하게 공부한다.

예순의 나이에 유학길에 오른 이유

내가 예순에 뉴욕정신분석연구소로 힘든 유학길에 오른 것도 할머니들이 뒤늦게 학교에 입학한 것과 비슷한 이유에서였다. 그때 내 생활은 매우 안정적이었다. 개원한 병원은 잘되고 있었고, 너는 미국에서 직장을 잡고 결혼한 뒤라 크게 신경 쓸 일이 없었다. 미뤄 둔 운동을 하고 친구들을 만나면서 하루하루 편안하게 보낼 수 있었다.

하지만 마음 깊은 곳에서는 또 다른 욕구가 고개를 들었다. 평생 이어 온 정신분석 공부를 제대로 완결 짓고 싶다는 욕망이었다. 앞으로 남은 인생이 그리 길지 않다는 불안이 그 욕망에 불을 지폈다. 더 늦으면 안 될 것 같았다. 길게 잡으면 10년이 걸릴 수도 있는 힘든 코스였기 때문이다. 그래서 모두가 말렸지만 병원을 잠시 닫고 유학길에 올랐다.

예상은 했지만 공부는 생각보다 더 힘들었다. 그럼에도 포기해야겠다는 생각은 들지 않았다. 내 인생의 마지막 공부 기회라는 걸 잘 알고 있었기 때문이다. 그런데 나이 들어 하는 공부에 단점만 있는 것은 아니었다. 정신건강의학과 전문의로 30년 넘게 쌓아 온 진료 경험이 공부에 큰 도움이 되었다. 양적 경험이 쌓여 질적으로 전환이 됐다고나 할까. 긴 과정을 끝내고 미국정신분석가 및 국제정신분석가 자격을 획득하고 나니, 그제야 평생의 직업이자 공부에 마침표를 제대로 찍은 느낌이 들었다. 그리고 이 공부 여정은 앞으로도 지속되리란 예감이 들었다.

뇌는 죽을 때까지 발달한다

많은 사람이 나이가 들면 머리가 굳어서 공부해 봐야 효과가 없다고 생각한다. 젊어서는 한 번만 봐도 금방 외웠는데, 나이가 들어서는 방금 본 내용도 기억나지 않는다는 것이다. 그러나 뇌에 관한 현대의 연구는 이러한 통념을 완전히 뒤집는다. 최근 연구들에 따르면 나이와 상관없이 뇌는 쓰면 쓸수록 더 똑똑해진다. 그것을 '뇌 가소성'이라고 한다. '가소성(可塑性)'이란 고체가 힘이 가해지면 모양이 바뀐 뒤 그 힘이 없어져도 본래의 모양으로 돌아가지 않는 성질을 뜻하는데, 우리의 뇌 또한 고정되어 있지 않고 어떤 자극을 주느냐에 따라 끊임없이 변화한다.

일례로 길이 복잡하기로 유명한 런던에서 택시를 운전하는 기사들은 보통 사람들보다 해마와 같은 기억력을 관장하는 뇌 부위가 크게 발달해 있다고 한다. 특히 경력이 오래된 기사일수록 해마의 변화가 더 크다. 런던에서 택시를 운전하려면 복잡한 길을 완벽히 외워야 했기 때문에 기억에 관한 뇌 부위가 발달한 것이다. 이는 자주 사용하는 뇌 부위는 지속적으로 발달하는 반면, 그렇지 않은 뇌 부위는 퇴화한다는 사실을 보여 준다.

이처럼 뇌는 쓰면 쓸수록 똑똑해진다. 그런데도 왜 나이가 들면 머리가 나빠진다고 느끼는 걸까? 매일 같은 방식으로만 사용하기 때문이다. 그러면 발달한 부분의 뇌만 사용하고, 약해진 부분에는 자극이 거의 들어오지 않기 때문에 뇌가 일할 필요성을 느끼지 못한다. 결국 잘 사용하지 않는 부분들은 녹이 슬다

못해 나중에는 기능을 상실해 버리게 된다. 반면 새로운 자극을 주면 뇌는 나이와 상관없이 신경세포 간의 새로운 연결을 만들어 내며 변화한다. 외부 자극에 따라 끊임없이 신경 회로망을 재배열하며 성장해 나가는 것이다. 그러므로 그간 잘 하지 않았던 새로운 일에 도전하는 것이 똑똑해지는 지름길이다.

평생 육체노동만 해 온 할머니들은 학교에서 공부하는 동안 훨씬 똑똑해졌을 것이다. 반면 책상에 앉아 일한 사람은 운동을 하거나 몸 쓰는 일을 하면 더욱 똑똑해진다. 이와 비슷하게, 일상과는 구별되는 취미 활동을 하거나 생소한 언어를 습득하고, 미뤄 둔 인문학 공부를 시작하는 등 아이처럼 호기심을 가지고 무엇이든 알고자 노력하는 태도는 언제라도 우리의 뇌를 발달시킨다. 80세가 넘어도 '뇌 가소성'이라는 특성으로 인해 뇌가 퇴화하기는커녕 더욱 발달할 수 있다는 얘기다. 그러므로 나이가 들어서 공부를 못 하겠다는 것은 핑계에 불과하다. 공부에 적기는 없다. 마음먹고 실천한다면 바로 지금이 적기다.

은퇴를 앞둔 사람들은 한결같이 공부 계획을 세운다. 먹고사느라 미뤄 둔 공부에 대한 꿈을 하나쯤은 가지고 있는 것이다. 영어를 마스터하고 싶은 사람, 글을 쓰고 싶은 사람, 문사철에 통달하고 싶은 사람, 춤에 도전하겠다는 사람 등 분야도 가지각색이다. 그런 사람을 만나면 나는 열렬히 그 꿈을 응원한다. 나이는 결코 장애물이 아니다. 간절한 마음과 점점 똑똑해지는 뇌 덕분에, 나이 들어 하는 공부는 잘될 가능성이 매우 높다.

딸아, 아마 너에게도 공부에 대한 꿈이 있겠지. 그렇다면 포기하지 말고 도전해 보기를. 정말로 하고 싶은 공부라면 나이가 몇이든 또 그것이 무엇이든 원하는 만큼 이룰 수 있다. 그리고 나이 들어서 공부하는 사람들을 만만히 보지 마라. 그들은 남은 인생을 걸고 공부하고 있다. 공부하는 사람이 늙지 않는 이유는 바로 그 간절함 때문이라고 나는 믿는다.

결혼 10년 차인 너에게 해 주고 싶은 당부

[결혼]

일본의 작가 무라카미 하루키가 몇 해 전 웹사이트를 개설해 독자들로부터 직접 질문을 받았다. 그중에는 결혼에 관한 것도 있었는데, 그의 대답은 이랬다.

Q. 결혼 상대를 결정하는 데 중요한 것은 무엇입니까?
A. 무엇이 중요한지 따위를 생각하고 있다간 결혼을 할 수 없을 거예요. 결혼은 알 수 없는 연못 또는 늪에 머리부터 던져 넣는 다이빙 같은 것이기 때문입니다.

이 글을 읽고 남편과 나는 무릎을 치며 함께 웃었다. 정말이지 결혼은 그 실체를 알고는 절대로 할 수 없는, 눈이 멀어야만 저지를 수 있는 일인지 모른다. 우선 결혼 후의 현실은 두 사람만의 알콩달콩한 일상이 아니다. 오히려 해결해야 할 과제가 산더미처럼 쌓여 있는 벤처 기업에 더 가깝다. 경제적인 문제부터 친가와 시댁을 챙기는 문제까지, 생활 습관 맞추기부터 저녁 메뉴 선정까지, 두 사람이 결정해야 하는 자잘한 문제들이 끊임없이 생긴다. 거기에 만약 아이까지 태어나면 게임의 레벨이 달라진다. 두 사람이 짊어져야 하는 책임과 의무가 곱절로 늘어난다. 둘 중 하나라도 삐끗하면 생활이 무너진다. 당연히 입에 잔소리를 달고 살 수밖에 없다. "쓰레기 버렸어?", "애들 병원은 언제 갈 거야?" 같은 이야기가 대화의 대부분을 차지하게 되는 것이다.

이렇게 몇 년 살다 보면 자연히 이런 생각이 떠오른다. '내가 정말 이런 남자랑 결혼한 거야?' 결혼 전에는 길도 척척 잘 찾고, 맛있는 레스토랑이나 좋은 장소도 잘 데려가고, 고장 난 기계도 단번에 고치던 그였는데, 이제는 아내가 시키지 않으면 소파에 누워 꼼짝을 하지 않는다. 양말은 뒤집어 벗어 놓고, 물건은 제자리에 갖다 두는 법이 없고, 화장실 휴지가 떨어져도 채워 놓을 생각을 못 한다. 그런 남편이 초롱초롱한 눈빛으로 움직일 때는 총각 때처럼 친구를 만나거나 동호회 활동을 할 때뿐이다. 그쯤 되면 아내는 남편에게 절대 떨어지지 않을 꼬리표를 붙이게 된다. '으그, 자기밖에 모르는 인간아, 언제 철들래!'

부부 싸움을 할 때는 꼭 이것부터 정해 둘 것

결혼 후에 펼쳐질 일상을 속속들이 알고도 결혼할 엄두를 내는 사람이 몇이나 될까. 그런 점에서 하루키가 결혼 생활을 속이 보이지 않는 늪에 비유한 것은 얼마나 적절한지. 부부는 사랑부터 증오에 이르는 다양한 감정의 스펙트럼을 모두 경험한 이후에야 비로소 상대의 벌거벗은 모습을 보게 된다. 그러고는 결혼 전과 너무 다르다며 한탄하지만 결코 사람이 변한 것이 아니다. 보지 못했던 상대의 본모습을 보게 된 것뿐이다. 타인의 영역에 머무를 때의 '그 사람'과 나의 영역 안에 자리한 이후의 '그 사람'은 동일인이지만 전혀 다른 사람이다.

나도 마찬가지였다. 스물여섯이라는 젊은 나이에 네 아빠와 결혼하고 참 많이 싸웠다. 내가 왜 이런 남자랑 결혼했나 싶어 후회한 적도 있었다. 그런데 40년이 지난 지금은 결혼하길 참 잘했다고 느낀다. 사실 배우자는 나이 들어서 정말 소중한 존재다. 육체적으로 힘이 빠지고, 정신적으로 나약해질 때 나를 잘 알고, 걱정해 주고, 보살펴 주는 사람이 있다는 사실만으로 깊은 위안이 된다. 아무리 지지고 볶았대도 40년간 함께해 온 연대감은 다른 무엇과도 바꿀 수 없다. 그래서 나는 꼭 이성간 결혼 관계가 아니더라도 인생을 함께할 동반자가 반드시 필요하다고 생각한다. 물론 결혼을 했다면 배우자를 동반자로 만들어 가는 것이 좋다.

부부는 서로에 대해 잘 안다. 사회생활에선 적절히 감추는 콤플렉스와 욕망, 비뚤어진 마음을 모두 알고 있다. 사랑의 눈으로 보면, 이런 부분들이 전부 그 사람의 독특함이자 독창적인 매력으로 다가온다. 여리고 약하고 때론 어두운 부분이 오히려 그를 가장 그답게 만들 때도 있다. 그리고 우리가 사랑을 하는 이유도 나쁜 사람이라는 소리를 들을까 봐 꼭꼭 감춰 온 부분까지 상대에게 온전히 받아들여지는 경험을 하고 싶기 때문이다.

그런데 미움의 눈으로 보면 이런 부분들이 크나큰 약점이 된다. 그래서 상처를 주기로 마음먹으면 사랑하는 사이가 제일 무섭다. 아주 날카롭고 뾰족한 칼로 상대의 가장 여린 부분을 단숨에 찔러 피투성이로 만들어 버리기 때문이다. 부부 싸움은 총만 안 들었을 뿐, 서로의 마음을 죽이는 전쟁이나 다름없다.

부부가 함께 살다 보면 싸울 일이 참 많다. 싸우다 보면 미움이 쌓이고, 상대를 한 배에 탄 동료가 아닌 적군으로 보기 십상이다. 그래서 상대로부터 항복을 받아 내기 위해, 그의 잘못과 약점을 낱낱이 들춰낸다. 그러나 싸우더라도 절대 밑바닥까지 내려가면 안 된다. 최소한 상대방의 자존심과 약점은 지켜 줘야 한다. 누구에게나 콤플렉스가 있다. 그것까지 건드리면 그의 존재가, 그의 오리지널리티가 훼손된다. 이런 싸움은 절대로 칼로 물 베기가 될 수 없다.

내가 아는 선배 부부가 있다. 그들은 싸움이 격해진다 싶을 때면 누구라도 먼저 존댓말을 사용한다고 한다. 그러면 높아지던 언성이 저절로 내려가고 감정이 누그러지면서 생각할 틈이 생긴다고 한다. 부부 싸움이 극단으로 치닫는 것을 막기 위해 구체적인 방법을 만든 것이다. 어떤 부부는 아예 시간을 정해 두고 그때에만 싸운다고 했다. 싸우는 시간에는 뭐든 솔직하게 이야기하지만 그 이후에는 다시 일상으로 돌아가는 것이다.

이처럼 부부에게는 싸움을 의식적으로 컨트롤할 수 있는 그들만의 방법이 반드시 있어야 한다. 몸이든 마음이든 너무 큰 상처는 봉합하기 힘들기 때문이다. 그러고 보면 부부 관계를 오래도록 유지하는 비결은 어쩌면 가장 가까운 사람이 가장 큰 상처를 줄 수 있다는 사실을, 누구도 그 예외가 될 수 없다는 사실을 항상 명심하고, 그에 대한 대비책 또한 미리 세워 두는 데에 있는지도 모르겠다. 그만큼 서로를 존중하고 배려하는 것이지.

나는 남편을 잘 모르고, 남편도 나를 잘 모른다

부부 상담을 하다 보면 예기치 않게 그 사이가 좋아질 때가 있다. 부부가 헤어지기로 결정하고 난 직후다. 부부 사이는 한순간에 갈라서기가 참 어렵다. 특히 아이가 있다면, 아이한테도 부모의 이혼을 받아들일 시간이 필요하다. 그래서 조금씩 생활 공간을 나누고, 별거에 들어가고, 이혼 절차를 밟는다. 그런데 그처럼 서서히 헤어지는 동안 오히려 부부 사이가 다시 가까워지는 경우가 있다. 서로 간의 적당한 거리가 배우자를 기존과는 다른 시선으로 보게 하는 것이다. 서로 비난하고 물어뜯기 바빴는데 막상 헤어진다고 생각하니 상대방의 좋은 점들이 다시 눈에 들어오고, 좀 더 예의를 갖추어 대함으로써 사이가 좋아지는 것이다.

사실 부부는 서로를 잘 안다고 하지만, 잘 모르기도 한다. 너무 가까이 있기에 좁은 시야에서 보이는 부분만 확대 해석하는 경우가 대부분이다. 물건을 제자리에 두는 법이 없고 소파에 누워만 있어서 게으르고 이기적이라고 비난받는 남편이, 밖에서는 부지런하고 유능한 사람일 수 있다. 말도 안 되는 소리라고 할 수 있지만 충분히 가능한 얘기다. 아내가 보는 남편의 모습이 그의 전부는 아니기 때문이다. 남편도 마찬가지다. 그의 눈엔 그저 잔소리 심한 아내로 보일지 몰라도, 그 아내가 다른 사람들에게는 굉장히 사려 깊고 다정한 사람일 수 있다.

부부는 아무리 오래 살아도 서로를 잘 모른다. 열 길 물속은 알아도 한 길 사람 속은 모른다고들 한다. 나도 내 속을 다 모르겠는데, 어떻게 타인이 내 속을 전부 알 수 있을까. 게다가 세월이 흐르면 세상도 변하고 사람도 변한다. 그러므로 남편은 결혼할 때 내가 알던 그가 아닐 수 있다. 그래서 부부는 서로를 다 안다고 함부로 말하지 말고, 끊임없이 서로 알아 가려는 노력을 멈추지 말아야 한다. 말 안 해도 다 알 거라 지레짐작하다가 서운해하지 말고, 끊임없이 자기 자신에 대해 알려야 한다. 지금 기분이 어떤지, 원하는 게 뭔지, 앞으로 어떤 삶을 살고 싶은지 말해야 한다. 또 상대방에 대해 궁금해해야 한다. 배우자를 고정된 틀에 가두지 말고, 혹시나 말하지 못한 채 시들어 가고 있는 꿈은 없는지 자꾸만 물어봐야 한다.

나이 들수록 서로에게 가장 좋은 친구가 되어 줄 수 있기를

아내의 생일날, 남편은 꽃다발을 사 들고 퇴근했다. 그런데 아내가 꽃다발을 받자마자 눈을 흘기며 말했다. "나 꽃 싫어하는 거 몰라?" 머쓱해진 남편은 잠시 침묵하다가 되받아쳤다. "당신도 내 생일에 가지 요리해 줬잖아. 나 가지 안 먹는 거 몰라?" 순간 웃음이 터졌고, 부부는 그간의 소원함에 미안함을, 그럼에도 상대를 위해 노력하는 마음에 고마움을 느꼈다.

딸아, 나는 네가 이런 결혼 생활을 해 나갔으면 좋겠구나. 결혼 10년 차에 접어들었으니 너도 이제 결혼이 무엇인지 잘 알 테지. 살다 보면 부부간에 애틋한 사랑보다는 역할과 책임이 앞서고, 단절과 소외감이 싹트기도 한다. 또 사회생활에 지쳐 서로에게 소원해지기 십상이다. 그럴 때 서운함과 외로움도 한바탕 웃음으로 함께 털어 낼 수 있었으면 좋겠다. 서로를 탓하며 마음에 깊은 생채기를 내기보다, 둘 다 최선을 다해 바쁘고 힘든 40대를 버티고 있음을 믿어 주었으면 좋겠다.

배우자는 나이 들어 가장 좋은 친구다. 부부 관계는 어느 한 시점에 머무르는 것이 아니라 완숙을 향해 앞으로 또 앞으로 나아간다. 함께 자녀를 낳고 돌보는 공동체의 관계를 지나 마지막

단계인 죽음을 맞이하는 과정에 이르기까지, 인생 여정을 함께
하는, 말 그대로 동반자다. 그러니 지금 한번 돌아볼 일이다. 습
관적인 싸움과 배우자에 대한 선입견으로 가장 좋은 친구를 잃
어 가고 있는 건 아닌지 말이다.

마흔이 넘으면 친구만큼 소중한 것도 없다

[우정]

지란지교(芝蘭之交). 명심보감 가운데 '착한 사람과 같이 지내면 향기로운 지초와 난초가 있는 방 안에 들어간 것과 같아서 오래도록 그 냄새를 알지 못하나 곧 더불어 그 향기에 동화된다'는 구절에서 유래된 말이다. 서로를 감화시키는 친구 사이의 근사한 우정을 가리키는 말로 흔히 사용된다.

어려서는 우정이라면 마땅히 지란지교 같아야 한다고 생각했기에, 그런 친구가 없는 것이 언제나 큰 고민이었다. 인기 많은 친구들이 부러웠고, 외향적이지 못하고 무뚝뚝한 나의 성격을 탓하기도 했다.

하지만 나이가 들어 보니 내 곁에도 소중한 친구들이 많이 있었다. 단지 우정의 기준을 너무 높게 잡은 탓에 그들이 친구인 줄 몰랐을 뿐이다.

부끄러운 부분도 가감 없이 드러낼 수 있는 사이, 그것이 공격의 소재가 되기는커녕 돌봄의 소재가 되는 관계, 서로가 진심으로 발전하고 행복하기를 바라는 사이. 그렇다면 나이와 관계없이 좋은 친구 사이가 아닐까 싶다. 그런 의미에서 보자면 어머니와 친언니는 가장 훌륭한 친구였다. 또 국립정신병원에서 함께 일했던 나보다 한 세대 위인 선배님 역시 좋은 친구였다. 그분은 내가 엄마로, 의사로, 여성으로서 가진 고민을 털어놓을 때마다 혜안을 빌려주셨다.

대학 시절에 만나 지금까지 함께하는 친구들은 두말할 필요 없이 가장 가까운 친구들이다. 오랜 시간 서로의 인생사를 지켜봐 온 우리는 말투 하나 행동 하나만 봐도 지금 기분이 어떤지 맞힐 수 있다.

또 오랫동안 병원에서 함께 근무했던 후배 의사들, 우리는 담당 교수와 레지던트의 관계로 만났지만 함께 공부하고 일하며 진한 동료애를 쌓았다. 그리고 각자 병원을 나온 지금, 이제는 격의 없는 친구처럼 다정하게 지낸다.

우정에 과한 기대만 걸지 않는다면 친구는 일생에서 꼭 필요하다. 친구 사이는 바람이 드나드는 숲과 같다. 힘들 때 마음 편히 기댈 수 있을 만큼 가깝지만, 서로를 해칠 만큼 들러붙지는 않는다. 단점과 약점을 고치려 들지 않고, 한계를 인정하면서도 그런 모습을 좋아해 준다. 그래서 우리는 우정 안에서 쉴 수 있다. 자연스럽고 자유로운 모습으로.

나이 들수록 친구가 더 소중해지는 까닭

딸아, 작년에 미국에 있는 너를 만나기 위한 장거리 여행을 앞두고 나는 친구들이 있는 채팅방에 여행 계획을 알렸다. 그랬더니 친구들이 하나같이 진심으로 걱정을 해 주더구나. 다치지 말고 건강히 잘 다녀오라고 말이야. 우리 나이에 장거리 비행을 하면 무릎이 상할 수도 있다며 기내에서 쓰기 좋은 물건도 보내 주었다.

참 고마웠다. 오랜 세월 함께해 온 친구는 무엇과도 바꿀 수 없는 재산이다. 그리고 남은 인생은 친구들과 손잡고 즐겁게 살고 싶다. 그래서 진심으로 친구를 걱정한다. 친구의 안위가 곧 나의 안위이므로.

젊어서의 우정에는 시기와 질투가 빠지지 않는다. 앞서거니 뒤서거니 가는 인생이어도, 누가 앞이고 누가 뒤인지가 중요하다. 아무리 좋아하는 친구 사이여도 대학 입학 성적 앞에서, 결혼 상대의 조건 앞에서, 사는 동네 앞에서, 아이의 성적 앞에서 위축되었다 어깨를 펴기를 반복한다. 그런데 시기와 질투도 사실 에너지가 넘쳐 나고 삶에 다양한 옵션들이 남아 있을 때의 이야기다. 미래에 대한 자신감과 욕망이 있기 때문에 비교도 하고 좌절도 하는 것이다.

더 나이가 들면 끝없이 펼쳐져 있던 가능성들이 얼추 정리된다. 그래서 인생의 후반부에 다다르면 친구들 사이에는 차이점보다 비슷한 점이 더 많아진다. 앞으로 남은 삶이 길지 않다는 한계에 직면하면서 질투가 잦아들고, 그 자리에 진정한 연대감이 싹튼다. 서로를 연민으로 대하고 훨씬 더 너그러워진다. 나이가 들어서야 비로소 우정이 공고하게 뿌리를 내리는 이유다.

비교의 잣대를 내려놓기 시작하면서 친구들은 가면을 벗고 마음을 흉금 없이 털어놓는다. 각종 인간관계에서 오는 시름, 먹고살기의 어려움, 지난 인생에 대한 후회와 회한, 건강에 대한 걱정 등을 편안하게 나눈다.

그런 대화는 자유로움을 불러온다. 그리고 자기가 어떤 사람인지를 꾸밈없이 느끼게 해 준다. 이에 대해 하버드 대학 성인발달연구소에서 중년에 관한 연구를 장기간 해 온 윌리엄 새들러 교수는 다음과 같이 말했다.

"친구들은 긍정적인 정체성을 형성하는 데도 매우 중요하다. 우리는 자신을 정의하면서, 긍정적인 정체성이란 개인적으로 얻는 것이기도 하지만 우리를 사랑하는 사람들로부터 받는 선물이기도 하다는 사실을 확신하게 될 것이다."

우정은 참 소중하다. 친구들은 나를 아껴 주고, 편안하게 해주고, 자유롭게 해 주고, 끝내 나답게 만들어 준다. 우리는 친구들의 사랑 속에서 성장한다. 하지만 이런 성장은 우정을 끝내 포기하지 않고 오랫동안 지켜 낸 사람들만이 누릴 수 있는 값진 선물이기도 하다.

우정도 복원이 된다

나는 6년 전에 두 번째 개원을 했다. 뒤늦은 유학을 마치고 돌아와 새롭게 병원 문을 연 것이다. 그때 뜻하지 않은 화분 하나를 받았다. 이십여 년 전 사소한 오해로 연락이 끊긴 친구가 축하 화분을 보내온 것이다. 진심 어린 카드도 함께였다.

대학 시절부터 오랜 시간을 함께해 온 친구였다. 그러나 어느 순간 사소한 오해를 풀지 못하고 연락이 끊어졌다. 그때가 40대 중반으로 친구나 나나 하루하루 살기에 바쁜 시절이었다. 그래서 언젠간 풀리겠지 하고 연락을 미뤘다. 소식을 건너 들어 친구의 근황을 알고는 있었지만 직접 연락을 취할 마음과 시간적 여유를 내지 못했다. 그런데 친구가 개원 축하를 계기로 다시 손을 내밀었고, 나는 그 손을 잡았다. 그때 깨달았다. 우정도 복원이 된다는 것을. 세월은 우리의 치기와 실수를 묻어 주고 좋았던 기억만을 남겨 주었다. 그 기억을 붙잡고 우리는 다시 만났다.

결혼하고 40대 중반까지는 친했던 친구들과 소원해지기가 쉽다. 사는 곳도 멀어지고, 길러야 할 아이들은 아직 어리고, 챙겨야 할 집안일은 수두룩하다. 미용실 한 번 마음대로 가기 힘든 상황에서 친구들을 만나는 일은 언감생심이다. 그렇게 만남이 줄어들고 연락이 뜸해진다. 그저 서로 가끔 잘 지내는지 안부를 묻는 것이 전부다.

하지만 너무 걱정하지 말기를. 시간이 흘러 여유가 생기면 언제 그랬냐는 듯 다시 친구들을 만나게 되는 시기가 온다. 그때 만난 친구들은 전보다 훨씬 단단해져 있다. 사람을 이해하는 폭도 넓어지고, 자기를 수용하는 능력도 높아진다. 그래서 나이 들어 만난 친구들 사이의 우정은 훨씬 단단하고 짙어진다. 마치 그간 소원했던 시절을 따라잡기라도 하려는 것처럼 더 깊이 있는 관계를 맺게 된다.

그러니 비록 지금 친구들과 멀어져 있더라도 너무 실망하지 마라. 친구의 손을 놓지 않겠다는 의지만 있다면, 죽을 때까지 우정을 가지고 가겠다는 마음만 있다면 언젠가는 다시 친구를 만날 수 있다. 네가 그렇듯 친구도 너를 그리워하고 있다는 것을 기억하렴. 그 손을 먼저 잡기만 하면 우정은 절대로 너를 배신하지 않을 것이다.

부모가 아이에게 해 줄 수 있는 가장 큰 선물

얼마 전 초등학교에 갓 입학한 여자아이가 엄마와 함께 병원을 찾았다. 담임 선생님으로부터 아이가 수업 시간에 자리에 잘 앉아 있지 못한다는 이야기를 듣고 상담을 받으러 온 것이다. 초등학교에 입학한 뒤 새로운 환경에 적응해야 하는 아이들이 일시적으로 불안해하고 산만한 모습을 보이는 경우는 매우 흔하다. 하지만 이 엄마는 아이가 유치원에 다닐 때도 수업에 집중하지 못해 여러 번 지적을 당했기에 그냥 넘어갈 수가 없었다.

아이는 다섯 살 때부터 동네 친구들과 함께 영어 유치원을 다녔다. 그런데 2년이 지났는데도 영어 실력이 기대만큼 쑥쑥 늘지 않자 엄마는 학습식으로 유명하다는 영어 유치원으로 아이를 옮겼다. 그 유치원엔 원어민처럼 영어를 잘하는 아이들도 많았거니와, 숙제도 많고 테스트도 자주 보았다. 그때부터 아이는 심하게 짜증을 부리고, 친구들에게 집착하고, 수업 시간엔 딴청을 피웠다. 아이가 감당하기엔 학습량이 너무 많고, 분위기도 지나치게 경쟁적이었다. 이러다 아이에게 더 큰 문제가 생기지 않을까 우려되었다.

나는 아이 엄마에게 영어 유치원을 잠시 쉬어 보는 건 어떻겠냐고 조심스레 물었다. 그러자 그녀는 바로 고개를 저으며 말했다. "선생님, 영어는 학교 들어가기 전에 다 끝내 놔야 해요. 그래야 수학에 집중할 수 있거든요. 그렇게 보자면 저희 애는 이미 늦었죠. 지금도 피아노, 논술, 수학, 중국어 학원 때문에 영어 수업을 최소한으로 잡아 둔 거예요. 더 이상 줄일 수는 없어요."

결국 아이는 없는 시간을 쪼개어 놀이 치료를 받으러 몇 번 오다가 말았다. 아마도 다른 학원 스케줄에 밀렸으리라. 40년 넘게 정신건강의학과 의사로 일하면서 이런 사례를 부지기수로 보아 왔다.

불안한 부모는 이 길이 아닌가 싶다가도 남들보다 뒤처지게 하진 말아야 한다는 심정으로 아이를 학원에 보낸다. 그러면 아이는 과도한 학습 스트레스와 비교로 인해 마음이 병들게 되고 급기야 부모와의 사이도 틀어진다. 게다가 최근 들어 마음이 아파 병원을 찾아오는 아이들의 연령이 점점 더 낮아지고 있다. 참 안타까운 변화가 아닐 수 없다.

공부만 강조하는 부모들이 정작 놓치고 있는 것들

내가 학생일 때도, 엄마가 되어 너를 키울 때도, 그리고 지금도, 우리나라의 교육열은 한 번도 식은 적이 없는 것 같다. 입시는 우리나라 특유의 통과의례다. 하고 싶은 것을 꾹 참고 열심히 공부하면 그 고통을 상쇄할 만큼의 열매를 단번에 얻을 수 있었다. 그러니 모두가 경쟁의 대열에 참여할밖에.

그러나 요즘은 어떤가. 대학에 입학해도 입사 7종 세트(학벌, 학점, 토익 점수, 자격증, 어학연수, 인턴 경력, 공모전 입상)가 기다리고 있다. 대학생 다음 단계는 직장인이 아니라 취업 준비생이다. 그렇다고 취직 후에 돈을 많이 버는 것도 아니다. 모든 자산 가치는 오를 대로 올랐지만 임금만은 제자리다. 당연히 결혼도 육아도 모두 남의 이야기일 수밖에 없다.

이렇게 대학 입시 성공이 가져다주는 열매의 크기는 작아질 대로 작아졌다. 그럼에도 부모의 공부 욕심은 결코 줄어들지 않는다. 이런 경쟁 사회에서 아이가 공부마저 못하면 어떡하나 싶어서다. 아이가 남들보다 앞서 나가지는 못해도 최소한 낙오는 되지 말아야 할 텐데, 걱정이 많은 것이다. 현실을 모르는 것은 아니지만, 이제 그런 불안 때문에 다섯 살밖에 안 된 아이들까지 선행 학습과 공부로 몰아넣는 세상이 되었다. 나는 이런 변화가 진심으로 걱정된다. 그래서 아이를 키우는 모든 부모가 아이의 공부 앞에서 불안해질 때 생각해 봤으면 하는 것들을 정리해 보았다.

우선, 아이가 어릴수록 공부보다 중요한 것들이 많다는 점을 명심해야 한다. 열 살쯤 되어, 참을성이 부족하고 화를 참지 못하는 등 감정 조절 문제로 진료실을 찾는 아이들이 있다. 이 아이들은 학교 환경에 적응하기 힘들어하고 친구를 잘 사귀지 못한다. 그런데 이런 경우 어려서부터 받은 과도한 인지 교육이 문제의 원인이 되기도 한다. 어릴 때 부모, 선생님, 친구들과 상호 작용하며 감정 조절 능력과 소통 능력을 키워야 하는데, 학습 동영상을 보고 학습지를 푸느라 그럴 기회를 놓쳐 버린 것이다. 이런 아이들은 언어 능력은 뛰어나지만 다른 사람의 말을 듣고 이해하지 못하며, 자기 말만 하려고 한다. 또 사고력은 월등하지만 문제 해결력이나 사회성이 떨어지는 경우가 많다.

유아 시절에는 정서적 안정감이 가장 중요하다. 부모가 언제나 나를 사랑하고 지켜 준다는 믿음이 있어야 아이들은 용감하게 세상을 탐험해 나간다. 그러면서 몸도 튼튼해지고, 머리도 똑똑해지고, 타인의 마음을 헤아리는 능력도 함께 자란다. 그런데 지적 성취만 너무 강조하다 보면 그 나이에 자라야 할 신체적, 정서적, 사회적 능력이 제대로 크지 못한다. 이런 아이들은 어렸을 땐 영재 소리를 들을지 몰라도 점점 커 나갈수록 여기저기서 문제가 생긴다. 성장에도 때가 있는 법이다. 뒤늦게 자라려면 마음도 힘들고 시간도 많이 든다. 그러므로 아이가 어릴수록 지적 성취에만 매달리지 말고, 다른 부분들도 균형 있게 자라고 있는지 잘 살펴야 한다.

부모와 아이가 나이 들어서까지 잘 지내는 방법은 딱 하나다

사람은 생각과 감정과 행동의 주체가 자신일 때 안전함을 느끼고 행복하다. 밥 한 끼를 먹어도 자기 입맛대로, 자기가 선택해서 먹고 싶은 것이 인간의 본성이다. 그래야 그 밥이 맛없어도 후회를 덜 한다. 자기가 선택했으니 책임을 지려고 하는 것이다. 이런 사람은 스트레스를 견디는 힘이 강하고, 나쁜 상황에 처해도 어떻게든 그것을 헤쳐 나가려고 노력한다. 그런데 많은 아이가 이와 반대로 자라고 있다. 부모가 짜놓은 학원 스케줄에 따라 이리저리 몸만 움직인다. 놀고 싶을 때 못 놀고, 자고 싶을 때 못 자고, 하기 싫은 공부도 억지로 해야 한다.

수동적인 삶은 불안과 분노를 일으킨다. 부모의 명령에 따라 움직여야 하는 자신이 꼭두각시처럼 느껴진다. 즉 자기 존재가 소멸해 버릴 것 같은 위기감을 느끼는 것이다. 그래서 아이들은 어느 순간 부모로부터 마음을 걸어 잠근다. 부모 눈엔 지나갈 반항처럼 보일지 몰라도 아이는 자기를 지키기 위해 몸부림치는 중이다. 그러므로 말 잘 듣던 아이가 갑자기 반항을 하거나 말을 해도 아무런 대꾸를 안 하면, 그때 부모는 아이가 자기 마음의 주인이 되려고 애쓰고 있다고 믿어야 한다. 잔소리를 줄이고, 관심도 줄이고, 좀 가만히 내버려둬야 한다. 부모로선 매우 힘든 일인 것, 잘 안다. 하지만 이때에도 부모가 하던 대로 행동하면 아이와의 관계는 걷잡을 수 없이 틀어지게 된다. 아이는 부모를 자기 삶에서 아예 삭제해 버릴지도 모른다.

부모와 아이가 나이 들어서까지 잘 지내는 방법은 딱 하나다. 부모는 자기 삶을, 아이는 아이 삶을 살아가면 된다. 모든 교육의 목표는 성공이 아니라 독립이다. 그런데 독립 연습은 아이뿐만 아니라 부모에게도 필요하다. 아무 말 않고 가만 놔두면 아이가 잘못되지 않을까 한없이 걱정되는 게 보통의 부모 마음이다. 하지만 아이를 평생 책임져 줄 수도 없는 노릇이다. 그러니 답답하고 불안해도 아이가 스스로 부딪쳐서 길을 찾아가게 하는 경험을 자꾸 늘려 나가야 한다. 또 부모도 스스로 '아이가 제 인생 알아서 잘 살겠지' 하고 느긋하게 생각하는 버릇을 들여야 한다. 믿기 어려워도, 자녀 교육에서 아이를 믿어 주는 것만큼 효과적인 방법은 없다.

왜 아이에게 '공부를 못 하면 인생도 망한다'라고 말하는가

시험지만 받으면 눈앞이 하얘지고 한동안 아무것도 보이지 않는 증상으로 병원을 찾은 아이가 있었다. 엄마는 아이가 걱정이 많고 소심하다고 타박하면서 시험을 앞두고 마인드컨트롤하는 법을 좀 알려 달라고 했다. 그런데 시험 앞에서 벌벌 떠는 건 엄마도 마찬가지였다. 엄마는 아이가 꼭 의대에 들어가야 하는데, 그러려면 선행 학습은 언제까지 마쳐야 하고, 어느 학원에 들어가야 하며, 학원 레벨 테스트를 통과하려면 점수는 몇 점이 나와야 한다고 주장했다. 엄마에게 아이 인생은 드라마

〈오징어 게임〉과 비슷했다. 게임에서 한 번이라도 지면 절대로 복구 불가능하므로 아이는 작은 시험도 허투루 쳐선 안 됐다.

그러나 인생이 정말 〈오징어 게임〉 같던가. 네 친구 중에도 입시에 실패했지만 누구보다 만족스럽게 잘사는 친구가 있다고 얘기했지. 그때는 원하는 대학에 떨어지면 인생이 끝나는 줄 알았지만 결코 그렇지 않다고. 그저 하나의 문이 닫혔을 뿐, 또 다른 문들은 열려 있다고.

맞다. 시험 성적만으로 결정될 만큼 인생이 단순하지 않으며, 호락호락하지도 않다. 그런데도 많은 부모들이 사소한 차이에 집착하고 그것을 엄청난 것처럼 부풀려 아이에게 불안을 가르친다. 이번 시험을 망치면 인생도 망하는 거라는 메시지를 암암리에 주입하는 것이다. 하지만 부모가 굳이 경고하지 않아도 아이들은 이미 충분히 불안하다. 우리 사회가 그런 불안을 너무도 잘 가르치고 있다.

그러므로 오히려 부모가 알려 줘야 하는 것은 한 번 실패한다고 해서 인생이 끝나는 게 아니라는 믿음이다. 막다른 길에 다다른 것 같아도 언제나 문 하나쯤은 열려 있다는 희망이다. 그러니 주눅 들지 말고 마음껏 한번 살아 보라는 배짱이다.

불안하게 만들어서 하는 공부는 정말 얼마 못 간다. 반대로 불안이 만든 좌절은 생각보다 깊고 오래 간다. 혹시 믿어 주면 아이들이 옳다구나 하고 물 만난 고기처럼 제멋대로 살까 봐 걱정되는가? 그런데 부모는 아이를 조련하는 사람이 아니다. 공부도 아이가 하는 것이고, 성공도 아이가 하는 것이며, 행복도 아이가 느끼는 것이다. 부모는 아이를 조련의 대상이 아니라 주체로 존중해 주어야 한다. 그리고 그런 아이들은 결코 엇나가지 않는다.

아이에게 주고 싶은 것을 자신에게 먼저 줄 것

어떤 아빠가 있었다. 아이가 자동차와 숫자에 관심을 보이기 시작하자 아빠가 말했다. "너는 이과구나. 공대를 가려면 우리나라에서는 카이스트를 나와야지. 그리고 박사까지 하거나 유학을 가라. 이왕 갈 거면 MIT가 좋겠다." 아빠가 아이에게 자꾸 그런 말을 하니까, 어이없이 듣고 있던 아내가 말했다. "당신이 대학원에 가고 싶나 보네. 얘를 박사 만드느니 당신이 박사 되는 게 빠르겠다." 순간 그는 머리가 떵했다. 아이의 미래가 문제가 아니었다. 안 그래도 학사 학력으로는 직장에서 높은 위치에 올라가기가 힘들어 어떻게 해야 하나 걱정이 많았던 그였다. 그날부터 그는 회사에 다니며 대학원 진학을 준비했다. 그 후 아이에게 하던 카이스트니, MIT니 하는 소리는 쏙 들어갔다고 한다.

투사는 다루기 힘든 자신의 욕망을 남에게 던져 버리는 심리적 방어 기제다. 아이는 부모의 욕망이 가장 많이 투사되는 대상이다. 어렸을 때 못생겼다는 말을 자주 들은 엄마는 딸을 늘 공주처럼 꾸민다. 키가 작은 아빠는 아들도 키가 안 클까 봐 어려서부터 각종 영양제를 먹인다. 소심한 성격이 불만이었던 엄마는 아이도 소심하지 않을까 미리부터 걱정하고, 학벌 콤플렉스가 있는 아빠는 어떻게든 아이를 명문대에 진학시키려고 한다.

먼저 살아 본 부모가 아이에게 꽃길만 걷게 해 주겠다는데 뭐가 문제냐고 할지도 모르겠다. 하지만 자신의 욕망을 아이에게 투사할 경우, 부모는 아이를 있는 그대로 바라볼 수 없게 된다. 아이 안에 있는 자기 자신을 보고는 '우리 아이는 뭔가 부족해'라는 시선을 거두지 못하기 때문이다. 그리고 아이는 귀신같이 그것을 알아챈다. 엄마 아빠가 못했거나 부족하다고 느낀 것을 자신에게 시키고 있다는 사실을 말이다.

투사를 아예 안 하긴 어렵지만, 투사하는 자신을 알아챌 수는 있다. 아이의 어떤 부분이 마음에 안 들고 그것을 어떻게 바꿔 주고 싶은지 떠올려 보라. 그중 많은 부분이 부모의 욕망이나 콤플렉스와 관련되어 있을 것이다. 그렇다면 그 욕망을 아이에게 던질 것이 아니라 부모 자신이 이루려고 노력해 보면 어떨까. 백세 시대에 마흔 살은 아직 젊다. 새로운 공부를 시작해도 전문가 수준에 이르기에 충분하고, 외모를 가꾸는 것도 절대 늦지 않았다. 게다가 이제는 돈도 좀 있고 의지도 충만하다. 못 해본 꿈을 실현하기에 지금보다 좋은 때는 없다.

아이에게 이래라저래라 잔소리하는 것보다 그 에너지를 자신에게 돌리는 게 여러모로 낫다. 아이는 뭔가를 꿈꾸는 부모에게서 저절로 배우는 게 있을 테고, 부모도 뭔가를 하는 동안 불안감이 상쇄된다. 그처럼 부모는 부모의 삶을 살고, 아이는 아이의 삶을 사는 것이야말로 백세 시대에 부모와 아이가 함께 성장하는 방법이 될 수 있다.

딸아, 언젠가 네가 말했지. "엄마 고마워. 언제나 나를 믿고 응원해 줘서." 그때 나는 깨달았다. 엄마로서 내가 들을 수 있는 최고의 칭찬이 바로 이것이구나 하고 말이야. 나에게 엄마로 살아온 세월은 고민과 번민의 연속이었다. '이게 정말 너를 위하는 것일까? 혹시 너를 위한다면서 실은 내 욕심을 채우려는 건 아닐까?' 너를 키우는 내내 이 질문을 머릿속에서 지울 수가 없었다. 그 결과 나는 하고 싶은 말도 꾹 참고, 해 주고 싶은 것도 꾹 참는 엄마가 되었다. 겉으로 보기엔 너를 내버려두는 게으른 엄마처럼 보였을 수도 있겠지만 내 머릿속은 항상 전쟁터였다.

'아이를 위해 진정 내가 해야 할 것은 무엇일까?' 대한민국의 많은 부모들이 비슷한 고민을 안고 오늘을 살아간다. 그때마다 미래의 장성한 아이가 자신에게 보낼 최고의 칭찬을 떠올려 보면 어떨까. 응원과 지지. 부모가 아이에게 해 줄 수 있는 최고의 선물은 바로 그것이 아닐까.

마흔 살 남자에게 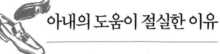 아내의 도움이 절실한 이유

2014년도에 개봉해 1,426만 관객을 끌어모은 영화 〈국제시장〉. 6·25 전쟁이 한창이던 1950년 12월 국군과 미군의 흥남 철수에서 시작되는 이 영화는 가족을 위해 평생을 바친 한 남자의 고단하고 치열한 삶을 그리고 있다.

피란민들이 인산인해를 이루던 흥남 부두. 소년 덕수는 잡고 있던 여동생의 손을 놓치는 바람에 아버지, 여동생과 생이별을 하게 된다. 그리고 아버지 없이 나머지 가족들과 피란지 부산에 정착하게 된다. 아무 가진 것 없는 그에게 유일한 보물은 흥남 부두에서 헤어질 때 아버지가 남긴 마지막 말 한마디였다.

"가장은 무슨 일이 있어도 가족이 먼저라 하지 않았음매! 이제부턴 니가 가장이니까, 가족들 잘 지키기요."

덕수는 아버지의 말씀을 따라 어머니와 동생들을 먹여 살리기 위해 파독 광부가 되고 베트남 전쟁에 참전하기도 한다. 어느덧 세월이 흘러 그는 꾸부정한 어깨와 백발의 고집 센 늙은이가 되었다. 영화 말미에 그는 아버지의 환영과 대화를 나누며, 자신이 아버지와의 약속을 기어이 지켜 냈음을 알린다.

하고 싶은 것도 되고 싶은 것도 많았지만, 평생 단 한 번도 자신을 위해 살아 본 적 없는 덕수. 그가 여동생의 결혼 자금을 만들기 위해 베트남으로 떠나려고 하자 그의 아내 영자가 외친다.

"당신 인생인데, 왜 그 안에 당신은 없냐고요!"

아버지와는 다르게 살고 싶은 남자들

앞선 시대의 아버지들은 덕수처럼 가장으로서의 본분을 다하기 위해 일생을 살았다고 해도 과언이 아니다. 가족을 먹여 살리기 위해 온갖 궂은일도 마다하지 않았다. 바깥에서 고군분투하다가 집에 돌아오면 몸은 녹초가 된 듯 피곤했다. 늦은 저녁을 먹으며 가족과 한 상에 앉으면 잠깐이라도 아버지 역할을 해야 했기에 밀린 훈계를 속사포처럼 쏟아 냈다. 그럴수록 아이들은 아버지가 어렵고 무서웠다. 아내 또한 남편에게 말을 아끼기 시작했다. 그렇게 가족과 점차 멀어져 간 아버지. 아버지는 가족을 위해 한 몸을 바쳤지만 정작 집안에서는 홀대받는 존재가 되고 말았다. 그런 아버지 밑에서 자란 아들들은 다르게 살고 싶어 한다. 소중한 삶을 회사에 전부 바치기보다 가족과 더 많은 시간을 보내고, 취미나 제2의 인생을 설계하는 데 투자하고 싶어 한다. 요즘은 아기띠를 매고 다니는 젊은 아빠를 심심치 않게 만난다. 또 아이가 자라는 모습을 놓치지 않으려고 휴직계를 신청하는 아빠들도 조금씩 늘어나고 있다. 이는 해외도 마찬가지라고 한다. 영국의 젊은 아빠들은 '현대의 부성애(modern fatherhood)'라는 기치 아래 "아빠도 부모이고 싶다"를 외치며 양육에 처음부터 동참한다. 비록 자신은 그런 아버지를 갖지 못했기에 부성애가 무엇인지, 어떻게 해야 좋은 아버지가 될 수 있는지 모르지만, 삶에서 아빠 역할에 대한 비중을 늘리고 싶다는 강력한 의지를 보이는 것이다.

남자들의 이런 변화상은 매우 바람직하지만 그렇다고 어려움이 없는 것은 아니다. 젊은 남성들의 바람과 다르게, 아직도 우리 사회는 더 많이 더 오래 일하라고 압박한다. 양성평등이 점차 실현되면서 맞벌이 가정이 늘었지만, 성별 임금 격차가 여전히 공고하기 때문에 육아를 두고 여성이 유연한 일자리로 옮기는 경우가 많다. 그래서 남성들은 장시간 노동을 피할 길이 별로 없다. 더군다나 생활비, 대출금, 노후 자금 등 들어갈 돈은 많지만 일자리는 갈수록 불안정해진다. 경쟁과 책임에 내몰린 가장들이 더욱더 일에 매몰될 수밖에 없는 형국인 것이다.

그뿐만이 아니다. 남자들은 좋은 아빠가 되는 법을 따로 배운

적이 없다. 그들에게 아버지는 무뚝뚝하고 엄격하고 어려운 존재였다. 그래서 친구 같은 아빠가 되고 싶지만 자신도 모르게 아이에게 뭐든 하나라도 더 가르치고 훈육하려는 모습을 보이게 된다. 자신은 한 번도 가져 보지 못한, 그러나 아이들에게는 물려줘야 할 새로운 '아버지상'을 만들어 가야 하는 남성들. 이것이 요즘 아빠들의 현주소다.

남편의 아니마 vs 아내의 아니무스

어려서부터 '남자는 강해야 한다'거나 '울면 안 된다'는 말을 많이 들어서일까. 남자들은 여자들보다 감정을 읽고 소통하는 데 서툴다. 어린 시절부터 감정을 다루어 본 경험이 거의 없기 때문이다. 그러나 남자들도 누구나 그런 것처럼 관심받고 싶고, 사랑받고 싶어 한다. 감정을 표현하지 않는 것은 강해서가 아니라 약해 보일까 봐 두렵기 때문이다.

그런데 아빠 노릇을 잘하고 후회 없는 삶을 살기 위해서는 감정을 잘 다룰 수 있어야 한다. 감정에 솔직하고 섬세한 사람은 자기가 무엇을 원하는지, 상대가 무엇을 바라는지 잘 파악한다. 그래서 아이들도 잘 키운다. 따라서 새롭게 살기를 바라는 남자들은 감정을 느끼고 표현하는 훈련부터 시작해야 한다.

분석심리학의 창시자 카를 융은 중년에 이르면 남성 안에 억눌려 있던 여성성인 아니마(anima)가, 여성 안에 억눌려 있던 남성성인 아니무스(animus)가 표출된다고 했다. 그래서 마흔에 이르면 남성들의 경우 아니마의 표출로 인해 그동안 등한시해 왔던 정서적 욕구와 관계성을 향한 욕구가 고개를 들면서 좀 더 감성적이고 의존적으로 변한다. 하지만 자기 안의 아니마를 제대로 다루어 본 적이 없기 때문에, 그런 욕구들은 미성숙한 방식으로 표현되곤 한다. 갑자기 짜증이 많아지거나 변덕스러워지는 것, 모든 게 허무하고 쓸쓸하다고 말하는 것이 모두 미성숙한 아니마의 표현이다.

이때 아내가 남편의 변화를 눈치채고 도와주면, 남편 입장에선 천군만마를 얻는 것과도 같다. 감정을 다루는 데 능숙한 아내가 남편의 말을 짜증으로 되받아치지 않고 "가을이라 쓸쓸하네, 같이 산책이나 갈까?" 하며 용인해 주면, 남편은 자기 안의 아니마를 조금씩 다룰 수 있게 된다. 아니마는 남성 안에서 영감과 창조적 통찰을 준다. 그래서 아니마가 성숙해지면 남편은 과거와 다르게 생동감 있고 창조적이며 부드럽게 살게 된다.

아내 역시 마찬가지다. 그동안 살면서 억눌러 왔던 아니무스를 처음에는 미성숙한 방식으로 표출하게 된다. 이유 없이 화를 내거나 별일도 아닌데 따지고 드는 행동이 바로 그 예다. 이때에는 남편이 도와주면 좋다. 아내의 아니무스가 잘 성숙하면, 아내는 과거보다 좀 더 도전적이고 용감하게 살게 된다. 이렇게 남편과 아내는 과거와는 다른 방식으로 자아의 균형을 맞추어 나간다.

딸아, 부부 상담을 하다 보면 젊은 남편들이 쩔쩔매는 모습을 볼 때가 많다. 나름대로 노력하는데 아내의 요구가 끝이 없다고 하소연하기도 한다. 아내의 고충을 모르는 것은 아니지만 남편에게는 한 가지가 부족하다. 바로 역할 모델이다. 그래서 남편은 아내보다 한 발짝 뒤처져 따라오는지도 모른다. 그런 남편을 자꾸만 타박하면 남편은 위축되기만 할 것이다.

내가 아는 한 여성은 전업주부인데, 어느 날 보니 자신이 큰아들한테 하듯 남편에게 온갖 잔소리를 늘어놓고 있다는 것을 알아차린 후 일부러 자신의 빈자리를 만들기 시작했다. 자신이 없는 상태에서 남편이 집안일을 하고 아이들을 돌볼 수밖에 없는 시간을 만든 것이다. 처음에는 집안도 엉망이고 아이들 숙제며 밥 먹이는 것도 어설프기 짝이 없었지만 차츰 남편의 실력은 나아졌다. 가장 좋았던 것은 남편이 아이들과 함께하는 시간이 늘어나 그들만의 추억이 생겼다는 것이다. 몇 년 뒤 남편은 아내에게 그때 그 시간을 만들어 줘서 고맙다고 했다.

부부 사이에는 한쪽 눈을 감고 그냥 믿어 주는 게 더 효과적일 때가 있다. 성에 차지는 않아도 저 사람 나름대로 노력하고 있다고 믿어 주는 것이다. 그러다 보면 '언제 저 사람이 저렇게 변했지?' 싶을 만큼 좋은 아빠, 좋은 남편이 돼 있기도 한다. 다만 시간이 예상보다 조금 더 걸릴 뿐.

그러니 딸아, 새로운 역할 모델을 만들어 가야 하는 오늘날의 남편들을 응원해 주자. 그들이 자신의 아니마를 능숙하게 다룰 수 있도록 곁에서 많이 도와주자. 그것이 남편과 노후를 즐겁게 보내는 길이자, 우리 아들들이 더 나은 삶을 살아가게 하는 지름길이니까 말이다.

chapter 5.

남들이 뭐라든
그냥 네가 하고 싶은 걸 하며
살아가기를

세상은 이제껏 그래 왔듯 너에게 더 열심히 노력하라고,

왜 이것밖에 못 하느냐고 다그칠 것이다.

하지만 세상이 네 인생을 대신 살아 주지는 않는다.

그러니 세상의 말에 주눅 들지 말고,

그냥 네가 하고 싶은 걸 하며 살아가렴.

나는 그런 너를 죽을 때까지 응원할 것이다.

마흔에 시작한 일이 │ 성공할 가능성이 높은 까닭

딸아, 얼마 전 통화에서 네가 그랬지. 회사에서 맡아야 하는 역할과 하고 싶은 일 사이에서 점점 고민이 많아진다고 말이야. 네 얘기를 듣고 있자니 내가 그 시절에 겪은 비슷한 갈등이 떠오르더구나. 서른일곱 살에 떠난 미국 연수 당시 나는 진로 문제로 고민이 많았다. 그런데 어느 날 지도 교수였던 70대 노교수가 나에게 "중년의 위기(midlife crisis)를 겪는 것 같다"고 하더구나. 당시 나는 적잖은 충격을 받았다. '아니 내가 벌써 중년이라니!' 30대 후반인 내게 '중년'이라는 단어는 나와 아무 관계가 없는, 그저 다른 사람의 이야기로만 느껴졌던 시절이었다.

하지만 지나고 보니 그의 지적처럼 나의 몸과 마음은 이미 중년의 변화를 감지하고 있었던 것 같다. 그것은 앞으로 남은 시간이 많지 않을 거라는 자각에서 시작됐다. 어영부영하다가는 인생이 허무하게 지나가 버릴 것만 같아 불안했고, 지금이 새로운 도전을 할 수 있는 마지막 기회일지도 모른다는 초조함이 나를 짓눌렀다. 당시 느낀 혼란은 너무 커서 견디기 힘들었지만 그덕에 정말로 중요한 것이 무엇인지를 살펴보게 되었다. 그리고 중요치 않은 일들은 점차 정리해 나갈 수 있었다. 마흔을 앞두고 인생을 한번 가지치기할 수 있었고, 그것은 이후의 삶에 큰 도움이 되었던 것이다.

마흔, 성공 가능성이 높은 3가지 이유

마흔에 이르면 해야 할 일들로 이미 삶이 점령당해 있다. 직장에서나 가정에서나 당장 처리해야 하는 일이 수두룩하게 쌓여 있다. 이런 걸 '역할 과부하', '삶의 교통 체증'이라고 표현하더구나. 이런 마당에 하고 싶은 일을 하겠다는 건 사치스러운 소리에 불과하다. 도전은 시간과 에너지가 충분한 젊은 시절에나 매력적인 단어다. 그래서 마흔이 넘었는데도 도전을 외치는 사람은 철이 덜 든 취급을 받을 뿐이다.

하지만 방어적인 태도로만 살아가기엔 인생이 참으로 길고, 해야 할 일만 처리하듯 살기엔 마흔은 아직 너무 젊다. 하고 싶은 일, 좋아하는 것을 찾아서 실현해 보기에 마흔은 결코 늦은 나이가 아니다. 더 나아가 마흔은 젊었을 때보다 일을 성공시킬 가능성이 높다. 그 나이가 가진 속성 때문이다.

첫째, 마흔이 되면 남은 시간이 결코 많지 않다는 사실이 피부에 와닿기 시작한다. 어린 시절에는 그렇게도 느리게 갔던 시간이 나이가 들면 어느 순간에 쏜살같이 흘러가 버린다. 돈은 벌 수도 있고 잃을 수도 있지만, 시간은 줄어들 뿐 절대 늘어나지 않는다. 가진 돈이 줄어들면 지출을 줄이고 절약을 하는 등의 노력을 해 볼 수라도 있지만 시간은 우리가 어떻게 해 볼 도리가 없다. 나이가 들면서 마주하게 되는 시간의 유한성, 불가피한 죽음에 대한 인식은 성인기 발달에 있어서 아주 소중한 전환점이자 깨달음으로 작용한다.

그래서 마흔이 넘어가면 사람들은 무슨 일이든 진지하게 임한다. '한번 해 보고 안 되면 말지' 하는 태도가 아니다. 그들은 간절하다. 그들은 이것을 선택하는 과정에서 다른 무언가를 포기할 수밖에 없었다. 또 지금이 아니면 기약할 나중이 있으리라는 보장도 없다. 물론 실패할 수도 있겠지만 그렇더라도 후회가 없으려면 최선을 다해야 한다. 이런 시간의 유한성, 존재로서의 유한성은 일을 추진함에 있어 강력한 긍정적 동기로 작용한다.

둘째, 지금까지 쌓아 온 경험이다. 마흔 살쯤 되면 여러 가지 경험을 통해 자기 자신에 대한 인식이 높아진다. 2, 30대에는 세상이 좋다는 것들을 무조건 따르기도 하고, 현실성이 부족한 꿈을 꾸기도 한다. 하지만 마흔 즈음에는 자신이 무엇을 잘하는

지, 반대로 무엇은 못하는지, 그럼에도 불구하고 무엇을 하고 싶은지를 현실적으로 판단할 수 있게 된다. 그동안의 경험이 데이터베이스로 축적되어 있기 때문에 현실에 기반한 실현 가능한 꿈을 꾸게 되는 것이다.

그뿐만 아니라 무모한 젊음을 지나 40대에 이르면 삶에 꼭 필요한 핵심과 본질이 보인다. 그래서 부차적인 것, 과시적인 것을 걷어 내고 삶을 받쳐 줄 단단한 일과 관계에 집중하기에 최적의 시기인지도 모른다. 더 이상 쓸데없는 일과 소중하지 않은 사람들에게 시간을 낭비하지 않겠다고 다짐하는 나이, 무엇이 소중한 가치인지를 스스로 결정하겠다고 마음먹는 나이가 바로 마흔 언저리다.

셋째, 마흔부터는 직업 외에 몰입할 수 있는 다른 일을 발견하고, 갈고닦기 시작해야 한다. 그동안은 직장을 얻고 성취를 이루는 데 온 에너지를 집중해 왔다. 하지만 직업은 어느 한 시기에 주어진 역할일 뿐, 인생 전체를 규정하는 것은 아니다. 인생은 이보다 훨씬 길다. 따라서 우리에겐 긴 인생에 의미를 부여해 줄 다양한 활동이 필요하다. 직업이나 직장에만 한정된 시선을 넓혀 숨은 잠재력을 발견하려는 시도, 새로운 것에 흥미를 가지고 도전해 보는 일, 세상에 대한 공부를 게을리하지 않는 것. 이런 시도가 하나둘 쌓이면 어느새 삶이 풍부해지고 깊어진다.

내가 이런 이야기를 하면 대번에 "그럴 시간이 어디 있느냐"라는 말이 되돌아온다. 그러면 나는 지금이 아니면 나중에는 더 못 한다는 말을 들려준다. 취미든, 운동이든, 봉사든, 공부든, 뿌린 씨앗이 싹을 틔우기까지는 물리적인 시간이 필요하다. 만약 5, 60대가 되어 뭔가를 즐기고 싶다면 지금부터 그 씨앗을 뿌려 놓아야 한다. 나이가 들면 시간뿐 아니라 몸이 따라 주지 않는다. 닥쳐서 부랴부랴 찾기보다 그 전에 미리 시작해 놓으면 큰 도움이 된다. 그러니 틈틈이 관심사를 넓히고 그중 더 마음이 가는 것들을 깊게 파고들 줄 아는 지혜가 필요하다.

지금이야말로 가지치기가 필요한 순간이다

마흔 살은 하고 싶은 일을 찾아 도전해 보기에 좋은 나이다. 반면 현실은 당장 해야 할 일들로 가득 차 있다. 그래서 한정된 에너지를 하고 싶은 일에 투자하기 위해서는 가치의 경중을 따져 중요한 일을 우선 처리할 수 있도록 삶의 순서도를 재작성해야 한다. 이른바 '인생 가지치기'다.

삶의 지혜는 중요하지 않은 것을 버리는 데 있다. 어찌 보면 삶에는 무수한 일이 일어나지만 대부분은 사소한 것일 뿐, 정말 중요한 것은 극소수에 불과한지도 모른다. 지금 우리에게 필요한 것은 '본질적 소수'에 집중하는 일이다. 그 본질적 소수가 무엇인지는 저마다의 판단에 따라 다르겠지만 누구나 그것을 판단할 역량은 충분히 가지고 있다.

내가 아는 한 여성은 30대까지만 해도 인간관계를 유지하는

데 숱한 에너지를 썼다고 고백했다. 하지만 마흔에 이르러 그런 삶이 보람은커녕 소진만 가져온다는 걸 깨닫고는 혼자만의 휴식 시간을 가지는 걸 최우선으로 삼는다고 하더구나. 그 시간에는 마냥 소파에서 뒹군다고 했다. 사람들이 그렇게 게으름 피우지 말고 뭐라도 해 보라며 조언을 건네도 이제는 흔들리지 않는다고 했다. 그 시간이 자기에게 얼마나 소중한지를 알기 때문이다.

자기만의 본질적 소수를 알게 되면 거절도 쉬워진다. 쓸데없는 일을 쳐내기가 쉬워지고, 중요하지 않은 모임에 얼굴을 덜 들이밀게 되고, 무리한 부탁은 정중히 거절할 줄도 알게 된다. 시간 관리도 철저해진다. 자질구레한 일들은 한 번에 모아서 바로바로 처리하고, 무의미한 웹서핑을 줄이게 된다. 그리고 그렇게 해서 모은 시간과 에너지를 정말로 좋아하는 일과 소중한 관계에 투여하게 된다.

마흔을 앞두고 나도 인생을 가지치기해 보았다. 우선 '내가 아니면 안 되는 일'과 '내가 아니어도 잘 굴러가는 일'을 구분해 보았다. 그랬더니 생각보다 '내가 아니어도 잘 굴러가는 일'이 훨씬 많아서 깜짝 놀랐다. 우리가 어떤 일이든 잘 거절하지 못하고 도맡는 이유는 '내가 아니면 안 되는데' 하는 우려 때문이다. 하지만 잘 살펴보면 내가 아니어도 일은 잘 굴러간다. 내가 빠져도 모임은 잘 유지되고, 내가 퇴사해도 회사에는 큰 문제가 없다. 결국 누가 해도 상관없는 수백 가지 일들이 소중한 내 시간과 에너지를 점령하고 있는 셈이다. 그러니 과한 걱정은 내려 놓고 내가 아니어도 잘 굴러가는 일들부터 정리하고, 그 시간을 하고 싶은 일을 하는 데 쓰자. 그래도 세상은 문제없이 잘 돌아 가니까.

언제든 하고 싶은 일을 우선하며 살겠다고 마음먹을 것

일본 작가 소노 아야코는 자신의 책《마흔 이후 나의 가치를 발견하다》에서 이렇게 썼다. "하루는 24시간뿐이다. 도저히 우리 마음대로 조작 불가능한 것이 바로 시간이다. 시간은 가장 잔혹한 것이다. 시간은 최고의 성실을 요구한다. 누구에게, 어디서, 무엇을 단념하고 무엇을 선택하기 위해 사용할 것인가를 분명히 할 것을 요구한다. 그래서 나는 시간이 두렵다."

우리는 모두 유한한 존재다. 무한정의 시간과 에너지를 가지고 있지 않다. 그래서 선택의 문제가 발생한다. 무엇을 택하고 무엇을 버릴 것인가. 이런 선택이 쌓여 결국 인생을 이룬다. 그러므로 선택은 언제나 중요하다. 그런데 현실은 어떤가. 매번 상황에 떠밀려서 선택하고 '어쩔 수 없지' 하며 합리화하고 있지는 않은지. 그러면 결국 남들의 기대에 맞춰 사느라 내 뜻대로 살아 본 적이 없는 인생이 되고 만다.

그러니 딸아, 언제나 하고 싶은 일을 우선하며 살겠다고 마음먹어라. 그렇게 결심해도 현실은 언제나 타협의 연속이므로 해야만 하는 일을 조금 줄이고 하고 싶은 일을 조금 늘려 나갈 수 있을 뿐이다. 그래도 그렇게 마음먹으면 네가 제법 가치 있게 느껴질 것이다. 그리고 너도 모르게 그것과 가까워지고자 중간에 돌 하나라도 놓는 선택을 하게 되겠지. 징검돌을 하나, 둘, 셋 늘려 가다 보면 어느 순간 정말 하고 싶은 일로 건너가는 날을 맞이하게 될 수도 있다. 삶을 뜻대로 살아간다는 것은 바로 이런 점진적인 변화에 의해 이루어진다.

누가 뭐래도 재미있게 사는 게 최고다

나는 20년 넘게 첼로를 배우고 있다. 가끔 지인들과 조촐한 연주회도 연다. 독주도 하고 4중주도 한다. 이런 말을 전해 들은 사람들은 내가 첼로를 어마어마하게 잘 켤 거라고 기대한다. 하지만 내 실력은 20년 세월을 들먹이기에 부끄러운 수준이다. 아직도 서툰 티가 나고 실력은 보잘것없다. 나는 첼로를 사랑하지만 그 사랑은 짝사랑이다.

비록 아버지의 반대로 음악가의 길은 포기했지만 음악에 대한 관심마저 사라진 것은 아니었다. 그래서 마흔 넘어 생활이 안정되자 첼로 레슨을 받기 시작했다. 하지만 일과 레슨을 병행하기가 쉽지 않았다. 선생님이 내 준 그 짧은 숙제를 하기도 버거웠다. 게다가 학회 일정 등 생활이 바빠지면 몇 달이고 레슨을 못 받기도 했다. 그러다 보니 영 진도가 나가지 않았다. 첼로를 배운답시고 돈 들여 첼로를 사 놓고는 정작 연습은 하는 둥 마는 둥 한 것이다.

그래도 나는 첼로 배우기를 포기하지 않았다. 레슨을 받는 짧은 시간이나마 소리에 집중하다 보면 일에서 받은 스트레스가 사라졌다. 정신건강의학과 의사의 생활은 온통 머리를 쓰는 일 투성이다. 환자의 말을 경청하고 그 안의 숨은 의미를 찾고 그에 대한 역동적 해석을 해 주려면 끝없이 집중해야 하기 때문이다. 게다가 병원을 찾는 환자들이 하는 말은 대개가 어둡고 슬픈 이야기다. 그런 말을 계속 듣고 있으면 내 마음도 같이 무거워지곤 했다.

그런데 첼로를 연주하고 있으면 일하느라 소진된 에너지가 재충전되는 느낌이 들었다. 첼로가 내는 음에 집중하는 동안 뇌의 다른 영역이 활성화되었고, 첼로 소리에 귀를 기울이는 활동 자체가 나에게는 명상 같은 효과를 주었다. 잡생각이 사라지고 마음이 가벼워졌다.

또 첼로 연주는 일상에서 발견하기 어려운 아름다움을 선물해 주었다. 가끔이지만 좋은 소리가 날 때, 오랫동안 연습한 곡을 실수 없이 연주했을 때, 함께 연주하는 사람들과 합이 잘 맞았을 때, 쾌감을 느끼곤 했다. 저녁 무렵 아름다운 석양을 보았을 때나 손잡고 사이좋게 걸어가는 노부부의 뒷모습을 바라볼 때 '세상이 참 아름답구나' 하는 느낌과 비슷하다. 아름다움을 느낄 때 오는 쾌감은 일상에 찌든 마음을 정화해 주었다.

그뿐만이 아니다. 첼로를 배우는 동안 만난 사람들은 내게 새로운 세상 이야기를 전해 주었다. 그중에는 예술 분야에 종사하는 사람들도 있지만, 나처럼 음악을 좋아해서 찾아온 다른 분야의 사람들이 더 많았다. 그리고 나이대도 참 다양했다. 그처럼 나이와 분야를 막론한 사람들과 이야기를 나누면서, 내가 알지 못했던 세상을 엿보는 기회를 얻었다. 병원에만 머물렀다면 세상에 얼마나 다양한 시선들이 존재하는지 몰랐을 것이다.

그런 즐거움 때문에 나는 여전히 첼로를 배우고 있다. 연습을 많이 해서 몇 곡을 연주해 내겠다는 욕심은 버린 지 오래다. '레슨만 빠지지 말자, 여력이 되면 하루에 딱 15분만 연습하자.' 이 정도가 첼로를 배우는 내 원칙이다. '잘하겠다'가 아니라 '그냥 한다'가 내 목표다. 그렇게 마음을 편하게 먹어야 좌절하지 않고 오래 할 수 있으며, 첼로 연주에서 오는 즐거움도 누릴 수 있다.

잘하겠다는 욕심부터 버릴 것

두말할 필요 없이 취미는 생활의 활력소다. 취미는 철저히 자신이 중심이 되어 통제할 수 있는 몇 안 되는 세상이다. 직장 일이든 인간관계든, 혼자 힘으로는 그 무엇도 만들어지지 않는다. 변수가 있기 마련이고, 생각지 못한 불협화음이 발목을 잡는 것도 예삿일이다. 하지만 취미는 오롯이 나 자신에게 투자해서 누릴 수 있는, 아무도 알아주지 않아도 나만이 느낄 수 있는 행복을 선사한다. 운동을 할 때 땀방울을 흘리며 느끼는 성취감, 춤 연습을 하다가 동작의 짜임이 맞아떨어졌을 때의 뿌듯함은 올림픽에서 메달을 딴 선수 못지않다.

또 취미는 굳이 잘할 필요가 없다. 우리가 돈 받고 하는 일, 즉 직장에서 하는 일이나 사업, 장사는 잘해야 한다. 잘한다는 것은 경쟁에서 이길 정도는 돼야 한다는 뜻이다. 그래야 돈도 벌고 의식주를 해결할 수 있다. 하지만 취미는 기본적으로 누군가를 이기기 위해서 하는 활동이 아니다. 그저 좋아서, 즐겁자고 하는 일이다. 그래서 취미 생활을 하는 동안에는 회사에서 받은 압박과 스트레스에서 벗어난다. 그리고 좋아하는 일에 몰입함으로써 새롭게 에너지를 얻을 수도 있다.

취미가 좋다는 것은 누구나 안다. 하지만 막상 나이 들어 새로운 취미를 갖는 사람은 생각보다 많지 않다. 어떤 이들은 일을 하고 가정을 돌보느라 취미 생활을 할 만한 여유가 없다고 말하기도 한다. "극장 가서 영화 본 게 언제인지도 까마득한데 취미 생활을 할 정신이 있겠어?" 충분히 이해한다. 취미 생활을 할 여유가 있으면 잠이라도 푹 자는 게 소원일 수 있다. 하지만 그럴수록 나는 취미 생활을 해 보라고 권한다. 쳇바퀴 같은 삶을 성실하게 살아가기 위해서라도 가끔은 일부러 시선을 다른 곳으로 돌릴 필요가 있고, 취미 생활은 그 적절한 대안이 되어 주기 때문이다.

그런데 그 모든 것을 알면서도 선뜻 취미 생활을 하지 못하는 이들이 있다. 그들은 자신이 초보자인 것을 부끄러워한다. 거기에는 취미도 경쟁하듯 하려는 태도가 깔려 있다. 이왕 하는 거, 장비도 괜찮은 걸로 준비하고 탁월한 선생님에게 배워 실력을 쑥쑥 키우려고 한다. 취미도 일처럼 잘해 내고 싶어 하는 것이다.

한번은 한 여성이 유화 그리기를 취미로 삼기 위해 미술용품을 구입한 다음 한 달도 안 돼서 그만두었다며 "작심삼일이 되지 않게 하려면 어떻게 해야 하나요?" 하고 물어 온 적이 있다. 나는 취미에 너무 큰 비중을 두지는 말라고 조언했다. 무슨 일이든 처음부터 너무 작정하고 시작하면 즐겁기는커녕 부담스러운 일이 되어 버린다. 그래서 결국 얼마 못 가 그만두게 된다.

평생을 경쟁 속에서 살아온 우리는 뒤처지는 것에 대한 불안감을 늘 안고 있다. 그래서 부지불식간에 취미마저도 잘하려고 애쓴다. 하지만 잘해야만 하는 일은 직업 하나로 족하다. 나머지는 좋아하는 만큼 즐기면 된다. 시간이 없으면 없는 대로, 금전적인 여유가 부족하면 그러한 대로, 각자의 사정에 맞춰 가능한 만큼 누리면 된다.

비교와 경쟁 그리고 잘하고 싶다는 욕심에서 벗어나 내가 재밌고 즐거운 범위 내에서 자유롭게 누리겠다고 마음먹는 것. 큰 목표는 멀찌감치 세워 놓고, 되는 대로 조금씩 해 나가기. 이것이 내가 20년 넘게 취미 생활을 이어 온 비결이다.

내가 좋고, 즐겁고, 행복하면 그뿐

어린아이들이 노는 모습은 즐거움 그 자체다. 아이들은 모래성을 쌓고는 그 안에서 공주 왕자 놀이도 하고, 살림 놀이도 하고, 전쟁 놀이도 한다. 세상의 축소판 같은 놀이터에서 아이들은 규칙을 배우고, 갈등을 경험하고, 타협하고 양보하는 법을 배운다. 그리고 무엇보다 아이들은 놀이에 몰입한다. '내일 이 놀이를 계속할 수 있을까?', '내가 어제보다 잘하고 있나?' 따위를 걱정하지 않는다. 지금 이 순간 누릴 수 있는 모든 재미에 자신을 100퍼센트 열어 놓는다.

어른에게는 취미가 아이들의 놀이와 비슷한 역할을 한다. 취미는 현실의 나를 잠시 잊게 하고, 이행 공간(transitional space)으로 나를 데려다준다. 이행 공간은 현실과 환상을 연결하는 가상의 공간이다. 이 공간 안에서 우리는 현실에 찌든 마음을 치유하고, 인간 본연의 순수함을 맛보는 기쁨을 얻는다. 창조성, 예술, 문학은 모두 이행 공간에서 일어나는 작업들이다.

그래서 우리 모두에겐 취미가 필요하다. 외부에서 가해 오는 조건이나 압박에서 벗어나 내면에 집중하고 몰입해서 즐거움을 얻을 수 있는 것이 필요한 것이다. 잘하든 못하든, 대단한 것이든 사소한 것이든 상관없다. 내가 좋고, 즐겁고, 행복하면 그뿐.

그러니 딸아, 습관적인 비교와 평가로 취미의 세계를 망치지 말자. 놀이의 세계에까지 경쟁을 들여오지는 말자. 내가 재밌고 즐겁다는데 누가 어떻게 보든 무슨 상관이겠니. 내 뜻대로 찾아

누리는 사소한 재미가 많아져야 팍팍하고 사나운 인생을 견딜
수 있다. 그러니 취미만큼은 무조건 내 마음대로, 내 취향껏 하
겠다고 마음먹자. 사실 취미 생활 외에 하고 싶은 대로, 원하는
만큼 할 수 있는 일도 별로 없다. 세상은 내가 맞춰야 하는 일과
사정이 가득한 곳이니까. 그리고 취미라는 평생 친구를 얻으면
나쁠 게 하나 없다. 그저 좋을 뿐이다.

딸아, 너는 어떤 사람으로 기억되고 싶니?

병원에서 청소부로 일하는 루크. 그는 병실을 청소하고 비품을 채워 넣는 등 병원의 소소한 살림을 담당했다. 매일 성실히 직무를 수행하던 그에게 어느 날 한 환자의 아버지가 찾아와 날카롭게 쏘아붙였다. 왜 자기 아들이 머무는 병실만 빼놓고 청소하느냐는 것이었다. 그는 당황했다. 환자의 아버지가 담배를 피우고 오는 사이에 그 방을 말끔히 청소해 놓은 터였다. 하지만 그는 "아까 청소했는데요?"라고 항변하지 않았다. 막 청소를 끝낸 병실로 다시 돌아가 아버지가 보는 앞에서 청소를 시작했다. 그것도 웃는 얼굴로.

그 병실에 머무는 청년은 어쩌다 싸움판에 휘말렸다가 다쳐서 6개월째 혼수상태였다. 아버지는 날마다 아들 곁을 지키며 깨어나기만을 기도했다. 하지만 아들의 상황은 좋아질 기미가 보이지 않았고 아버지는 지쳐 갔다. 루크는 그런 아버지의 상황을 이해했다. 그래서 계속되는 밤샘 간호로 판단력과 자제력이 흐트러진 보호자를 배려하는 것도 그의 일이라고 생각했다.

"그분 아들이 여기 온 지 6개월이 넘었는데 언제 다시 일어날지 모른다고 하네요. 아버지 입장에서는 얼마나 마음이 아프시겠어요."

이는 사회 심리학자 배리 슈워츠와 정치학자 케니스 샤프가 함께 쓴《어떻게 일에서 만족을 얻는가》에 나오는 에피소드다. 그들은 루크에게 대다수 직장인들에게서는 찾기 어려운 것이 있다고 말한다. 바로 일의 목적과 의미였다. 대다수의 청소부들은 병실을 깨끗이 관리하는 것이 자신의 일이라고 생각한다. 일을 직무와 동일시하는 것이다. 하지만 루크는 달랐다. 그는 환자와 보호자를 편안하게 해 주는 것이 자기 일의 목적이라고 여겼다. 그래서 업무 매뉴얼에 얽매이지 않고 목적을 달성하기 위해 가장 효과적인 수단을 찾아 실행했다. 이것이 그가 자기 일에서 소외되지 않고 깊은 만족을 얻는 방법이었다.

의미가 있어야 버틸 수 있다

일은 우리의 의식주를 해결해 준다. 또 우리는 일을 통해 재능을 꽃피우고, 사회로부터 인정받는다. 일은 성취의 기쁨을 준다. 하지만 그것만이 전부일까? 그렇다면 일터에서 승승장구할수록 만족감도 커져야 할 텐데, 어느 순간에 이르면 공허함과 무력감이 몰려온다. 왜 그럴까? 무엇이 빠졌기에 일이 지겨운 밥벌이로 전락하고 마는 걸까?

이에 대해 〈뉴욕 타임스〉의 칼럼니스트 데이비드 브룩스는 《인간의 품격》에서 삶을 '의미와 가치를 찾는 내적 성장의 과정'으로 바라보는 전통의 힘이 너무 약해졌기 때문이라고 분석했다. 요즘은 '빅 미(Big me)'의 시대다. 자신을 우주의 중심으로 바라본다. 삶은 숨겨진 재능을 발견하고 이를 실현해 나가는 과정이다. '빅 미'는 성취하고 성공하고 정복하고 승리하고 싶어 한다. 사람들은 '빅 미'의 요청에 따라 열심히 커리어를 쌓고, 그럴듯하게 자기를 포장하는 기술을 익힌다.

반대로 '리틀 미(Little me)'는 자신을 처음부터 결함이 있는 존재로 생각한다. 데이비드 브룩스의 표현에 따르면 뒤틀린 목재다. 자아는 유혹에 빠지기 쉽고 자주 실수를 저지른다. 그러므로 인간은 끝없이 자아를 단련해 나가야 한다. '리틀 미'에게 중요한 것은 도덕이고 더 높은 가치에 순응하는 태도다. '리틀 미'는 이기심과 자만심을 다스리고 타인에게 선행을 베푼다. '리틀 미'는 겸손하고 평화로운 내적 인격을 갖추길 원하며, 굳건한 분별력을 기르고 싶어 한다.

성공을 추구하는 '빅 미'와 성장을 추구하는 '리틀 미'는 서로 갈등하는 관계지만, 오랫동안 균형을 이뤄 왔다. 그러나 능력주의와 소셜 미디어가 득세하는 현대에 이르러 '리틀 미'의 힘은 굉장히 약화되었다. 현대인들은 '빅 미'의 주문에 따라 매일매일 열심히 일하고, 부와 명성을 쟁취하고자 노력한다. 그에 따라 내적 세계는 축소되고 외적 세계는 팽창했다.

그러나 '빅 미'만 따르고 살다 보면 어느 순간 길을 잃어버린다. 달리는 법은 익혔는데 어디로 가야 하는지를 모른다. '빅 미'를 따르던 삶은 갑자기 혼란스러움에 빠진다. 늘 바쁜데도 이상하게 권태롭고 막연히 불안하다. 그러다 시련이 닥치면 크게 흔들리다가 결국 무너지고 만다. 다행히 시련을 만나지 않으면 작은 성과에 만족하고, 가진 재능으로 연명하며, 맡은 일을 제시간에 해내는 것만으로 충분하다고 여긴다. 어떤 일에도 영혼을 바치거나 몸을 던지지 않는다.

그렇게 일과 내가 분리된다. 이런 사태를 피하고 싶다면 '리틀 미'로 시선을 돌려야 한다. '리틀 미'는 우리로 하여금 의미와 가치를 찾으라고 이야기한다. '리틀 미'가 중심이 될 때 나는 지혜로워지고, 삶은 더욱 큰 이야기로 흘러간다. '빅 미'는 '리틀 미'의 명령을 따라야 한다. '빅 미'가 우리에게 어떻게 해야 목적지에 빨리 도달할 수 있는지를 알려 준다면, '리틀 미'는 우리에게 어디로 그리고 왜 가야 하는지를 알려 주기 때문이다. 그리고 단단한 내적인 삶이 없으면 풍선처럼 부풀려진 외적인 삶은 결국 무너지고 만다.

조문을 미리 생각해 보라는 이유

마흔 전까지는 '빅 미'를 중심으로 살 수밖에 없다. 가진 것 없이 태어나 거친 세상에서 자리를 잡으려면 사회의 요구에 어느 정도는 부응해야 한다. 재능을 발견하고, 직업을 얻고, 인간관계를 맺고, 아랫세대를 길러 내야 한다. 자신의 쓸모를 증명하면서 삶의 기반을 안정되게 닦아 나가야 한다. 성취와 성공을 향해 달려가야 하는 것이다.

그러나 마흔 이후에는 '리틀 미'의 요구가 고개를 든다. 왜, 무엇을 위해 그렇게 살아야 하는가. 흔히 이야기하는 행복이라는 말로는 부족하다. 우리는 쉽게 변하지 않는 그 무엇에 자신을 바치고 싶어 한다. 그것은 사람에 따라 신이기도 하고, 천직이거나 소명이기도 하다. 나는 그것을 의미와 가치라고 부른다. 희생했음에도 아깝지 않고 오히려 기쁨을 느끼게 해 주는 것, 때로는 즐거움과 행복도 기꺼이 포기하게 만드는 것, 가진 게 적어도 내적인 평온으로 이끌어 주는 것, 매일 반복되는 청소 일에서 깊은 만족을 느끼는 루크에게 있었던 것. 바로 일에 부여하는 의미와 가치였다.

의미가 있어야 반복되는 일상에 지치지 않을 수 있다. 그뿐만 아니라 인생을 더 높은 시선에서 조망하며 살아갈 수 있다. 그런데 어떻게 의미와 가치를 찾을 수 있을까. 모두가 '빅 미'를 외치며 더 멋지고 잘난 내가 되기를 바라는 이 시대에 말이다. 이에 데이비드 브룩스는 '리틀 미'에 가까워지고 싶다면 '조문

(弔文)'을 미리 생각해 보라고 말한다.

조문은 장례식장에서 고인을 추모하기 위해 조문객들이 작성하는 글이다. 조문에는 고인의 주변 사람들이 그를 어떻게 기억하는지가 고스란히 나와 있다. 용감했다거나 정직했다거나 진실했다거나 하는 핵심 성격들이 열거돼 있기 때문이다. 만약 내가 죽는다면 사람들은 나를 어떤 단어로 기억할까? 아직 너에게 죽음이 너무 먼 이야기처럼 들린다면 이렇게 물어볼게. 딸아, 너는 사랑하는 사람들이 널 어떻게 기억해 줬으면 좋겠니?

나는 사람들이 나를 의사로 몇 년을 봉직했는가보다, 비록 대단한 성취를 이루지는 못했어도 매일매일 성장하기를 포기하지 않았다고 기억했으면 좋겠다. 내게 온 인연과 행운을 감사히 여기던 사람으로 기억했으면 좋겠다.

그렇게 조문을 미리 떠올려 본다면 내가 인생에 어떤 의미를 부여하고 있는지 좀 더 명확히 보인다. 인생은 거대한 수레바퀴다. 멈추고 싶다고 해서 멈출 수 없고, 빨리 굴리려고 해도 내 맘처럼 잘 안 된다. 그 수레바퀴는 도저한 흐름으로 묵묵히 나아간다. 나는 인생의 수레바퀴를 따라 잠시 내게 왔지만 곧 떠나갈 것들을 잘 보낼 줄 알고, 앞으로 찾아오는 생의 과제를 온전히 수용할 줄 아는 사람이고 싶다. 즉 '변화와 성장'이 내가 일과 삶에 부여한 의미이자 가치인 것이다.

하지만 이것은 나의 이야기일 뿐이다. 딸아, 너에게도 너만의 의미와 가치가 있을 것이다. 만약 그게 뭔지 잘 모르겠다면 먹고사느라 바빠 미처 발견하지 못했거나, 아직 찾고 있는 중일 수 있다. 그리고 지금부터 차차 '리틀 미'에게로 관심을 돌려도 늦지 않다.

네 삶을 어떤 이야기로 남기고 싶은지, 사랑하는 사람들에게 어떤 기억으로 남고 싶은지 곰곰이 생각해 보기를. 프랑스의 작가 알베르 카뮈는 이런 말을 남겼다. "일이 없다면 모든 인생은 부패한다. 그러나 일에 영혼이 없다면 인생은 질식사한다."

일에 자기만의 의미와 가치를 부여한 사람은 쉽게 무너지지 않는다. 일이 지난한 반복에 불과할지, 아니면 일을 하는 것이 삶의 목적과 의미를 실현시키는 과정일지는 너에게 달려 있다. 그러니 너를 버티게 할 그 의미를 꼭 찾기를 바란다. 그것이 남은 인생을 더 단단하게 만들어 줄 것이기 때문이다.

사람을 얻는 가장 현명한 방법

내가 처음 국립정신병원에 들어갔을 때, 그곳에는 나보다 서른 살이 많은 어머니뻘 되는 의사 선생님이 한 분 계셨다. 당시에는 여성으로 그만큼 오래 일한 선배가 드물었기에 여의사들은 때때로 그분의 방에 가서 담소를 나누고, 간식도 나누어 먹곤 했다.

바쁜 일과가 끝난 오후에 그 방에 들어서면 햇살이 나지막하게 비추는 가운데, 글을 쓰고 계신 선배님의 단아한 모습은 언제 봐도 참으로 평화로워 보였다. 선배님은 이미 아이들을 다 키워 유학을 보낸 뒤라 선배 엄마로서 나에게 많은 조언을 해주셨다. 또 독서량은 어찌나 많은지, 그녀와 대화를 나누고 있노라면 나까지 인문학의 바다에 풍덩 빠지는 기분이었다. 무엇보다 의사로서 그 자리에 계시는 것만으로도 나에게 훌륭한 롤모델이 되어 주셨다. 등대처럼 우뚝 서서 길을 밝혀 주는 선배님을 보면서 나도 모르게 그분을 닮고 싶어 했던 것 같다.

방어 기제 가운데 '동일시'라는 것이 있다. 자기가 좋아하고 존경하는 사람처럼 되기 위해 노력하는 것이다. 동일시는 자아와 초자아의 형성에 큰 역할을 하며 성격 발달에 아주 중요한 방어 기제다. 최초이자 가장 강력하게 영향을 끼치는 동일시 대상은 다름 아닌 부모다. 아이들은 부모를 완벽하다고 생각하며, 어떤 어려운 일이 생겨도 나를 지켜 줄 수 있는 슈퍼히어로라고 믿는다. 그래서 부모처럼 되려고 애쓴다. 아빠처럼 양복과 구두를 신고 회사에 가겠다고 떼쓰고, 엄마처럼 화장을 하면서 어른 행세를 하기도 한다.

동일시는 사회에 나와서도 중요하게 작용한다. 회사에서 능력을 인정받고 승승장구하는 선배를 보면서 그 사람처럼 되고 싶다고 생각한다. 자기도 모르게 그가 행동하는 방식, 이를테면 말투나 몸짓을 따라 하기도 한다. 때로는 그런 동일시가 유치한 모방처럼 보여도, 그러는 동안 능력을 키우고 하루하루 성장해 나간다. 사실 존경할 만한 누군가가 있는 사람은 행복한 사람이다. 특히 젊은이들의 인격 성장에는 동일시할 수 있는 이상화된 대상이 반드시 있어야 한다.

믿고 따를 만한 사람이 있다는 것의 의미

하지만 마흔이 넘으면 조직의 대들보 같던 선배들이 하나둘 쓰러져 나가는 모습을 보게 된다. 절대로 흔들리지 않을 것 같던 능력 있고 멋진 선배들이 조직의 논리에 의해서 혹은 세상의 변화에 발맞추지 못해서 회사를 나가야 할 때 그들의 뒷모습은 한없이 나약해 보인다.

또 시간이 흐를수록 완벽하기만 할 것 같았던 선배들에게도 성격적 결함이 보이기 시작한다. 단점과 약점은 누구에게나 있다. 하지만 이상화했던 대상에게서 발견하는 단점과 약점은 더 어둡고 깊게 느껴진다. 더욱이 그런 결함이 조직의 알력 속에서 드러나게 되면 사람에 대한 회의와 냉소, 불신으로까지 번진다. 세상에 믿을 만한 사람은 아무도 없으며, 모두가 자기만 생각하는 이기적인 존재라고 단정 짓게 되는 것이다.

그러나 믿고 따르던 선배에게 느끼는 실망은 매우 자연스러운 것이기도 하다. 대상에 씌운 이상화가 거둬지고 그를 객관적으로 바라보게 되는 과정에서 생기는 당연한 현상이다. 우리가 누군가를 이상화하는 이유는 그가 거대하고 완전한 힘으로 나를 지켜 주리라는 환상을 품기 때문이다. 즉 혼자 서기에는 아직 어리고 힘이 없다고 느낄 때 기댈 만한 누군가를 만들고 그를 따르려고 한다. 그러다 시간이 흐르고 능력이 커지면 이상적인 대상이 없이도 스스로 설 수 있게 된다. 그때 비로소 우리는 이상화를 거두고 그의 장점과 단점을 통틀어서 바라보게 된다.

세상에 완벽한 사람은 아무도 없다. 인간은 모두 자기만의 한계와 단점을 갖고 있기 마련이다. 그러니 누구에게라도 100퍼센트 완벽하기를 기대해선 안 된다. 완벽한 존재는 현실에서 불가능하기에 신이 존재하는 것이 아니겠는가. 내 경험상 좋은 점이 60퍼센트만 넘어도 그 사람은 충분히 존경할 만하다. 그리고 누구든 나쁜 점보다는 좋은 점을 더 크게 보려는 노력이 필요하다. 그래야 우리는 존경의 대상을 잃지 않을 수 있다.

그처럼 믿고 따를 만한 사람이 있다는 것은 무엇보다 나 자신에게 좋다. 존경하는 사람이 있으면 그를 닮기 위해 노력하게 된다. 또 세상을 안심하고 살아갈 수 있다. 힘들고 혼란스러울 때 잠시 기대어 쉴 수 있는 존재가 있다는 뜻이므로. 그러니 단점보다 장점이 더 많고, 결함만큼 통찰도 깊은 사람이라면 그를 마음으로부터 지켜 주면 어떨까. 나쁜 점을 크게 보아 소중한 인연을 망치지 말고, 좋은 점으로 눈을 돌리는 것이다. 우리는 모두 결점이 많은 사람들이기 때문에 인간관계 또한 약하고 깨지기 쉽다. 일로 만난 사이는 더욱 그렇다. 그런 관계를 끈끈하게 만드는 것은 기준을 조금 낮추고, 한쪽 눈을 감고 믿어 주는 태도라고 나는 믿는다.

냉소적인 태도는 결코 너에게 도움이 되지 않는다

세상을 알면 알수록 더욱 사랑하게 될까, 아니면 냉소적으로 바라보게 될까. 나는 후자의 경우를 더 많이 보았다. 교과서에서 배운 세상은 규칙을 지키고, 도덕적으로 사는 사람들이 응당 보답받는 곳이었다. 하지만 실제의 세상은 달면 삼키고 쓰면 뱉는 기회주의자들과 남들이 받을 피해보다 자기가 얻을 이익을 더 크게 생각하는 이기주의자들, 실력보다 눈치가 빠른 아첨꾼들이 득세하는 곳이다. 그래서일까. 나이가 들수록 사람들은 세상을 불신한다. 정치인이든, 경제인이든, 유명인이든, 그들이 말하는 좋은 의도에는 늘 속셈이 있다고 생각한다. 겉으로 아무리 좋은 뜻을 강조해도 결국 제 밥벌이를 챙기려는 수작이라고 여긴다. 그래서 우리는 늘 저의를 의심한다. 밑바닥에 숨어 있는 진짜 의도를 파악하려 애쓰고, 그래야 멍청하게 당하지 않을 수 있다고 생각한다.

하지만 의심은 피곤을 부른다. 매사 신경을 곤두세우고 말뜻과 행동의 의도를 파악해야 하기 때문이다. 또 제아무리 날카롭게 분석한다고 해서 그것이 전부 옳다는 보장도 없다. 사람은 언제나 자기가 가진 고유한 체로 걸러서 세상을 바라본다. 즉 마음에 안 드는 사람이 하는 말엔 왠지 속셈이 있을 것 같고, 좋아하는 사람이 하는 행동엔 그럴듯한 뜻이 있다고 믿고 싶은 것이 사람이다. 우리는 아무리 애써도 있는 그대로의 사람과 세상을 볼 수가 없다. 또 시간이 지나면 생각과 태도도 변한다. 그래서 나는 지금은 이해가 안 되는 말과 행동이라도, 미처 내가 보지 못한 부분이 있을 거라는 가능성을 접지 않는다. 가끔 사람이 실망스럽고 세상이 위험해 보여도, 그게 전부는 아니라고 일단은 믿는다. 세상 어딘가에는 서로를 배려하고 숭고한 희생을 마다하지 않는 아름다운 사람들이 있고, 내 앞에 서 있는 속을 모르겠는 그 사람에게도 그런 면이 일부 존재한다고 믿는다. 아직 내가 그것을 보지 못했을 뿐.

딸아, 산다는 것은 상처를 입고 또 치유해 나가는 과정이다. 믿었던 사람과 세상에 상처받으면 누구나 저도 모르게 움츠러든다. 조심스럽게 살게 되고, 많은 걸 의심하게 되지. 그러나 고슴도치처럼 날을 세우는 동안, 새로운 사람들과 함께 도전하고 성장할 수 있는 많은 기회도 사라지고 만다. 안전하지만 생동감이 부족한 삶, 변화 없이 머무는 삶이 되고 말지.

지금껏 살아 보니 지키는 삶이 주는 안정감보다 조심하느라 놓쳐 버린 기회와 그에 따른 후회가 더 크게 느껴지는구나. '그때 조금 더 도전적으로 살아야 했는데, 그때 사람을 더 믿었어야 했는데' 하는 말을 자주 하게 되는 것이다. 다행히도 마흔에 이르면 세상의 비정함과 사람의 냉정함을 경험하면서 그로부터 자신을 지키는 기술도 자연스럽게 터득하게 되지. 그러니 이제부터는 어린 시절에 그랬던 것처럼 다시 세상과 사람을 믿고, 마음을 열고, 도전적으로 살아 보면 어떨까. 마흔에 이르는 동안 다져진 균형감과 현실감이 네 무기가 되어 줄 테니. 지금 다시 보는 세상은 어려서 본 아름답기만 한 세상은 아니다. 그럼에도 불구하고, 세상은 여전히 아름답고 인생은 살 만하다.

어쩌면 삶에서 가장 중요한 기술, "힘을 빼세요, 힘을"

나 어릴 때 우울해지면 울 아버지 슬며시 내게 오셔
내 어깨를 두드리면서 해 주시던 말씀이 있지
항상 실망할 필욘 없어 너무 많은 꿈들이 네 앞에 있는 것
중요한 그날이 올 걸 기다리며 마음을 편하게 가져
노는 게 남는 거야
어렸을 땐 뛰어놀아라 튼튼해지도록
젊었을 땐 나가 놀아라 신나게

이제 와서 생각해 보니 높은 뜻을 알 것만 같아
있는 실력 발휘하려면 긴장해선 되는 일 없어

네 자신을 몰아치지 마 그런 딱딱한 마음만 늘 가지고는
매일 똑같은 생각만 네 머릿속에 맴돌고 있는 거야
노는 게 남는 거야

- 더 클래식의 노래 '노는 게 남는 거야' 중에서

　내가 아는 한 친구는 중학생 때 전교 1등을 해 보고 싶다는 생각을 갖게 되었다. 그래서 잠도 줄여 가며 열심히 공부했다. 시험 당일이 되었다. 시험지를 받자마자 심장이 터질 듯 쿵쿵댔다. 눈앞이 뿌옇고 연필을 쥔 손에 땀이 흥건했다. 겨우 시험을 치르고 며칠이 흘렀다. 결과가 나왔는데 오히려 등수가 떨어졌다. 친구는 그때 깨달았다고 한다. 너무 잘하려는 욕심이 일을 그르칠 수도 있다는 것을.
　나도 살면서 너무 잘하려는 욕심 때문에 일을 그르친 적이 몇 번 있었다. 그래서일까. 이 노래를 들었을 때 가사가 귀에 쏙 들어왔다. 잘하려는 욕심이 나쁜 것은 아니다. 그러나 너무 지나치면 몸에 힘이 들어가고 마음이 긴장되고 사고가 경직된다. 실력을 제대로 발휘하려면 긴장을 풀 줄도 알아야 한다. 운동선수들이 '연습은 실전처럼, 실전은 연습처럼' 하는 이유가 이것이다. 새로운 춤과 노래를 선보이는 가수들도 무대에 오를 때는 즐긴다는 마음으로 올라간다. 안무와 가사가 틀릴까 봐 걱정해 봐야 아무 소용 없으며, 긴장을 하면 할수록 실수할 확률만 높아지기

때문이다. 평범한 우리도 마찬가지다. '잘해야만 한다'보다 '잘 되겠지' 하는 마음으로 임할 때 더 나은 결과물을 얻는다.

첼로를 배우며 터득한 의외의 기술

첼로 연주는 내 오래된 취미다. 그런데 첼로를 배우면서 예기 치 않게 얻은 삶의 기술이 있다. 바로 힘을 빼는 법이다. 정교하 게 음을 만들어 가는 과정에서 힘을 줄 때마다 선생님은 나에게 말했다. "힘을 빼세요. 힘을." 억지로 소리를 만들려고 힘을 주면 소리가 엉망인데, 힘을 빼면 되레 좋은 소리가 났다. 이런 경험을 수없이 하면서 '힘주는 버릇'을 버렸다. 뭐든 무리하면 탈이 난다. 이 당연한 진리를 첼로 연습에서 한 번 더 배운 것이다.

첫 책인 《딸에게 보내는 심리학 편지》를 쓸 때도 비슷했다. 처음에는 인간관계를 다룬 심리학 서적을 쓰려고 했다. 그런데 책을 쓴다는 데 대한 부담감, 특히 불특정 다수가 읽는다는 사실이 나를 긴장시켰다. 긴장은 걱정을 유발했고, 걱정은 과제를 회피하려는 꾸물거림으로 나타났다. 한 일도 없이 진만 빠졌다. 더군다나 딸의 결혼 준비와 맞물려 시간적으로도 엄두가 나지 않았다. 그런 나를 지켜보던 편집자가 어느 날 말했다.

"선생님, 문장이 너무 무거워요."

"제 마음이 무거워서 그런가 봐요. 딸이 결혼해서 미국에서 산다고 하니까."

"그러면 방향을 바꿔 보면 어떨까요? 따님에게 하고 싶은 말들을 편지 형식으로 써 주세요."

"제 딸에게요?"

"네. 엄마로서 딸에게 해 주고 싶은 이야기를 쓰신다고 생각하는 거죠. 그러면 조금 편하게 쓰실 수 있지 않을까요?"

"그거라면 제가 힘을 빼고 쓸 수 있을 것 같아요."

딸에게 편지를 쓴다고 생각하니 할 말이 쏟아져 나왔다. 딸에게 잔소리를 못 해서 안달인 엄마의 본능도 무시할 수는 없다.

책을 쓴다는 것은 나 자신을 사회화시키는 작업이지만 편지를 쓰는 건 수다를 떠는 일이다. 당연히 이 둘이 주는 압박감은 다를 수밖에 없다. 그때 깨달은 것이 긴장을 푼 이완의 상태일 때 더 나은 결과물이 나온다는 사실이었다. 힘을 빼니 진도도 곧잘 나가고, 진도가 나가는 과정에서 영감이 생겨나 오히려 완성도도 높아졌다.

어떤 것이든 더 오래, 더 잘하고 싶다면

'잘해야만 한다'는 생각에 자신을 계속 채찍질하는 사람들. 생각보다 우리 주위에는 이런 사람들이 너무 많다. 그들은 목표를 달성하기 위해 늘 긴장하고, 스스로를 질책하며 끊임없이 자신을 증명하려 애쓴다. 그리고 도달해야 하는 완벽한 상태에 이르지 못한 것에 대해 늘 스트레스를 받는다. 현재의 상태가 불만족스러운 그들은 절대 자신에게 휴식을 허락하지 못한다. 그래서 사람들과 잘 어울리지 못하고 여가도 즐기지 못한다. 주어진 과제를 완벽하게 하기 위해서 평범한 일상을 놓쳐 버리는 것이다. 하지만 그처럼 일을 완벽하게 해내기 위해 스스로를 너무 몰아붙이게 되면 아무런 즐거움도 느끼지 못하고 부담감만 잔뜩 짊어지게 된다. 좋은 결과를 내지 못할까 봐 걱정하고 불안해하느라 정작 일의 진도가 영 나가지 않는 것은 물론이다.

그럼에도 어떻게든 목숨 걸고 그 일을 해서 좋은 결과를 얻었다고 치자. 또다시 그 일을 하라고 하면 할 수 있을까? 대부분이 고개를 젓게 마련이다. 한두 번은 몰라도 3년, 5년, 10년을 긴장된 상태로 계속 스스로를 질타하며 갈 수는 없다. 아니 그 전에 몸과 마음에 탈이 나고 만다. 그리고 가장 큰 문제는 내가 아무리 노력해도 1등을 못 할 수 있고, 최선을 다했는데도 결과가 안 좋을 수 있다는 사실이다. 때론 그다지 노력을 하지 않은 사람이 나를 앞서갈 때도 있다. 그게 인생이다.

그러므로 어떤 것이든 더 오래, 더 잘하고 싶다면 절대 무리하면 안 된다. 이번에 하는 일이 설령 실패하더라도 툭툭 털고 일어날 수 있는 에너지는 남겨 두어야 한다. 그러기 위해서는 완벽에 대한 욕구를 내려놓고 기대 수준을 의도적으로 낮추는 것이 필요하다. 어제의 나보다 오늘 더 나은 내가 되는 것을 목표로 하고, 그것을 이루었다면 잘했다고 스스로를 칭찬할 수 있어야 한다. 그리고 '잘해야만 한다'는 부담감이 나를 짓누를 때 그것을 과감히 버릴 수 있어야 한다. 내가 좋아하고 즐길 수 있는 범위 내에서 일하는, 힘 빼기의 지혜가 필요하다는 말이다.

그처럼 힘을 빼고 무리하지 않는 법을 배우면 세상이 아무리 1등이 아니면 무의미하고 완벽하지 않으면 안 된다고 윽박질러도 그에 휘둘리지 않게 된다. 100점이 아니라는 이유로 누군가가 "넌 더 잘할 수 있어, 힘내"라고 말하면 "이 정도면 충분해"라고 대답하게 되는 것이다. 그리고 힘을 빼야지 오히려 일도 잘되고 인생의 다른 즐거움들도 놓치지 않게 된다.

하지만 막상 해 보면 힘을 빼는 것이 참 쉽지 않다. 이를테면 병원에서 엉덩이 주사를 맞을 때 사람들은 힘을 빼야 한다는 사실을 알면서도 자신도 모르게 힘을 준다. 오죽하면 간호사가 "힘을 빼지 않으면 더 아프실 거예요"라고 해도 자꾸만 힘을 주게 될까. 헤어샵에서 머리를 감겨 주는 사람이 "힘 빼세요"라고 얘기할 때도 마찬가지다. 그래서 나는 삶에서 힘을 빼는 법을 익히는 것이 매우 필요하지만 참 익히기 어려운 고급 기술이라는 생각을 한다.

트랙을 달리는 경주마는 눈가리개를 한다. 옆을 보지 말고 앞만 보고 뛰게 하려는 것이다. 그래서 경주마는 풍경을 못 본다. 트랙만이 세상 전부인 줄 안다. 하지만 우리는 모두 안다. 진짜 재미있는 세상은 트랙 바깥에 있다는 것을.

딸아, 나는 네가 경주마처럼 살지 않기를 바란다. 1등을 하기 위해 에너지를 바닥까지 짜내다 보면 옆을 바라보지 못한다. 풍경의 즐거움도, 인생의 다른 가치도 놓쳐 버린다. 그러니 '잘해야만 한다'는 부담감과 욕심을 내려놓고, 무엇이든 '일단 해 보자. 아님 말고' 하는 마음으로 해 보렴. 그리고 어떤 일을 하든 인생을 즐길 에너지는 꼭 남겨 놓아라. 왜냐하면 그 에너지가 너를 더 멀리 더 오래가게 해 줄 것이기 때문이다. 100미터 단거리를 뛰고 끝날 인생이 아니기에 페이스 조절은 필수다. 정말로, 노는 게 남는 거다.

오십이 되기 전에 정리해 두어야 할 3가지

딸아, 돌이켜 보면 나는 마흔이 될 때까지 몸이나 건강에 대해 별로 신경을 써 본 적이 없는 것 같다. 그건 너도 마찬가지일 거야. 젊은 시절에 건강은 공기처럼 너무도 당연해서 관심을 기울이지 않게 된다. 그저 목표를 향해 뛰어야 하고, 일과 인간관계만으로도 정신이 없지. 그런데 인생의 절반을 넘어가면서부터는 무엇이든 시작할라치면 가장 먼저 체력이 걱정되더구나. 내 몸이 그 일을 감당해 낼 수 있을지부터 확인하게 되는 것이다.

노화를 온몸으로 느끼는 요즘, 이제야 나는 인간도 물질로 이루어진 생명 기계라는 점을 뼈저리게 통감한다. 치밀한 논리와 드높은 이상도 결국은 몸 안에 자리 잡는 것이다. 몸이 망가지면 이성도 마음도 관계도 연쇄적으로 타격을 입게 된다. 그래서 나이가 들면 건강에 관심을 두고 잘 관리해야 한다. 그뿐 아니라 내 몸을 마지막까지 잘 건사하게 해 주는 돈 문제도 진지하게 고민해 봐야 하고, 약해지는 몸 때문에 겪게 되는 의존성에 대해서도 구체적으로 떠올려 보는 게 좋다.

마흔 이후부터는 체력을 1순위로

30대 후반에 연수차 미국에 잠시 머물렀을 때, 우연히 캐나다에서 학령기를 보낸 한국계 캐나다인을 만난 적이 있다. 나와 비슷한 또래인 그녀는 틈만 나면 수영, 조깅, 트레킹을 하곤 했다. 그녀의 다부진 체격이 인상 깊어서 하루는 어떻게 운동을 좋아하게 됐느냐고 물었다. 그녀가 대답하길, 캐나다에서는 학교 수업에서 운동이 차지하는 비중이 높다 보니, 어려서부터 다 함께 산을 오르고 스키를 탄다고 했다. 자기만 특별한 게 아니라 모두가 그렇다는 말에 놀랐던 기억이 난다.

학생 때부터 여러 운동을 접해서 평생 즐길 줄 알게 된 그녀가 참 부러웠다. 반면 나는 학교에서 체육을 제대로 배워 본 기억이 없다. 심지어 체육 시간에 선생님은 시험공부하라며 책상에 앉혀 두기까지 했다. 아마 너도 그런 경험이 있을 것이다. 대한민국에서 나고 자란 사람들치고 학교에서 운동을 제대로 익혀 본 사람이 있을까. '머리는 무겁게, 몸은 약하게'가 우리 교육의 현주소였다.

몸에 무지한 채로 시간이 흘러 마흔쯤 되면, 그간 말을 잘 듣던 몸이 조금씩 고장 신호를 보내기 시작한다. 건강 검진 결과 고지혈증, 고혈압, 지방간에 주의하라는 통보를 받기도 하고, 꼭 그렇지 않더라도 몸에 예전 같지 않은 여러 징후가 나타난다. 우선 체력이 떨어지니 짜증이 늘어난다. 눈앞의 일 처리만도 버겁고 소파만 보면 드러눕고 싶어진다. 아무것에도 호기심이 일지 않고 무기력한 상태가 지속되기도 한다. 당연히 일도 인간관계도 잘 안 풀린다.

이쯤 되면 더 열심히 일하고 공부하는 게 능사가 아니다. 그동안 소홀히 대했던 몸에 관심을 가지고 체력을 키워야 한다. 젊다는 사실 하나로 부딪치던 시절에는 모를 수밖에 없지만, 실은 인생에서 기본기는 바로 체력이다. 체력이 없으면 아무것도 해낼 수 없다. 체력이 없으면 흥미로운 도전도 할 수 없고, 즐거움도 곁에 둘 수 없다.

체력을 키우는 방법은 건강한 음식, 건강한 수면 그리고 운동이다. 그런데 여기에도 훈련이 필요하다. 마음먹는다고 해서 바로 잘할 수 없다는 뜻이다. 오래 즐길 수 있도록 자기에게 맞는 식단과 운동을 직접 경험해 보며 찾아야 한다. 그래서 마흔부터는 운동에 시간과 에너지와 돈을 써야 한다. 체력을 길러야 인생 후반전도 멋지게 살 수 있기 때문이다. 따로 시간을 내기 어렵다면 하루 30~40분씩이라도 걷는 것을 추천한다. 서양 의학의 선구자 히포크라테스도 말했다. "최고의 약은 걷는 것이다"
라고.

내 노후에 필요한 돈은 오직 나만이 알 수 있다

나는 쉰 살이라는 늦은 나이에 처음으로 병원을 열었다. 청소
부터 구인 그리고 결산까지, 작은 병원이지만 원장이 되면서 새
롭게 경험하는 일이 많았다. 개원 덕분에 배운 것들이 많은데,
그중에서 하나를 꼽자면 바로 '돈에 대한 개념'이었다.

대형 병원에서 20년 넘게 일하며 월급을 받을 때는 돈이 얼마
나 구체적인지를 잘 몰랐다. 서무팀에서 들어오는 돈과 나가는
돈을 전부 계산해 주니, 직원인 나는 주는 월급을 받으면 될 뿐
그 외에 신경 쓸 일이 없었다. 그런데 병원을 차리고 나서 컴퓨
터에 프로그램을 깔고 처음으로 환자를 진료한 후 기록을 입력
했더니, 곧바로 '수가(酬價)'가 뜨는 게 아닌가. 그간 병원에서 받
아 온 월급과는 사뭇 느낌이 달랐다. 환자로부터 직접 받은 돈이
자 내 노동의 대가가 고스란히 숫자로 보였다. 그동안 베일에 가
려져 있던 돈이라는 녀석이 눈앞에 정체를 드러낸 것 같았다.

그 후로는 돈이 다르게 보였다. 값비싼 자동차를 보면 그걸 사
기 위해 내가 해야 하는 노동량이 보이니 선택이 훨씬 쉬워졌
다. 그때 깨달았다. 돈에 관해서는 가능한 한 구체적으로 생각
해 보는 것이 가장 좋다는 것을.

길어진 노년을 대비하기 위해서는 최소 10억이 필요하다는 기사를 자주 보게 된다. 그런데 이런 기사들은 노년에 대한 걱정을 키우고, 지나온 삶을 후회하게 만들기 일쑤다. 왜냐하면 마흔 살에 겨우 은행 빚을 끼고 집 장만을 했는데 모아 둔 돈이 어디 있겠는가. 아직까지 내 집 마련을 못 한 사람들도 부지기수다. 그래서 미래를 생각하면 벌써부터 가슴이 답답해져 온다.

그런데 평균은 평균일 뿐, 모든 사람에게 정답은 아니다. 10억이 없어도 단단한 체력과 인맥으로 활력 있게 일하면서 일상을 꾸려 나가는 노인이 있는가 하면, 100억을 쥐고도 매일매일 불안에 떠는 노인도 있다. 돈이 많다고 노년이 반드시 행복한 것도 아니고, 돈이 없다고 노년이 불행한 것만도 아니다. 중요한 건 나에게 필요한 돈이 얼마인지 정확히 보려는 노력이다. 그래야 돈에 휘둘리지 않고 남은 인생을 뜻대로 즐길 수 있다.

생각을 바꾸면 돈뿐만 아니라 체력, 취미, 관계도 경제력에 포함될 수 있다. 돈이 부족하면 아껴 쓰겠다는 의지로, 할 수 있는 한 일을 하겠다는 각오로 살아갈 수도 있다. 그리고 은퇴하고 나면 더 이상 일하고 싶지 않다는 사람들이 많은데, 생각보다 돈과 관계없이 죽을 때까지 일하고 싶다는 사람들도 꽤 있다. 그러니 내 노후에 필요한 돈은 오직 나만이 알 수 있고, 그 금액 또한 사람마다 다를 수 있다. 그러니 노후에는 무조건 돈이 많아야 한다는 세간의 말들에 너무 주눅 들지 말기를. 필요한 돈은 지금부터 조금씩 연금으로 저축해 두는 등 현실적으로 계획을 세우면 된다. 추상적인 돈은 우리를 옭아매지만, 구체적인 돈은 살아가는 힘이 된다.

도와 달라는 말을 해야 할 때

"아침에는 네발로 기다가 점심에는 두 발로 걷고 저녁에는 세 발로 걷는 동물은 무엇일까."

이 수수께끼의 답은 바로 인간이다. 인간은 태어났을 때는 네 발로 기다가, 조금 있으면 두 발로 서는 법을 배운다. 그러다 세월이 흘러 노인이 되면 어느새 지팡이를 짚고 걷게 된다. 그래서 세 발이다. 두 발로 걷는 것이 어려워 지팡이에 의지하는 것은 그나마 다행이다. 언제든 내가 원하면 내 힘으로 갈 수 있으니까. 하지만 더 나이가 들면 건강이 나빠지고 거동이 불편해진다. 그러면 누군가에게 기대어 일상을 영위할 수밖에 없다. 제아무리 성공을 거둔 사람일지라도 마찬가지다.

문제는 그럴 때 누구에게 어떤 형태로 돌봄을 청할 것인가 하는 것이다. 예전에는 나이 든 부모가 자식에게 기대는 것이 당연했지만 요즘은 그렇지 않다. 부모는 자식에게 기대는 것을 너무 미안해하고, 자식은 부모가 병들고 아프면 모시는 게 당연하다 생각하면서도 한편으로는 그런 일이 없기를 바라게 된다. 왜냐하면 병들고 아픈 부모를 돌보는 것은 아이를 키우는 것만큼이나 힘들고 어렵다는 것을 익히 들어 알고 있기 때문이다. 다행히 요즘은 양로원, 요양원, 실버타운 등 노인을 돌보는 기관들이 늘고 있어, 노년에 어떻게 도움을 받으며 살아갈지 미리 계획해 볼 수 있다. 다만 타인의 도움을 받더라도 어떤 마음으로 받을 것인지는 별개의 문제이므로, 진지하게 따로 생각해 봤으면 한다.

하루는 공원에서 휠체어를 탄 어르신 두 분을 따로 목격한 적이 있다. 두 분 모두 요양보호사가 휠체어를 끌고 있었다. 한 분은 보호사와 웃으며 대화하는 모습이 보기 좋았다. 반면 다른 한 분은 보호사에게 이래서 불편하고 저래서 못마땅하다는 등 끊임없이 불평을 늘어놓았다. 그걸 보면서 의존을 받아들이는 태도에 대해서 다시 생각하게 되었다.

나이 들고 건강이 나빠져서 누군가의 도움을 받을 수밖에 없는 상황이 되면 속상하고 수치스러울 수 있다. 하지만 도움을 받는 사람이 마냥 수동적으로 받기만 하는 것일까? 보호사와 웃으며 이야기 나누는 어르신을 보면서, 그녀가 오로지 받기만 한다는 생각은 들지 않았다. 어르신은 고맙다는 인사와 웃는 얼굴로 보호사에게 기쁨을 주고 있었다. 보호사는 어르신으로 인해 베푸는 데에서 오는 만족감을 느꼈다. 그러므로 모든 의존은 상대적이다. 의존하는 자도 기력이 있는 한, 줄 수 있는 것이 있다.

나는 그 어르신을 보면서 고상하게 의존하는 방법을 배운 것 같아 기뻤다. 나중에 나에게도 걸으려면 누군가의 어깨를 빌려야만 하는 순간이 올 것이다. 그때 그 사람이 나로 인해 베푸는 즐거움을 얻어 간다면 좋겠다. 예전에는 눈감고도 할 수 있었지만 더 이상 하지 못하는 일들이 많아지면 얼마나 슬프고 화가 날까. 그러나 분노에 그치지 않고 그것을 잘 수용해 냈으면 좋겠다. 못 한다고 말하는 것을 부끄러워하지 않고, 웃으면서 도움을 구하고, 도움을 받으면 감사하다고 말할 수 있으면 좋겠다. 그것만으로도 나 역시 타인에게 공헌하는 바가 있는 것이니까 말이다.

딸아, 삶은 대체 무엇일까? 세상은 우리에게 무엇이든 이룰 수 있을 것 같은 기대감을 주었다가, 마지막엔 당연하게 여기던 모든 것을 빼앗고야 만다. 생기를 빼앗고, 호기심을 앗아 가고, 명성과 재력, 마지막엔 목숨까지 거둬 간다. 그래서 정점에 이르고 나면 이제는 내리막만 남았다고 느낀다. 노년의 삶을 잿빛으로 그리는 이유다.

하지만 그게 정말일까? 세월은 모든 걸 가져가기만 하는 걸까? 다행히 살아 보니 나이가 들어서 좋아지는 것도 많다. 앞만 보며 달려갈 땐 몰랐던 것들이 새롭게 보이고, 꼭 잘 해내지 못하더라도 이를 받아들이는 마음의 여유도 생겼다. 특히 오래 보아 온 남편과 친구들과 동료들은 그 무엇으로도 대체가 안 된다.

삶에 대한 균형 감각은 세월이 우리에게 주는 선물이다. 그러나 이것도 받을 준비를 한 사람만이 누릴 수 있는 행복에 해당한다. 지금부터라도 천천히 준비해야 한다는 뜻이다. 노년의 삶이 집이라면 건강과 돈과 마음은 기초 공사에 해당한다. 그 현실적인 문제들을 미리 생각하고 준비할 때 세월도 선물로 다가온다. 그러니 딸아, 너무 이르다고 미루지 말고 지금부터 차근차근 체력을 키우고, 돈에 대한 계획을 세우고, 마음을 관리하렴. 이 3가지가 노년의 삶을 버티게 하는 적금이 되어 줄 테니까.

마지막으로 너에게 해 주고 싶은 말

작년에 나는 너를 만나기 위해 비행기에 올랐다. 네 생일을 축하하기 위한 자리이자 1년에 한 번 가족이 상봉하는 날. 나와 남편 그리고 사위, 우리 세 사람은 너를 위한 깜짝 파티를 준비했다. 사위가 너를 놀라게 해 주고 싶다며 먼저 제안했지. 엄마 아빠가 오는 줄 까맣게 몰랐던 너는 식당에서 우리를 발견하곤 소스라치게 놀라더구나. 그러고는 눈물을 글썽였다. 엄마 아빠가 온 게 꿈만 같다면서. 그런 너를 안고 나도 그만 울컥했다. 오랜만에 보는 우리 딸이 너무 반갑고, 어른 노릇 하며 사는 네 모습이 대견하고 안쓰러워서.

그러고 보니 우리가 떨어져 산 지 벌써 15년이 되어 가는구

나. 네가 유학을 간 미국에서 직장을 구하고 결혼해 자리를 잡은 후부터 우리는 딱 1년에 1번 얼굴을 보는 사이가 됐다. 처음에는 그 사실을 받아들이기가 힘들었다. 내가 낳아 키운 내 새끼를 저 먼 타국으로 떠나보내야 하는 심정은 꼭 생살을 떼어내듯 고통스러웠다. 보고 싶어도 쉽게 볼 수 없다는 것이 안타까웠고, 네가 타국에서 무탈하게 살 수 있을까 하는 걱정부터 앞섰다.

하지만 이 모든 것은 어미로서의 기우일 뿐. 너는 너만의 인생을 뚜벅뚜벅 걸어갔다. 용감하고 씩씩하게 너만의 삶을 개척해 나간 것이다. 그 덕분에 나는 조금씩 엄마 역할을 내려놓을 수 있었고, 결국엔 인간 한성희의 자리로 되돌아올 수 있었다. 이제 엄마와 딸이라는 가까운 사이이자 친구처럼 적당히 거리를 두게 된 우리. 친밀하면서도 자유로운 지금의 우리 관계가 나는 참 좋구나.

언젠가부터 네가 걸어오는 전화와 문자가 뜸해졌다. 시시콜콜 나누던 대화도, 진지하게 나누던 고민 상담도 줄어들었지. 가끔 그게 섭섭하기는 해도, 네가 열심히 일상을 꾸려 나가는 증거라고 여기게 됐다. 인생에서 가장 바쁜 시기인 3, 40대를 지나고 있는 너. 회사에서도 가정에서도, 무수히 많은 일이 홍수처럼 쏟아질 것이다. 모두 너만 찾고 네가 아니면 아무 일도 굴러가지 않는 기분일 거야. 나도 그 시기를 지나왔기에 충분히 그려 볼 수 있다. 몸이 두 개라도 모자라고, 어떨 때는 전부 버려두고 아무도 없는 곳으로 도망가고 싶겠지. 마흔 살이 짊어져야 하는 책임이 얼마나 무겁니. 그럼에도 너는 아마 최선을 다해 오늘을 버텨 내고 있을 것이다.

어느 날 아이 키우는 문제로 한 엄마가 병원을 찾았다. 네 또래였지. 그녀는 친정엄마로부터 과도한 통제와 비난을 받아 왔다. 친정엄마는 딸이 어려서부터 공부를 곧잘 하자, 학원부터 친구 관계에 이르기까지 모든 것을 간섭했다. 만약 말을 듣지 않으면 그간의 고생을 들먹이며 못된 딸이라고 비난했다. 그녀의 목표는 절대 자기 엄마 같은 엄마가 되지 않는 것이었다. 있는 그대로의 아이를 지지해 주고 사랑해 주는 엄마가 되겠다고 다짐했다.

그런데 아이가 초등학교에 입학하자 지나치게 걱정하고 통제하는 자신을 발견했다. 자꾸 아이를 학원에 들이밀게 되고, 아이의 산만한 태도를 꾸짖게 되더란다. 아이가 살 세상은 더욱 치열한 경쟁 사회일 텐데, 지금부터 열심히 공부시켜야 남들에게 뒤처지지 않을 거라는 불안감이 그녀를 그렇게 만든 것이다. 아이를 미친 듯이 몰아붙이고, 우는 아이를 떼어 냈다. 그러다 어느 날 자신에게서 엄마의 모습을 보게 되었다. 치를 떨 만큼 싫어했던 엄마의 행동을 그대로 자신이 하고 있었던 것이다. 뒤늦게 그런 모습들을 고쳐 보려 했지만 쉽지 않았다. 아이는 뜻대로 안 되고, 자기 자신은 더욱 미웠다. 나는 그녀에게 물었다.

아이에게 정말로 하고 싶은 이야기는 무엇이냐고. 한참을 고민하던 그녀가 말했다.

"음… 이렇게 말해 주고 싶어요. 꼭 뭐가 될 필요 없어. 아무것도 안 돼도 돼. 너는 그냥 그 자체로 사랑스러워."

그러고는 오랜 시간을 울었다. 그녀는 알았다. 그게 아이에게 해 주고 싶은 말이자, 자기가 살아가는 내내 듣고 싶었던 말이라는 것을.

딸아, 나는 네게 이런 말을 충분히 해 주었을까? 그녀의 말을 들으며 참 많은 후회를 했다. 너를 더 지지해 줬어야 했는데, 네가 어떤 생각을 하든 무엇을 느끼든 그 자체로 옳다고 이야기해 줬어야 했는데, 남들이 뭐라든 그냥 네가 하고 싶은 걸 하며 살아가라고 말해 줬어야 했는데…. 나 역시 너를 세상의 잣대로 바라보며 알게 모르게 마음의 짐을 지우진 않았을까 해서 가슴이 아팠단다.

눈에 넣어도 아프지 않을 내 딸, 누가 뭐래도 너는 내게 참으로 소중한 사람이다. 돌이켜 보면 네가 무엇을 잘해서 뿌듯하기는 했어도, 그게 너를 사랑하는 이유는 아니었다. 너는 그저 존재만으로도 내게 빛이었다. 너를 낳고서야 나는 사랑을 주는 기쁨을 알았다. 이 세상에 사랑이라는 힘이 얼마나 뚜렷하고 거대하게 존재하는지를 깨달았다. 너는 나에게 있어 새로운 세상을 열어 준 은인이다. 네가 그것을 충분히 느끼지 못했다면, 그것은 나의 불찰이지 너의 부족이 아니다. 꼭 그걸 기억했으면 좋겠구나.

　세상은 이제껏 그래 왔듯 너에게 더 열심히 노력하라고, 왜 이것밖에 못 하느냐고 다그칠 것이다. 하지만 세상이 네 인생을 대신 살아 주지는 않는다. 그리고 네 인생의 주인은 너다. 네 느낌을 믿고 네 생각을 신뢰하고, 원하는 일을 하면서 소중한 사람들과 함께 가면 성공한 인생이다. 인생이 거창할 것 같지만 결코 그렇지 않다. 그러니 세상의 말에 주눅 들지 말고, 그냥 네가 하고 싶은 걸 하며 살아가렴. 딸아, 너는 충분히 그럴 능력과 자격이 있다. 그리고 나는 그런 너를 죽을 때까지 응원할 것이다.

벌써 마흔이 된 딸에게

초판 1쇄 발행 2024년 1월 24일
초판 5쇄 발행 2024년 2월 29일

지은이 | 한성희
발행인 | 강수진
북에디팅 | 방미희, 유소연
편집 | 이여경
마케팅 | 이진희
홍보 | 조예은
디자인 | design co•kkiri
표지 사진 | 주유진

주소 | (04075) 서울시 마포구 독막로 92 공감빌딩 6층
전화 | 마케팅 02-332-4804 편집 02-332-4809
팩스 | 02-332-4807
이메일 | mavenbook@naver.com
홈페이지 | www.mavenbook.co.kr
발행처 | 메이븐
출판등록 | 2017년 2월 1일 제2017-000064

ⓒ한성희, 2024(저작권자와 맺은 특약에 따라 검인을 생략합니다)
ISBN 979-11-90538-65-7 (03180)